창조성에 관한 7가지 감각

하버드 비스 연구소 창조성 강의

창조성에 관한 7가지 감각

CREATING THINGS THAT MATTER

데이비드 에드워즈 지음 | 박세연 옮김

어크로스

오렐리, 제롬, 라파엘, 티에리에게

차례

3부 상상을 현실로 만드는 여정

우리가 창조하는 많은 것들이 실은 중요하지 않다. 이 책은 중요한 것을 창조하는 일에 관한 이야기다. 또한 우리가 살아가는 세상에 지속적인 가치를 더해주는 것을 창조하는 일에 관한 이야기다.

태어나서 처음으로 모래성을 짓고, 학교에서 짧은 글짓기를 하고, 그럴듯한 거짓말을 꾸며내면서, 우리는 창조의 일반적인 개념을 이해하게 된다. 우리 자신을 위한 창조는 쉬운 일이다. 그러나 오랜 시간에 걸쳐 다른 사람을 위한 가치를 창조할 때, 우리는 비로소 창조의 숭고함을 깨닫게 된다.

중요한 것을 지속적으로 창조하는 일은 무척이나 힘들다. 창조 과정은 혁신에 관한 오랜 고정관념과 달리 대단히 급진적으로 이뤄진다. 그 과정에서는 이기심보다 공감이, 경험보다 순수함이, 공학적 지능보다 미학적 지능이, 오만보다 겸손이 더 중요하다. 예술가, 과학자, 공학자, 디자이너, 기업가를 비롯한 다양한 창조자들은 미개척 분야를 탐험하고, 발견하고, 때로 우리가 먹고 생각하는 방식을 바꿔놓는다. 그리고 그 과정에서 예술적 표현이나 창조적 행위와 같은 미학적 특성을 발휘한다.

미학은 중요하다. 심지어 대단히 중요하다.

미학은 시스티나성당이나 양자역학처럼 열정적인 창조자의 길이자 위대한 창조물의 특성이다. 미학이 존재하기 때문에, 예술과 과학의 개척자들이 미지의 영역을 탐험할 수 있다. 또한 개척자들이 탐험하기 때문에, 미학이 존재한다.

경험적 미학은 19세기 말에서 20세기 초 사이의 사회적, 기술적, 문화적 융성에 뿌리를 두고 있다. 이탈리아의 철학자 베네데토 크로체는 《미학》에서 아름다움을 규정하는 원칙으로서의 미학의 일반적 정의는 그 의미를 잃어버렸다고 말했다. 끊임없이 변화하는 회화, 조각, 건축, 무용 등 다양한 예술 형태의 아름다움을 불변의 법칙으로 정의하는 것은 앞뒤가 맞지 않는 이야기다. 미학은 결과보다 과정과 더 관련있다. 크로체에 따르면, 이러한 사실은 예술과 과학을 하나로 만든다. 한 걸음 더 나아가 미국의 철학자이자 교육가인 존 듀이는 《경험으로서의 예술》에서 다음과 같이 주장했다. 아름다운 형태는 인간의 섬세한 경험을 효과적으로 표현한다. 소설이나 무용, 혹은 다리와 같은 건축물 등 모든 것이 아름다움의 대상이 될 수 있다. 그 경험이 보편적일수록, 그리고 인류의 오랜 역사와 관련된 것일수록 정교한 표현과 창조는 예술에 한 발짝 더 다가선다.

　이 책은 어떻게 이러한 길을 개척할 수 있는지, 그 길이 개인적으로 어떤 의미가 있으며, 우리가 원하는 세상을 창조하는 데 어떻게 기여하는지를 살펴본다. 그리고 뛰어난 창조자들의 사례와 더불어, 기업이나 비즈니스스쿨에 적용할 만한 과정을 통해 관찰하고 꿈꾸고 행동하는 구체적인 방법을 다룬다.

1부

미학적 창조란 무엇인가

1장

창조를 향한
세 개의 길

CREATING THINGS THAT MATTER

어릴 적 생일 선물로 장난감 기차를 받은 적이 있었다. 그러나 나는 기차보다는 아버지와 함께 지하실로 내려가 오후 내내 기차가 돌아다닐 멋진 산과 알록달록한 마을을 만들 수 있어서 더 기뻤다. 언젠가 아버지는 마당에서 토마토를 따서 후추를 뿌려 한 입 베어 물고, 또 뿌리고 한 입 베어 무는 법을 내게 보여주었다. 그럴 때면 토마토의 붉은 즙이 아버지와 나의 턱을 타고 흘러내렸다. 얼마 전 마당에서 따 집으로 가져온 토마토는 예전에 아버지와 함께 먹던 그 맛이 아니었다.

　아버지는 가르치는 것을 좋아했다. 내가 보기에 학생들은 아버지에게 제2의 가족 같은 존재였다. 아버지가 제자들을 집으로 초대할 때면, 나는 그들을 유심히 관찰했다. 아버지가 나 대신 그들의 머리를 쓰다듬어주지는 않는지 지켜봤다. 내가 열세 살 되던 무렵, 아버지는 한 학생과 전화로 화학 문제에 대해 이야기를 나눴다. 대화는 끝날 줄 몰랐다. 그것도 어머니가 맛있는 초콜릿칩 쿠키를 만들고, 그 뒤에서 아버지가 엄마 몰래 작은 쿠키 조각을 내 입에 넣어주던 부엌 한가운데에서 말이다. 나는 소리쳤다. "이제 그만해요!" 아버지를 누군가에게 빼앗겼다는 생각에 참을 수 없었다.

아버지는 내 것이었고 무엇과도 비교할 수 없는 존재였다. 아버지 옆에 있으면 언제나 힘이 났다. 하지만 동시에 외로움도 느꼈다. 마치 나를 눈멀게 하는 환하고 뜨거운 태양 옆에 서 있는 것 같았다. 집을 떠나면서 아버지를 볼 수 있는 시간이 훨씬 줄어들었다. 대학과 대학원, 그리고 연구 과정을 마친 뒤, 나는 예상치 못하게 커뮤니티칼리지에서 MIT로 자리를 옮기게 되었다. 그리고 새로운 일에 도전하기 위한, 아버지가 알지 못했던 세상을 발견하기 위한 여정을 시작했다. 나는 파리로 가서 실험실을 열었고, '르라보라투아Le Laboratoire'라고 이름을 붙였다. 거기서 나는 남아프리카공화국의 예술가 윌리엄 켄트리지와 함께 열정적인 전시회를 열었고, 프랑스 디자이너 필립 스탁Philippe Starck과는 요리에 관한 획기적인 작품을 내놓았다.

어느 날 나는 한 라디오 방송국에서 인터뷰 요청을 받았다. 비가 내리던 날, 젖은 청바지 차림에 번잡한 마음을 안고 클러리가에 있는 방송국에 들어섰던 기억이 난다. 라디오 부스에 앉아 큼직한 헤드셋을 머리에 쓰자, 깊고 친숙한 목소리가 들려왔다. 애틀랜타에서 활동하는 그 NPR 저널리스트는 내게 노래 부르기를 좋아하느냐고 물었다. 나는 그냥 웃으며 생각했다. '무슨 질문이 이래?' 나는 노래에는 재능이 없다고 답했다. 그러자 그는 자신의 아내도 재능은 없지만, 그래도 아내에게 종종 노래를 청한다고 했다. 그는 아내가 마침 파리를 방문 중

인데, 르라보라투아에서 〈보컬 바이브레이션〉이라는 전시회를 봤다고
말했다. "놀랍군요." 나는 대답했다. 그의 아내가 부디 전시회를 마음
에 들어했기를 바라지만, 그래도 노래는 부르지 않을 거라고 했다. 우
리 둘 다 웃었지만, 그는 여전히 포기하지 않은 듯했다.

인터뷰 중간에 그 저널리스트는 내게 주어진 창조적 재능에 대해 감
사드리고 싶은 사람이 있느냐고 물었다. 있다. 바로 내 아버지다.

그는 아버지가 내게 어떤 비밀을 알려주었는지 물었다. 나는 아버지
가 나와 함께했던 한 가지 일이 내 인생을 완전히 바꿔놓았다고 답했
다. 아버지는 종종 집 안에서 나와 놀아주었다. 장난감 병정으로 게임
을 했고, 함께 발명을 하기도 했다. 차가운 시멘트 바닥에서 팀을 이루
어 연구했고, 중요한 것들을 개발했다.

그런데 갑자기 목이 메어왔다. 그런 적은 처음이었다. 나는 처음 만
난 사람과 인터뷰를 하고 있었다. 당황스러웠다. 그가 내 안에 있는 뭔
가 중요한 것을 건드린 것이다. 라디오 부스에 앉아 있던 나는 교외의
작은 집 지하실에서 아버지와 함께 뭔가를 만들던 시절로 되돌아갔다.
그곳을 떠난 것은 내게 무척 가슴 아픈 일이었다.

* * *

회상의 힘은 강력하다. 게다가 어린 시절 뭔가 새로운 것을 만들어
낸 경험은 성인이 되고 나서 겪는 것과는 큰 차이가 있다. 어릴 적 아

버지와 나는 다양한 이야기와 작은 집, 그리고 새로운 캐릭터를 만들
었다. 우리의 계획이 앞으로 어떻게 나아갈지에 대해서는 고민하지 않
은 채, 그냥 풍부한 상상력만 좇았다. 하지만 창조를 향한 이러한 모험
적인 접근방식은 내가 학교에 입학하면서 중단되고 말았다. 학교에서
나는 현대적인 창조를 위한 몇 가지 일반적인 여정, 다시 말해 상업적
이고 문화적인 여정을 규칙과 제약 안에서 따라가는 법을 배웠다.

창조에 대한 상업적 접근방식의 경우, 다른 누구보다 먼저 소비자나
일반 대중의 요구를 발견하고 이를 충족시킬 수 있어야 한다. 그래야
만 적어도 단기간에 수익을 창출하고, 동시에 세상에 도움을 줄 수 있
다. 과학적 발견, 기술적 능숙함, 상업적 전문성, 합리적 자유 시장의
조합에 기반을 둔 상업적 창조는 스포츠처럼 경쟁이 치열하다. 새로운
항공기 모델이나 독특한 디자인의 신발을 창조하는 기반이 되는 상업
적 모델은 상당한 규모의 투자를 필요로 하며, 향후 몇 년에 걸쳐 투자
에 대한 수익을 거둬들이는 것을 목표로 삼는다.

창조에 대한 문화적 접근방식의 경우, 우리는 궁극적으로 사람들이
생각하고 살아가는 방식을 바꾸는 것을 목표로 개인적 경험과 예술적
취향을 드러낸다(책을 쓰거나 작곡을 하거나 안무를 구상하는 것처럼). 문화
적 창조는 상업적 창조보다 좀 더 여유로운 일정으로 이뤄진다. 창조
자가 돈을 버는 경우도 있지만, 그보다는 학습, 혹은 인류를 위한 문화
적 기여처럼 추상적인 형태로 보상이 주어질 때가 많다. 문화적 창조
의 목표는 표현 자체로부터 비롯된 보상과 더불어 개인적 욕구를 충

족시키기 위한 성향이 강하다.

상업적 창조는 다트 던지기와 비슷하다. 목표를 맞히거나 맞히지 못하거나 둘 중 하나다. 반면 문화적 창조는 미지의 협곡을 오르는 일과 비슷하다. 구불구불한 길을 힘겹게 올라가다 보면 어느 순간 놀라운 지점에 이르게 된다.

다트 던지기를 할 때 우리는 최고의 성과를 올려야 인정을 받는다. 상업적 창조는 최근 우리의 삶을 급속도로 파고들고 있으며, 오늘날 우리가 생각하는 창조와 동의어가 되었다. 요즘에는 영화나 책, 음악, 스토리텔링 게임조차 전반적으로 비슷한 전략을 사용한다. 우리 사회는 그러한 전략을 기반으로 새로운 휴대전화나 자동차를 창조한다. 그리고 사람들이 궁극적으로 생각하고 느끼는 방식에 대해 장기적이고 혁신적인 영향을 미치는 것보다 단기적인 수익을 확보하는 것이 더 중요하기 때문에, 상업적인 과정을 통해 대중과 교류하고자 한다.

자원 분배 측면에서도 상업적 창조는 문화적 창조를 압도한다. 과학과 기술의 진보가 상업화되면서 인간의 기대수명은 1900년 이후로 30세 정도에서 70세 이상으로 크게 높아졌고, 유아사망률은 전 세계적으로 35퍼센트에서 5퍼센트 아래로 크게 떨어졌다. 1900년 아동의 영양결핍률은 개발도상국에서 약 35퍼센트, 선진국에서 22퍼센트였으나 오늘날 전 세계적으로 5퍼센트 미만으로 낮아졌다. 오늘날 전 세계 사람들은 교육, 식수, 쓰레기 처리, 정보, 오락 거리 등 다양한 서비스를 광범위하게 누리고 있다. 전반적으로 상업적 창조 모델 덕택에 우리는 과거 그 어느 때보다 안락하게 살고 있다.

*   *   *

삶의 편안함이라는 측면에서 창조는 대단히 중요하다. 우리의 창조물은 직접적인 혜택을 넘어서서, 생산 및 유통 경제 속에서 일자리를 공급하는 간접적인 혜택도 가져다준다.

하지만 동시에 고층 빌딩에서 폴리에스테르 의류에 이르는 많은 창조물이 일자리 감소, 깨끗한 물과 공기 등의 천연자원 오염, 대규모 생물 멸종, 해양 쓰레기 확산, 해수면 상승, 의료 및 교육 불평등과 같은 다양한 전 세계적 위기를 불러왔다. 이러한 문제들은 우리의 창조물 자체는 물론이고 그것이 만들어진 방식, 그리고 효용이 다해서 원래 의도와 상관없는 문제를 야기할 때 그것들을 처리하는 방식에서 비롯되기도 한다. 아이폰 같은 발명품은 수억 명의 삶을 바꿔놓고 있다. 가족이 식탁에 둘러앉는 일요일 저녁 7시경에 워싱턴에서 아이폰으로 전송된 트윗 메시지는 세계적인 뉴스거리가 되거나, 때로는 한 나라를 전쟁 위험에 빠뜨린다.

인류는 역사적으로 수많은 도전에 직면했지만 그때마다 창조적인 해결책을 내놓은 덕분에 많은 장애물을 극복해냈다. 최근 몇 십 년 동안 우리는 인간 수명을 단축시키는 대기 오염 문제에 직면하고 있다. 그리고 지구 온난화를 야기하는 화석연료의 소비, 전 세계적인 비만 문제를 악화시키는 설탕 중독 문제로 어려움을 겪고 있다. 우리는 이들 각각의 문제를 한 가지 이상의 과학적 · 기술적 해결책으로 처리할 수 있다. 그럼에도 상업적 창조자들(가령 자동차 회사나 석유 회사, 식품 회사 등) 대부분 장기적으로 인간 건강에 도움을 주는 혁신에는 투자하지 않고 있다. 그들이 투자를 꺼리는 이유는 당장에 경제적 이익을 얻을 수 없기 때문이다. 상업적 혁신은 측정할 수 없는 것을 중요하게 여기지 않는다. 게다가 상업적 창조 모델에서 먼 미래의 경제적 가치는 무시해도 좋을 만큼 작다. 반면 우리가 주변 세상에 대해 느낀 바를 표현하도록 만드는 문화적 창조 모델은 사고방식이나 삶의 방식에 실질적인 영향을 미치지 않을 것이라 생각하는 가운데, 우리가 생활 환경을 바꾸기 위해 활용하는 시스템 밖에서 성장하고 있다.

더 나아가 오늘날 인간이 처한 상황을 바꾸는 일은 예전보다 훨씬 더 힘들어질 것이다. 우리는 100년 전보다 더 잘살게 되었다. 이미 잘 먹고 있는 사람들에게 지금 당장 체감할 수 없는 이익을 위해 기존 식습관을 바꾸도록 유도하는 일은, 굶주린 사람들에게 충분한 영양을 섭취하도록 도움을 주는 일보다 더 힘들 것이다. 사람들이 평소 건강관리를 하도록 만드는 일은 질병을 치료하는 일보다 더 힘들 것이다. 이미 소셜네트워크에 광범위하게 연결되어 있는 사람들이 다른 이들과 대화하도록 만들기란 고립된 사람을 연결하는 일보다 더 어려울 것이다.

이 같은 도전과제에 직면한 상황에서 개인의 이익을 창조의 주된 동기라고 주장할 수 있는 기회는 점점 더 줄어들고 있다. 이제 우리는 개인의 이익을 넘어서는 매력이나 '아름다움'을 강조함으로써 기본적인 욕구가 이미 충족된 시장을 혁신시켜 나가야 한다. 가령 제임스 다이슨이 가전제품에서(일체형 진공청소기에서 팬 없는 선풍기에 이르기까지), 그리고 엘론 머스크가 전기차(테슬라를 통해) 시장에서 했던 일처럼 말이다.

미학적 창조aesthetic creating, 즉 창조를 향한 '세 번째 길'은 가장 자연스러운 형태의 창조로 모습을 드러내고 있다. 세상과의 감각적인 만남은 우리가 느끼는 바를 표현하는 새로운 창조로 이어진다.

아이가 가족 앞에서 발레리나처럼 빙글빙글 돌 때, 수업시간에 종이에 낙서할 때, 혹은 처음으로 좋아하는 사람에게 편지를 쓸 때 미학적 창조가 등장한다. 아이들은 순수하고 예민하게 세상을 경험하고, 어른들이 놓치는 것을 예상하고 인식하고 느낀다. 그리고 자신들이 창조한 것, 즉 발레 턴이나 사랑의 시로 개인의 느낌을 표현한다. 어떤 측면에서 사람들은 아이의 작품을 바라보면서 스스로를 변화시킨다. 그들은 아이의 낙서나 편지 속에서 지금까지 그들의 내면에 감추어져 있던 것을 본다. 그리고 이를 통해 아이를 더 잘 이해하게 된다. 그들은 감동을 받고, 잠시나마 새로운 생각과 감정에 빠져든다.

미켈란젤로의 시스티나성당 천장화, 혹은 아인슈타인의 상대성 이론에 대해서도 똑같은 이야기를 할 수 있다. 이러한 업적과 비교할 때, 아이의 창조는 금방 사라져버리는 향기처럼 가능성의 징조로만 존재하는 면이 있다.

미학적 창조는 세상을 바꿀 만큼 강력하다. 하지만 시작 단계는 대단히 불안정해서 그것을 지지해주는 문화에 의존할 수밖에 없다. 아마도 바로 이러한 생각에서 방송 중에 갑자기 목이 메었던 것이리라.

미학에 관한
짧은 이야기

이 글을 쓸 무렵, 나는 매사추세츠에 머물고 있었다. 이탈리아산 소파에 앉아 에콰도르 원두로 내린 에스프레소를 홀짝이고, 플로리다산 오렌지를 먹고, 인도산 스웨터를 입고서 파리에 있는 아내로부터 온 문자 메시지를 들여다보면서 말이다. 내가 사용하는 세 개의 메일함에는 2만 통 이상의 메시지가 들어 있다. 그리고 스마트폰, 태블릿, 컴퓨터의 화면을 켤 때마다 《뉴욕 타임스》, 《르몽드》, 《월스트리트 저널》을 비롯한 온갖 뉴스 사이트 팝업창이 뜬다. 전 세계로부터 날아온 온갖 소식과 변덕스러운 사건에 휩쓸려 다니는 것만으로도 거뜬히 하루를 보낼 수 있을 정도다.

나를 둘러싼 세상은 정치적으로, 사회적으로, 경제적으로, 기술적으로 예측 불가능한 속도로 변하고 있다. 내 주변 환경은 매일 혹은 매 순간마다 등장하는 다양한 창조적 결과물로 인해 바뀌고 있다. 내가 그런 변화를 요구한 적이 없는데도 말이다. 마치 바깥세상의 모든 사람이 연구실에서 나를 가지고 실험하고 있다는 느낌이 든다.

수백만 가지 실험이 날마다 우리의 주변 환경을 바꿔놓는다. 복잡하고 어지러운 상황으로부터 벗어날 수 있다면, 그래서 오늘날의 소비주의로부터 자유로울 수 있다면, 우리를 둘러싼 이 새로움의 물결 속에서 흥미로운 것을 발견할 수 있을 것이다. 21세기의 의미 없는 소음에서 벗어나 우리 주변에서 벌어지고 있는 변화가 정확하게 어떤 것인지 이해하려면 관심을 집중해야 한다. 그럴 때 우리는 편지를 쓰거나, 블로그에 글을 쓰거나, 새로운 전구를 개발하는 등 창조적인 활동을 통해 자신만의 고유한 생각과 느낌을 드러낼 수 있다.

이러한 측면에서 미학적 창조는 단지 미래를 창조하는 세 번째 길인 것만은 아니다. 이는 또한 변화를 받아들이고 살아가는 삶의 방식이기도 하다.

아이들을 보면 미학적 창조를 이해하기가 좀 더 수월해진다. 단지 아이들이 성장하는 동안 그들이 처한 상황이 급속하게 변하기 때문만은 아니다. 아이들은 몸속의 호르몬부터 자신을 지나쳐가는 교사와 친구들에 이르기까지 내적·외적 변화에 반응한다. 그러면서 아이들은 개성, 상황, 언어적 표현, 개인적 위기, 게임 등등 성장 과정에서 반짝 나타났다 사라지기도 하는 수많은 것들을 창조한다. 실제로 창조적 활동은 아이들이 적응력과 자율성을 세상에 드러내는 과정에서 매우 중요한 역할을 한다.

고유한 패션 스타일에서 소설에 이르기까지 어떤 새로운 것을 창조할 때, 우리는 미학적 요소를 가미함으로써 자기 자신은 물론 자신을 둘러싼 사람들에게 즐거움을 주고자 한다. 이것은 시간이 걸리는 일이다. 그렇더라도 창조적 과정을 끝까지 포기하지 않고, 거기에 약간의 수정을 더한다면, 아마도 즐거움이 더욱 커지는 것을 느낄 수 있을 것이다. 자신이 창조한 것에 대해 다른 사람들로부터 받은 피드백에 관심을 기울이고, 거기에 따라 자신의 창조를 변화시키는 것(다른 사람의 의견에 영합한다는 말은 아니다. 다만 귀 기울이고 받아들이고 기존의 관점을 바꿔보려는 노력을 말한다)은 일종의 관대함이다. 마치 다른 사람에게 우리 자신의 소중한 부분을 내어주는 것과 같다.

창조적 과정이 어떻게 진행되는지, 혹은 어떤 이유로 중단되고 마는지는 '미학'이라고 일컫는 것, 혹은 어떤 것을 아름답다고 말할 때 우리가 갖게 되는 마음과 관련이 있다.

어느 시대나 동일한 방식은 아니더라도, 사물의 외형은 언제나 중요하다. 기자의 피라미드처럼 고대 건축물은 완벽한 대칭을 이룬다. 반면 프랭크 게리의 구겐하임 빌바오 미술관처럼 최근의 건축 흐름에서 대칭은 부자연스럽고 심지어 불필요한 요소가 되어버렸다. 바티칸에 있는 성 베드로 광장처럼 바로크 양식에서 장식은 세련미를 뽐냈다. 반면 바우하우스(1919년 독일 건축가 발터 그로피우스가 설립한 미술학교, 혹은 그 이념을 표방한 미술 사조—옮긴이) 시대에 등장한 미니멀리즘 주택에서 장식은 그저 과시에 불과한 요소로 전락해버렸다.

우리가 아름답다고 말하는 것은 다분히 주관적이다. 이는 우리가 누구인지, 어떤 경험을 했는지, 그리고 우리가 살아가는 장소와 시간대에 따라 달라진다. 이러한 점에서 아름다움을 연구하는 학문인 미학은 굴곡진 역사를 이어왔다. 이는 아마도 여기서 간략하게나마 살펴볼 가치가 있는 주제일 것이다.

*　　*　　*

한 사회에서 미의 기준에 관한 공감대를 형성하는 것은 그리 어려운 일이 아니다. 하지만 서로 다른 시대와 장소, 문화에 대해서라면 우리는 서로 다른 관점을 갖게 된다.

플라톤에 따르면, 건축물이나 효과적인 논증처럼 일시적인 형태의 아름다움 중 일부는 보편적이고 영원한 형태의 아름다움으로 남는다. 그리고 보편적으로 존재하는 다양한 아름다움은 훌륭한 삶 및 도덕과 관련이 있었다. 플라톤은 꾸준한 자기계발을 통해, 그리고 중용의 덕과 용기, 지혜, 정의를 받아들임으로써 자신이 낳은 자녀에서부터 자신이 만든 물건과 예술 작품에 이르기까지 스스로 창조한 모든 것에서 자기완성을 발견할 수 있다고 주장했다. 이러한 것들이 아름다운 이유는 우리를 선善으로 인도하기 때문이다. 플라톤에게 미학aesthetics과 경험experience은 서로 분리할 수 없는 것이었다. 아름다움은 경험과 밀접한 관련이 있다.

피타고라스학파와 쾌락주의자들, 에피쿠로스학파와 스토아학파 모두는 미학적 경험의 여정을 통한 자기완성을 추구했다. 피타고라스학파와 스토아학파는 자신의 내면을 들여다봄으로써 우주를 이해하고, 육체적 욕망을 통제하고자 했다. 반면 쾌락주의자들과 에피쿠로스학파는 육체적 욕망을 충족시킴으로써 쾌락을 추구했다. 그들은 도덕적인 삶을 살아가면서, 동시에 아름다움을 이해하고 이를 통해 행복을 얻고자 했다. 플라톤은 이러한 행복을 아름다움의 소유, 혹은 선의 이데아로 정의했다.

합리주의 철학자들의 주장에 따르면, 우리의 인식은 두 가지 범주에 해당한다. 바로 직관과 연역이다. 직관의 미학적 표현은 종종 예술이라고 언급되고, 연역의 미학적 표현은 과학이라고 불린다. 그러나 사실 많은 창조물은 예술과 과학의 조합이다. 가령 판테온이 그렇다. 이 건축물은 우아한 예술 작품이자 과학과 공학의 결과물이다. 미켈란젤로의 시스티나성당 천장화 역시 당대의 과학을 인상적으로 드러냈다. 과거의 오랜 미학적 전통에서 미술과 과학은 같은 나무에서 뻗어 나온 가지였다.

예술과 과학, 아름다움, 인간의 경험에 대한 서구의 관점은 아이작 뉴턴의 과학적 발견으로 새로운 궤도에 올라섰다. 뉴턴을 비롯한 당대 과학자들은 우주 공간에서 사물이 명백한 법칙에 따라 움직이는 방식을 보여주었다. 인류는 과학, 즉 연역적 인식에 힘입어 미래를 예측할 수 있게 된 것처럼 보였다. 혹은 적어도 앞으로 벌어질 일을 합리적으로 추측할 수 있을 것으로 보였다. 그 비결은 미래의 출발점인 초기 조건을 이해하는 것이었다. 일단 초기 조건을 파악하면, 이로부터 전개

되는 모든 것을 알 수 있다. 이는 2 더하기 2가 4라는 것을 아는 것과 같다. 이제 인간은 바람의 움직임을 예측하고, 날아다니는 물체를 설계할 수 있게 되었다. 실제로 인류는 증기기관의 원리를 발견하고 핵미사일까지 만들어냈다. 생명을 이해하고, 결국에는 생명을 창조하기에 이르렀다. 명백하게도 이 모두는 유용한 것이었다. 자원을 투자해서 새로운 것을 만들어내려는 이들에게, 과학은 그 우월성을 입증해 보였다. 반면 예술은 갑작스럽게 그 효용성을 잃었다. 그 결과 사람들은 과학과 예술이 양극단에 있다는 시각을 받아들이게 되었다. 하나는 실용적이고, 다른 하나는 그렇지 못한 것이 되고 말았다.

미래를 창조하는 과정에서 개인의 경험이 차지하는 비중은 점점 더 줄어드는 것처럼 보였다. 개인의 감각과 꿈은 내일 벌어질 일을 예측하거나 삶을 개선할 뭔가를 만드는, 물리학 법칙의 도움을 받은 인간의 능력을 향상시키는 데 영향을 미치지 못했다.

플라톤 이후로 철학자들은 아름다움과 경험, 그리고 도덕을 가치론 axiology이라고 하는 더욱 거대한 학문 영역으로 묶었다. 그러나 뉴턴 이후의 세계에서, 흄에서 칸트에 이르는 많은 철학자들은 아름다움은 대상에 대한 개인적인 관계를 떠난 것이며, 미학은 예술 작품을 객관적으로 살펴보기 위한 수단으로서만 의미가 있다고 주장했다.

*　*　*

이후 정치혁명이 프랑스를 포함한 유럽 전역을 휩쓸었다. 19세기 초반에는 산업혁명이 일어나 사회의 경제 기반을 농업에서 산업으로 이동시켰다. 인간의 경험은 자연과의 직접적인 접촉에서 벗어나 조면기(목화씨를 빼내는 기계—옮긴이)나 증기기관처럼 기계가 중재하는 형태로 바뀌었다. 이러한 흐름은 생산성을 몇 배로 높였고, 그 결과 기업은 막대한 부를 축적했다. 전기나 하수시설 등 다양한 혁신은 대도시를 중심으로 삶의 편의성을 높였고, 대규모 이주를 촉진했으며, 왕실 지배의 하향식 정치 체제를 참여적인 상향식 민주주의 체제로 뒤집어놓았다.

서구 사회에서 예술적 표현은 이제 과거와 다른 양상을 띠기 시작했다. 마네에서 피사로에 이르기까지 인상파 화가들은 시간과 공간의 경계를 희미하게 만든 기차 여행과 도시 환경, 혹은 사진과 같은 새로운 기술이 급격하게 바꾸어놓은 새로운 경험을 묘사했다. 그러나 공식적인 예술 단체는 주류로부터의 일탈을 허용하지 않았다. 이에 동의하지 않은 인상파 화가들은 그들만의 전시회를 열고 아방가르드 운동을 벌였다. 20세기에 접어들면서 예술에서 나타난 입체주의, 그리고 과학에서 등장한 상대성 이론과 양자물리학은 시간과 공간의 왜곡이라는 개념을 한 단계 더 밀고 나갔다.

예술과 과학 분야의 개척자들은 단합을 모색했다. 미국 공리주의 철학자 존 듀이의 설명에 따르면, 인류는 경험을 통해 존재해왔으며 그러한 경험에 대한 섬세한 표현은 그 자체로 예술이다. 듀이는《경험으로서의 예술》이라는 책에서 보편적인 미적 체험은 인간이 처한 상황을 인식하고 드러내는 현대적인 방식으로서 예술과 과학을 뒷받침한다고 설명했다. 마르셀 뒤샹의 유명한 1917년 작품 〈샘〉(본질적으로 용도가 변경된 소변기)은 이제 엠파이어스테이트 빌딩과 마찬가지로 아름답다고 말할 수 있게 되었다. 학교, 대학, 기업, 정부 내에서는 여전히 예술과 과학의 구분이 남아 있었지만, 작곡가 스트라빈스키에서 물리학자 에르빈 슈뢰딩거에 이르기까지 선구적인 예술가와 과학자는 새로운 미학적 개념을 적극적으로 받아들였다.

과학자이자 소설가인 C. P. 스노우는 자신의 유명한 1959년 케임브리지 강의를 엮은 책《두 문화》에서 예술과 과학의 엄격한 구분을 비판했다. 여기서 그는 전후 20세기가 직면한 중대한 문제는 예술과 과학을 아우르는 단일 문화의 제도적 출현 없이는 해결되지 않을 것이라고 주장했다. 스노우의 강의와 동명의 저서는 즉각 고전의 반열에 올랐다. 스노우는 또한 현대 과학자들은 그들이 오랫동안 생각해왔던 것보다 더 급변하는 환경에 놓여 있을 뿐 아니라, 에너지의 미래에서부터 다문화주의와 자원 불평등에 이르는 복합적인 문제들로 인해 인류의 미래를 예측하기가 더 힘들게 되었다고 주장했다. 그는 현재 상황이 앞으로 완전히 예측 불가능한 방식으로 변할 것이라고 하면서, 과학은 이제 인문학의 도움 없이는 방향을 잡지 못할 것이며 인문학

역시 과학의 도움 없이는 길을 잃고 말 것이라고 말했다. 우리 모두는 개척자여야 한다. 직관과 연역이 서로 섞일 수 있도록 허용하는 융합 문화가 없다면, 인류 문명에게 기회는 없을 것이다.

비록 사회에 실질적인 영향을 미치지는 못했지만, 그럼에도 스노우의 주장에는 일리가 있다. 생산과 소비의 효율성은 우리 사회의 기업과 학교, 정부가 앞으로 나아가게 만드는 지속적인 원동력이었다. 인간 경험의 최전선에서 살아가고 일을 한다면, 우리는 아마도 새로운 경험적 미학을 받아들이게 될 것이다. 반면 그렇지 않다면, 아마도 기존 미학에 머무르게 될 것이다.

20세기에 걸쳐 첨단 과학이 이룩한 어마어마한 성공으로 인해, 전쟁 승리와 경제 발전을 위해 과학에 주목했던 이들은 자신들의 접근법에 더 강력한 확신을 갖게 되었다. 이후 선도적인 연구 흐름은 계속해서 이어졌다. 입자물리학, 생물학, 핵화학, 신경과학, 인공지능 같은 분야는 어떤 이론도 절대적 진리로 인정하지 않았다. 과학 논문과 발견의 흐름은 과학의 결과물과 그 절차를 똑같이 중요하게 바라보기 시작했다. 이러한 현상은 예술 분야에서도 그대로 드러났다. 잭슨 폴록, 앤디 워홀, 올라푸르 엘리아손 같은 예술가들은 그들이 만들어낸 결과물만큼이나 그것을 창조한 방식으로 높은 평가를 받았다. 과학 실험실과 마찬가지로, 예술 스튜디오는 규모가 커졌고 생산성 또한 증가했다. 앞서가는 현대 미술은 앞서가는 현대 과학과 마찬가지로 애매모호하면서도 진화하는 인간이 처한 현실을 탐험했다. 그러나 이러한 흐름은 대규모 조직이 세상을 장악하면서 길을 잃고 말았다.

예술이 개척자의 경험으로부터 분리되면서 상업의 중요성이 높아졌다. 과학은 미학으로부터 분리되어 단기적인 경제적 · 정치적 이익에 봉사하면서 오늘날 지속 가능성의 위기를 촉발했다.

적어도 이러한 관점에서 스노우의 생각은 옳았다. 우리는 모두 개척자였다. 아름다움과 인간의 경험은 긴밀하게 연결되어 있었다. 그 사실은 지금도 마찬가지다.

새로운 르네상스 시대

다양한 지속 가능성 위기의 한가운데에서, 그 어느 때보다 단기적 이익에 집중하는 인간의 생산성에 대한 관점을 고수하는 동안, 우리는 특별한 풀뿌리 르네상스 시대로 접어들고 있다. 그렇게 생각할 몇 가지 근거가 있다.

첫째, 지난 몇 년 동안 대중의 표현이 크게 증가했다. 오늘날 창조적 표현은 무형의 콘텐츠 개발자에서 다양한 형태의 물건을 만드는 제작자에 이르기까지 수십억 인구를 서로 연결시키고 있다. 우리는 트위터 사용자나 블로거, 혹은 발레 음악 작곡가(무형의 것)일 수도 있으며, 아니면 로봇, 도자기, 식품, 가구, 혹은 3D 프린팅 제작자(물질적인 것)일 수도 있다. 이러한 풀뿌리 창조자 운동Grassroots Creator Movement은 대체로 간헐적인 창조 활동을 수반하고 일생을 바쳐 지속되는 것도 아니다. 이는 상업적·문화적 패러다임을 엄격하게 따르지 않으며, 애매모호하고 탐험적이고 개인적 경험에 기반한 직관적인, 혹은 창조의 세 번째 길을 따르는 경향이 강하다. 또한 창조자가 개인적인 방식으로 인식한 아름다움으로 끝을 맺는 경우가 많다.

둘째, 풀뿌리 창조자는 모든 사회적 · 경제적 · 지리적 분야의 '촉진자activator'로부터 점차 더 많은 지원을 받고 있다. 촉진자는 지지하는 친구일 수도 있고 가족이나 자선사업가가 될 수도 있다. 이탈리아 르네상스 시대의 후원자와 같은 역할을 하는 것이다. 르네상스 시대의 후원자는 레오나르도 다빈치와 미켈란젤로처럼 시대를 대표하는 창조자를 지원했다. 오늘날의 촉진자는 훨씬 더 강력하고 직접적인 영향을 미친다. 이들은 전례 없이 많은 시간과 개인적인 자원을 다음에 설명하게 될 장기적인 지속 가능성 과제를 해결하는 풀뿌리 창조 활동에 투자하고 있다.

셋째, 특별한 환경 혹은 '문화 실험실culture lab'이 풀뿌리 창조 활동을 위해 마련되고 있으며, 이는 앞으로 이 책에 등장할 특별한 창조자들과 많은 공통점을 갖고 있다. 이러한 문화 실험실은 우리 시대의 다빈치라고 할 수 있는 창조자들이 평생 동안 '직관과 연역', '상상과 분석', '예술과 과학'을 배우고 갈고닦도록 도움을 준다. 창조의 세 번째 길을 추구함으로써 열정적인 인재들은 개척자의 생존 가능성을 높이는 정서적 · 인지적 상태를 강화한다. 전 세계 풀뿌리 창조자의 공동체는 단기 프로젝트나 강의를 통해 이러한 배움을 촉진시킨다.

이러한 현상은 인류의 미래에 중요한 것일까?

이 질문에 대답하기 위해, 나는 오늘날 두드러진 혁신 모델인 빠른 창조가 어떻게, 그리고 왜 지금의 먹는 방식, 건강을 돌보는 방식, 커뮤니케이션 방식(인간 경험의 중요한 세 가지 영역)을 형성하게 되었는지 살펴볼 것이다. 아울러 더 느린 '창조의 세 번째 길'이 똑같은 경험적 영역을 지속 가능한 방식으로 만들어내기 위해 반드시 필요한 이유를 훑어보면서 첫 번째 장을 마무리하고자 한다.

먹는 방식

우리가 먹는 음식 대부분이 어느 정도는 인간의 개입에 의해 만들어졌다. 예를 들어 토마토는 유럽 작물과 미국 작물을 교배한 결과물이다(토마토는 원래 작고 속이 비고 수분이 많은 야생 열매였다). 오늘날 푸드 시스템(식품이 생산되어 소비 또는 폐기되기까지를 포괄하는 절차—옮긴이)이 수명이 짧고 변화하기 어렵게 만들어진 것은 이러한 개입의 결과다. 인간의 개입에는 이익도 있지만 반대급부도 따른다.

2세기 전만 해도 수조 달러 규모의 식품 시장은 상상하기 힘들었다. 가족, 마을, 도시 구성원은 언제나 함께 먹거나, 혹은 함께 굶주렸다. 사람들은 많은 것을 함께했다. 부자들은 최대한 잘 먹었던 반면, 가난한 이들은 비교적 구하기 쉬운 것을 많이 먹었다. 유럽의 경우, 가난한 사람들은 곡물보다 톱밥이나 쇠똥이 더 많이 들어간 빵으로 생존을 이어갔다. 도시화와 인구 증가가 시작된 19세기에 살았던 창조적인 사람들은 더 쉽게 빵을 얻을 수 있는 과제에 주목했다.

1912년 아이오와주의 오토 로웨더Otto Rohwedder가 얇게 조각낸 빵을 출시한 이후 1930년대 미국 전역에 걸쳐 원더브래드Wonder Bread라는 브랜드 빵이 널리 보급되면서, 미국 부엌에서는 기적 같은 일이 벌어졌다. 시카고 도심이든 와이오밍 교외든 간에 각 가정에 신선한 빵이 넉넉하게 공급되기 시작한 것이다. 이 과정에서 발효 시간을 단축시키는 화학 첨가제의 개발이 중요한 역할을 했다. 다른 이들은 식품용 화합물인 셀로판을 개발했다. 그 덕분에 제빵업체는 원더브래드 빵을 오랫동안 신선하게 보존할 수 있었다. 이후로 더 많은 화학 첨가제가 개발되었고 양질의 화합물이 등장했다. 이러한 기술 모두 빵에 대한 소비자 경험을 개선시켰고, 제빵업체에 막대한 이익을 가져다주었다. 비슷한 혁신이 다른 식품 분야에서도 일어나 시장을 크게 바꿔놓았다.

식품 첨가제에서 플라스틱, 제초제에서 살충제에 이르기까지, 혁신가들은 상업화 과정을 통해 창조의 과정을 이어나갔고, 덕분에 인구의 상당 부분이 맛 좋고 영양가 높은 음식을 배불리 먹을 수 있었다. 영양실조가 줄어들고 기대수명이 증가하는 등 다양한 사회적 혜택이 뒤를 이었다.

그러나 현대적 푸드 시스템을 만든 상업 혁신가들이 단기적 도전과제에 집중하는 동안 간과한 것이 있었다. 발전의 장기적 결과가 인간의 건강과 환경에 심각한 영향을 미칠 것이라는 점이었다. 이로 인해 전 세계 많은 인구에게 혜택을 제공하는 과정에서 기존의 발명을 부분적으로 폐기하고, 수정하고, 다른 발명으로 대체해야만 할 터였다.

1988년 과학자들은 태평양 한가운데에 작은 플라스틱 조각들이 거대한 소용돌이를 이루며 떠다닌다는 사실을 처음으로 세상에 알렸다. 2014년에는 그 거대한 태평양 쓰레기 섬이 지름 2700킬로미터 크기로 커졌으며, 27만 톤의 무게에 약 5조 개의 플라스틱 조각을 포함하는 것으로 보고되었다. 게다가 그것은 바다를 떠다니는 여러 개의 쓰레기 섬 중 하나에 불과했다(제일 거대한 것이기는 하지만). 미국 환경보호국(EPA) 보고서에 따르면, 해양 플라스틱 쓰레기의 약 절반은 식품 포장재에서 나온 것이다. 이러한 쓰레기는 앞으로 수십 년 혹은 수백 년 동안 바다 생물의 몸속으로 흡수될 것으로 예상된다. 다시 말해 쓰레기가 분해되는 속도보다 더 빨리 생태계 속으로 침투할 것이다. 이렇게 생명체에 유입된 플라스틱 조각은 물고기 남획 등 여러 다양한 요인과 더불어 지난 30년 동안 해양 생물의 10분의 1을 파괴해왔다.

육지에서도 똑같은 사태가 벌어지고 있다. 살충제 남용으로 곤충이 엄청난 규모로 사라지고 있다. 독일 노르트라인베스트팔렌주의 곤충학자들은 1989년부터 텐트를 설치하는 방식으로 곤충의 생물량 biomass(특정 지역 내에 생존하는 생물의 총중량—옮긴이)을 추적하고 있다. 1989년부터 2014년 5~10월 사이에 수집된 곤충의 평균 생물량은 1.6킬로그램에서 300그램으로 크게 줄어들었다. 2014년《사이언스》논문에서, 과학자들은 무척추동물과 척추동물의 수가 급격하게 감소하면서 지구가 여섯 번째 대량 멸종 시대로 접어들었다고 결론 내렸다. 게다가 경작 가능한 토지는 생산 한계에 다다르고 있다. 2050년 90억 명에 달할 것으로 예상되는 전 세계 인구를 먹여 살리기 위해 필요한 미래의 경작 가능한 토지 대부분은 남미와 사하라 이남 아프리카 지역에 분포해 있다. 그러나 이들 지역에서 나타나고 있는 인구 증가와 산림 개간, 도시화, 그리고 정치적 문제들은 인류의 마지막 남은 땅까지 위협하고 있다.

결론적으로 말해서, 우리는 인구 대부분이 의존하는 기적에 가까운 푸드 시스템을 창조했지만, 지금은 그 시스템을 처음부터 완전히 다시 생각해야 하는 상황에 처했다. 우리 모두에게 현대적인 푸드 시스템을 가져다준 생산과 유통, 소매, 마케팅의 거대 산업은 그 시스템의 수많은 개발자들이 상상하지 못했던, 어쩌면 했다고 하더라도 진지하게 고민하지 못했던 다양한 문제를 양산하고 있다.

그런데 최근 그 흐름이 달라지고 있다. 우리 사회가 먹을거리의 지속 가능성이라는 도전과제에 관심과 자원을 집중하기 시작한 것이다. 오늘날 많은 상업 혁신가들이 기존 식습관을 바꾸도록 촉구하고 있다. 샌프란시스코에 있는 스타트업인 임파서블푸드Impossible Foods는 화학과 공학을 기반으로 채소를 가지고 고기 맛과 향, 식감이 나는 제품을 개발하고 있다. 케임브리지에 기반을 둔 스타트업 인디고Indigo는 농작물 속 박테리아를 가공함으로써 농장 생산성을 높이고 있다. 베를린에 있는 유통 스타트업인 오리지널 언패키지드Original Unpackaged는 포장을 하지 않은 상태로 식품을 판매하고 있다. 게다가 상업용 곤충 농장이 전 세계적으로 등장하면서, 농업용으로 무한 공급이 가능한 식용 단백질을 생산하고 있다.

이러한 형태의 새로운 제품 및 서비스는 분명 미래의 영양 섭취 방식에 대단히 중요하다. 물론 해양 플라스틱 쓰레기를 정화하고, 식용 벌레를 사육하고, 인공 식품을 배양하고 생산하는 새로운 방식을 내놓는 것만으로 지금의 도전과제를 모두 해결할 수는 없을 것이다. 오늘날 가장 중요한 것은 부자와 고등교육을 받은 사람뿐 아니라 모든 인류가 언제 어디서나 지금과는 완전히 다른 방식으로 음식을 섭취하도록 만드는 노력이다.

먹는 방식을 바꾼다는 것은 현재의 푸드 시스템에서 탈피한다는 것을 의미한다. 이것은 인류가 1~2세기 전에 직면했던 것과는 완전히 다른 형태의 도전과제다. 빵을 비닐로 포장하는 기술은 신선한 빵이 없거나, 혹은 빵 자체가 아예 없던 시절과 비교할 때 중요한 의미가 있다. 하지만 오늘날 지속 가능성 과제를 생각하면 바람직한 해결책이라 할 수 없다.

그렇다. 이제 우리는 식품의 미래를 발명해야 한다. 하지만 이러한 식품의 미래가 우리 모두에게 의미를 갖기 위해서는 아름다워야 한다.

건강관리 방식

2세기 전만 해도 질병은 그 자체보다 그에 따른 출혈, 공복, 수은 및 정체불명의 갖가지 약품이 더 심한 고통을 안겨다주었다. 19세기 중반 사람들은 손을 씻는 것이 감염 예방에 도움이 된다는 사실을 알았지만, 그럼에도 의사들은 정확한 이유를 설명하지 못했고, 그 효과도 의심했다. 이후 19세기 후반에 이르러 파스퇴르가 세균의 존재를 처음으로 입증했다. 얼마 후 백신과 항생제 치료법이 등장했고, 아스피린이 널리 사용되기 시작했다. 또한 양귀비 잎으로 제조한 모르핀, 헤로인, 코데인과 같은 강력한 진통제가 등장했다.

20세기로 접어들면서 독감, 결핵, 장염 등 다양한 감염성 질병이 미국 사회의 최대 사망 원인으로 떠올랐다. 1900년에 태어난 사람의 기대수명은 47세였다. 이후 화학적·생물학적 이해와 접근방식이 발달하면서 의학은 더 엄격한 과학으로 진화했고, 기대수명도 점점 높아졌다. 그만큼 감염 질병의 위험성은 낮아졌다. 20세기 말 감염성 질병으로 인한 사망률은 50퍼센트 아래로 떨어졌고, 대신 암과 심혈관 질환이 미국인의 가장 큰 사망 원인으로 떠올랐다.

21세기가 시작될 무렵 인간은 인슐린과 같은 치료 단백질을 생성해서 바늘, 펌프, 알약, 흡입 약물, 피부 패치 등으로 주입하는 약물 전달 시스템을 개발했다. 신장투석기, 인공심장, 고성능 보철 장비도 개발했다. 또한 실질적인 암치료법과 복잡한 진단 기술, 첨단 진단장비 등을 갖춘 초현대식 의료 시설을 구축했다. 이러한 혁신의 대부분은 상업적 혁신 모델에 의해 이뤄졌다.

그러나 놀라운 결실을 낳은 의료 기술에 대한 세계적인 방대한 투자

는 동시에 개인이 건강한 삶을 살아가기 위해 현실적으로 감당할 수 있
는 경제적 능력을 훌쩍 뛰어넘는 의료비 상승으로 이어졌다. 1960년을
기준으로 미국의 1인당 의료비는 연간 200달러가 안 되었지만, 2014년
에는 9000달러를 넘어섰다. 이는 물가를 반영하더라도 여덟 배에 달
하는 상승 폭이다. 같은 기간 동안 미국 연방정부 총예산에서 의료비
지출이 차지하는 비중 또한 상승했다. 2016년 미국 정부의 의료비 지
출은 무려 3조 3000억 달러에 이르렀다.

상업적 혁신과 과학 기술의 발달로 오늘날 건강관리 시스템은 수많
은 인구의 생명을 살리고 있다. 100년 전에는 심부전, 결핵, 암, 심지어
중증 감기도 종종 사망으로 이어졌다. 오늘날에는 이러한 병에 걸려도
얼마든지 오랫동안 행복한 삶을 누릴 수 있다. 하지만 의료비가 급증
하면서 그 가능성은 소득과 민족, 지역에 따라 크게 달라진다. 의료 서
비스가 대단히 불공평하게 제공되는 상황에서 우리는 현재 시스템의
한계 내에서 기술과 운용의 폭을 개선해나가거나, 아니면 완전히 새로
운 의료 시스템을 창조함으로써 많은 이들이 의존하는 대규모 건강관
리 시스템을 혁신적으로 바꿔나가야 하는 기로에 서 있다.

공정한 의료 서비스를 향한 여정을 선택하는 것은 그리 단순한 문제
가 아니다. 유전자 조작에서 디지털 의학에 이르기까지 과학적·기술
적 진보는 질병과 임상 치료의 부담을 크게 줄여줄 수 있는 의료 서비
스에 대한 근본적인 변화를 의미한다. 하지만 모든 사람이 이러한 진
보의 혜택을 받으려면 의료 서비스를 바라보는 시선 자체가 바뀌어야

한다. 의료 서비스를 삶의 광범위한 측면에 도입함으로써 의료 서비스 전반에 영향을 미칠 수 있도록 해야 한다. 오늘날 한 가지 시급한 당면 과제는 의료 서비스를 병원의 울타리에서 벗어나게 해서, 웨어러블 디지털 장비에서 가공 식품에 이르기까지 다양한 발명을 통해 사람들이 일상생활 속에서 자발적으로 받아들이도록 만드는 일이다. 우리 사회는 1년에 한 번 건강 검진을 받으라고 권하는 것보다 이러한 근본적인 변화에 더 집중해야 한다.

커뮤니케이션 방식

인류는 지극히 가까운 곳에서 정보를 얻어왔다. 우리는 냄새 맡고, 보고, 맛보고, 만지고, 소리를 들음으로써 주변 세상을 인식한다. 그리고 그러한 지각으로부터 배우고, 일상적인 욕구를 충족시키기 위해 다른 이들과 협력한다. 오늘날 우리는 이야기, 책, 노래, 연극, 오페라 등 다양한 형태의 문화를 통해 다양한 시간과 장소에 관한 정보를 얻는다. 그럼에도 대부분의 의사소통은 소규모 공동체 안에서 이뤄진다. 이 말은 곧 캘리포니아 북부에 사는 사람들은 필라델피아에 사는 사람들이 어떻게 생각하고 어떤 행동을 하려는지 잘 알지 못한다는 것을 의미한다. 파리에 사는 사람은 빈에서의 삶이 어떤지 알지 못한다. 비록 세상의 대부분은 상상의 영역으로 남아 있지만, 우리는 문화의 기능을 통해, 혹은 여행자의 입을 통해 정보를 끌어 모은다.

고립에는 장단점이 있다. 단점은, 필라델피아 사람들이 캘리포니아를 식민지로 삼을 음모를 꾸민다 해도, 혹은 빈 주민들이 파리에 사는 이들에게 전쟁을 선포한다고 해도, 캘리포니아나 파리에 사는 사람들이 그 사실을 즉각 확인할 방법이 없다는 것이다. 무슨 일이 일어나고 있는지 실시간으로 알지 못할 때, 미래에 대한 예측과 통제력은 제약을 받을 수밖에 없다. 다른 한편으로 우리는 주변 사람에게 많은 관심을 기울이고, 믿음과 가치를 공유하고, 문화의 기능 안에서 지속적으로 그 가치를 표현하고 있다. 이러한 움직임은 사회적 결속력을 강화해 인류 생존에 기여한다.

인류가 처한 상황은 크게 달라지고 있다. 19세기 창조자들이 이리저리 만지작거리다가 발명한, 그리고 위기의 순간에 대처하도록 도움을 주기 위해 만든 것들이 1920년대에 집 안 거실로 쏟아져 들어오기 시작했다. 그 무렵 최초의 라디오 뉴스와 오락 및 스포츠 방송이 탄생했고, 예전에는 광장으로 나가야 들을 수 있었던 정보를 집 안에서 접하게 되었다. GPS와 인터넷, 글로벌 휴대전화 서비스를 제공하고 있는 전 세계 커뮤니케이션 시장 규모는 식품 시장과 의료 서비스 시장 중간 정도에 해당한다. 이제 우리는 이러한 시스템을 떠나 살아간다는 것을 상상할 수 없게 되었다.

2015년 기준으로 미국인은 평균 하루에 열다섯 시간을 미디어를 소비하면서 보냈다. 이 놀라운 수치(아마도 다양한 미디어에 접속해 있는 많은 이들에 의해 약간은 부풀려졌을 것이다)는 밥을 먹고 가족이나 친구와 대화를 나누고 집안일을 하는 시간 외에는, 우리가 직접적인 물리적 환경으로부터 단절된 지각적 경험에 빠져 있거나 적어도 중대한 영향을 받고 있다는 사실을 말해준다. 즉 우리는 미디어와 더불어 듣고 보고 놀고 말하고 꿈꾸고 놀라고 미래를 상상한다. 낮에는 시끌벅적한 대로변에서 한껏 감각적인 자극을 찾았더라도, 퇴근 후 거실에서 조용한 밤을 보내는 일은 가능하다. 혹은 적어도 인간과 인공지능이 혼합된 가상의 세상에서도 비슷한 방식으로 가능하다. 미디어와 더불어 우리는 자신의 경험을 다운로드하고, 디지털 화면과 감각적인 2차원에 기반을 둔 인지적이고 감정적인 또 다른 경험을 업로드하는 방식으로 삶을 공유하고 있다. 우리는 모든 감각과 더불어 지구상에서 진화한 디지털 빛과 소리 환경 속에서 가상의 존재를 지나쳐간다. 이것이 우리 건강에, 일하고 살아가는 방식에, 혹은 사회화하고 유용한 형태로 스스로를 조직화하는 방식이나 일상 행동에 의미하는 바는 분명하지 않다. 비록 불안과 우울, ADHD는 물론 사회적·정치적·종교적 불안의 증가가 관련되어 있기는 하겠지만 말이다. 오늘날의 커뮤니케이션은 투표 방식, 정치인의 행동방식뿐만 아니라 우리가 학습하는 방식도 바꿔놓고 있다.

　서로 연결된 세상에서 어떻게 우리가 적응하며 살아갈 것인가는 우리가 창조한 것에 사회적·정치적으로 적응하는 일에 관한 질문일 뿐 아니라, 지속 가능한 방식으로 적응하고 이익을 얻을 수 있도록 도와줄 것들을 창조하는 일에 관한 질문이기도 하다.

　새로운 커뮤니케이션을 최적화하고 지속 가능하게 방대한 규모로 연결된 지구촌을 만들기 위해 우리가 창조하는 모든 것이 예전에 충족시키지 못했던 요구를 완벽하게 채우지는 못하겠지만, 새로운 방식으로 요구를 해결해줄 것이다. 그러한 방식이 압도적인 선택을 받으려면, 아름다움으로 우리의 마음을 끌어당겨야 할 것이다.

감정과 인지의
연결

우리의 도전과제는 너무도 거대해서 지금 처한 상황이 자칫 절망적으로 보일 수 있다. 글로벌 시스템이 불완전하다는 사실은 우리 개인의 삶과는 무관하게 보일 수 있다. 그래서 마치 아무것도 할 수 없는 것처럼 아무 생각 없이 세월을 흘려보내기 쉽다.

물론 인간의 몸은 생각이 없는 상태를 강화하도록 진화하지 않았다. 인간의 뇌는 우리와 접촉하는 모든 것을 다분히 개인적인 것으로 받아들임으로써 생존과 번영에 기여한다. 생명 활동은 우리가 살아가는 세상에 관심을 기울이도록 촉구한다. 우리가 관심을 기울이지 않을 때, 우리가 환경에 대해 아무런 통제력이 없거나 어떤 영향력도 행사하지 못할 때, 우리의 몸과 환경 사이에 수천 년 동안 형성되어온 균형 상태는 무너지게 된다. 우리는 지나치게 고민하고, 이로 인해 감정과 인식이 서로 반대 방향으로 이끌리게 되고, 결국 나쁜 판단을 내리게 된다. 우리는 지식에 지나치게 의존하는 반면, 행동은 소홀히 한다. 그러나 현대 신경과학이 말해주듯, 감정 영역과 인지 영역이 활발한 대화를 나누고 학습과 행동이 하나로 연결될 때, 우리의 뇌는 자연스럽게 작동한다.

도전적인 세상에서 '무엇을 할 것인가'라는 질문에 대한 답은 결국 직관적인 것이다. 미래는 연역으로 알아낼 수 없다. 실제로 존재하는 세상 속에서 미래를 개척하는 이는 예술가와 과학자, 그리고 지하실에서 노는 아이들이다.

이 책은 이러한 형태의 삶을 이끌어가는 일에 관한 이야기다.

2장

창조를 이끄는 공간,
문화 실험실

CREATING THINGS THAT MATTER

스물세 살 박사 과정 시절에, 나는 시카고대학에서 창조의 세 번째 길을 개척했다. 당시 MIT 교수 하워드 브레너Howard Brenner는 시카고 대학에 와서 자신이 좋아하는 주제인 유체역학에 대해 강연을 했다. 올리브오일 같은 유동체는 수학자, 물리학자, 공학자들이 수 세기에 걸쳐 밝혀낸 자연의 법칙에 따라 병에서 쏟아지기도 하고, 환상적인 모양으로 섞이기도 하고, 혹은 정원의 푸른 잎을 따라 흘러내릴 수도 있다. 오늘날 우리는 그 법칙을 알기 때문에 인공심장처럼 중요한 것들을 설계하고, 그게 어떻게 작동할지도 예측할 수 있다. 하워드는 강연에서 많은 것을 설명했고, 나는 그의 이야기를 따라잡기 위해 안간힘을 써야 했다. 하워드가 복잡한 응용수학의 세부적인 내용을 설명할 때 이따금 길을 잃기도 했지만, 그가 직접 작성한 우아한 슬라이드와 상징적 언어의 완벽함과 소박함에 가까운 자연스러운 태도에 이끌렸다. 마치 아름다운 작품을 감상하는 것 같았다(그전까지 수학은 내게 대부분 기능적으로, 즉 목적을 달성하는 수단으로 보였다). 어릴 적 내가 지하실에서 그랬던 것처럼, 하워드는 엄격하고 명징한 수학의 세계 안에서 매우 편안해 보였다.

얼마 후 나는 하워드와 함께 공부하기 위해 보스턴으로 옮겼다. 유체 표면의 운동(올리브오일의 작은 방울 사이에서 볼 수 있는 운동처럼)에 관한 첫 번째 책을 공동으로 출간하고 난 뒤, 나는 그때까지 걸어온 내 직업적인 삶을 호기심을 갖고 바라보기 시작했다. 나는 내가 하는 일을 사랑했고, 남은 생애 동안 응용수학을 주제로 논문과 책을 쓰면서 만족스러운 삶을 보낼 수 있었다. 하지만 내 연구 성과를 친구와 가족에게 설명하는 과정에서 많은 어려움을 느꼈다. 지금껏 이 문제로 괴로워한 적은 없었다. 하지만 나이가 들면서 내 열정이 현실적인 선택으로 변해버렸다는 사실을 깨닫게 되었다. 친구와 가족은 내게 지금껏 무엇을 했는지가 아니라 앞으로 무엇을 할 것인지를 묻기 시작했다. 내 방정식을 이해하지 못하는 사람들(즉 내가 함께 자라온 모든 사람들)에게 내 연구의 즐거움을 설명하는 과정에서 느끼는 어려움은 내 개인적인 걱정이 되었다. 기업 엔지니어나 세일즈맨이나 혹은 훨씬 쉽게 설명하는 방식으로 다른 사람에게 가치를 전달하는 교수가 된 내 오랜 친구들과 같은 삶의 여정을 택했더라면, 아마도 더 많은 돈을 벌고, 덜 위험한 모험을 추구하고, 전반적으로 내 주변 상황을 최적화할 수 있었을 것이다.

어느 날 나는 하워드에게 우리 연구의 핵심을 다른 사람에게 어떻게 설명해야 할지에 대해 물었다. 물론 우리는 그런 목표를 가지고 책을 썼다. 하지만 단지 책을 들이미는 것만으로 우리가 공유하는 일상적인 모험을 충분히 설명할 순 없었다. 그 책은 아마도 다른 사람의 눈에는 지긋지긋했던 학교 숙제처럼 보일 것이었다. 그렇다면 우리가 공유하는 마법의 과정은 과연 어떤 것이었을까?

"미학." 그는 이렇게 대답했다. "우리는 미학을 하고 있지."

나는 미학이 아름다움에 관한 연구와 관련이 있는 것이라고 생각했다. 그것은 예술의 과정과 개념에 관한 학문이지, 과학은 아니었다. 미학은 내 뇌의 일부, 즉 매일 아침 글을 쓰고, 내 삶을 더 확장해 나아가도록 나를 일깨웠던 섬세하고 연약한 일부가 하는 일인 것으로 보였다. '그게' 미학이었다. 미학은 내 어린 시절 놀이와, 지하실의 고독 속에서 했던 가상의 게임과 이어져 있었다.

미학이, 다시 말해 지극히 개인적인 세상에 대한 인식의 깊고 지속적인 열정이 내 과학 연구를 이끌어왔다는 그의 대답에 나는 깜짝 놀랐다. 우리가 했던 일의 의미는 그 일을 해왔던 방식과 근본적으로 관련 있다고 하워드는 설명했다.

우리는 공식을 만들었고, 그리고 흥분했다. 그 공식들은 다항polyadic 수학의 신비로운 언어로 이루어졌다. 여기서 굵은체 소문자는 값과 방향을 모두 포함하는 벡터를 나타낸다. 시속 50마일로 동쪽을 향해 달리는 자동차는 벡터로 표시할 수 있다. 굵은체 대문자는 값과 여러 방향을 포함하는 한 쌍의 텐서tensor(두 개의 벡터 조합으로 구성된 물리량—옮긴이)를 나타낸다. 강도의 개념, 즉 농구공을 던질 때 어느 방향으로 어떻게 회전을 넣어 던지는지가 여기에 해당한다. 우리는 다항 공식을 가지고서 물리적인 세상의 운동 법칙을 점, 구두점, 십자가로서 나타나는 각각의 기호들 사이의 운용(예를 들어 곱하기, 빼기, 혹은 도치)과 더불어 다양한 소문자와 대문자를 조합한 문장으로 표현할 수 있다. 심오한 미학적 언어를 이해할 때, 다른 글자의 형태(어두운-밝은-밝은-어두운)는 다른 기호와 함께 그 방정식이 참인지를 말해준다. 이는 당연하게도 아름다웠다. 그것을 이해하는 소수에게만.

그 결과의 유용성을 넘어 내 연구에 대한 이런 식의 가치 평가는 내가 과학적 삶의 목적과 의미로 바라보도록 배웠던 것과 크게 모순되었다. 그래서 하워드의 생각을 내 것으로 받아들이기로 했다. 그는 내 질문에 답했고, 나는 개인적으로 그의 대답에 안도했다. 하지만 친구와 가족이 똑같은 질문을 내게 했을 때, 그들에게 설명해줄 수 있을 만큼 그의 대답을 충분히 잘 이해한 것은 아니었다.

하워드와 함께 일하는 것은 내가 나로 존재하는 것, 즉 꿈꾸는 자로 존재하는 것에 대해 안도감을 갖게 해주었다. 그럼에도 나는 여전히 이러한 창조의 방식으로 존재하는 내가 세상에 중요한 존재라는 확신이 필요했다.

중요한 것과
진짜 중요한 것의 차이

1993년 봄 두 번째 책을 출간한 후, 나는 샌타바버라에 있는 캘리포니아주립대학으로부터 화학공학과 교수직을 제안받았다. 하지만 얼마 후 캘리포니아 주정부 재정이 바닥나면서 대학 채용 시장도 얼어붙었다. 결국 교수직 제안도 취소되고 말았다. 나는 졸지에 실업자가 되었다. 빌딩66의 복도를 걸어가다가 열린 문 너머로 교수들의 모습이 눈에 들어왔다. 그들처럼 고용을 보장받은 교수들이 보스턴 지역에 아마도 수천 명이 있을 것이다. 반면 나는 교수 지원자에 불과했다. 매년 대학은 교수진 수요를 가늠하고, 몇 년에 한 번 지원자를 받아들인다. 지금 그 목록에 내가 올라 있다. 내 이력서는 바로 내가 발표한 것들이었다. 하지만 내 책을 읽은 사람은 거의 없을 것이다. 게다가 읽고 이해한 사람은 더욱 없을 것이다. 나는 그러한 사실을 진작 알았어야만 했다! 내 책은 너무나 전문적이어서 실제 독자는 없었다. 그것은 너무 멀리 동떨어져 있는 불필요한 존재처럼 보였다. 브레너와 함께 추진했던 연구는 내게 중요했지만 다른 사람들에게는 그렇지 못했다.

물론 중요한 것은 많다. 여름날 오후의 비, 캄캄한 밤의 헤드라이트, 그리고 시.

이들 중 어느 것도 우리에게 항상 중요하지는 않다. 그러나 오랫동안 비가 오지 않고, 헤드라이트가 고장 나고, 시가 사라진다면, 우리의 삶은 황폐해질 것이다. 우리에겐 이러한 것들이 필요하다. 항상은 아니라고 해도, 충분히 자주 필요하다. 우리는 헤드라이트를 산다. 시를 쓰고 읽는다. 여름날 오후에 비를 충분히 내리게 해줄 생태계를 위해 노력한다. 그것들은 우리를 더욱 풍요롭게 해주기 때문에 지속되어야 한다. 그래야 우리는 먹고, 기억하고, 나누고, 창조하고, 건강을 유지하고, 이해하고, 지구에서 살아갈 수 있다.

중요한 것, 그리고 예전에 존재하지 않았던 것을 창조하는 일은 우리 자신에게 중요한 것으로부터 시작된다. 강압은 창조로 이어지지 못한다. 우리가 먼저 좋아해야만 창조할 수 있다.

하버드대학의 유명한 창조성 전문가인 테레사 애머빌Teresa Amabile은 일찍이 창조적 성과가 위축되는 현상에 대한 비밀을 파헤쳤다. 이를 위해 그녀는 작가들의 동기를 연구했다. 모든 다른 창조자들과 마찬가지로, 작가 역시 창조의 세 가지 방식을 따른다. 다시 말해 그들은 경제적 이익을 위해(돈을 벌기 위해), 문화적 혜택을 위해(성공적으로 책을 출판하기 위해), 혹은 열정적인 호기심을 충족시키기 위해(개척자처럼 탐험하기 위해) 글을 쓴다. 많은 작가들은 세 가지 방식 모두를 따른다. 열정적인 호기심으로 글을 쓰기 시작해서, 출판하고자 하는 원고를 쓰고, 마지막으로 출판 계약을 맺고 최종 원고를 손보는 동안 상업적인 성공을 위해 마케터와 회의를 한다.

애머빌은 여기서 첫 번째 단계에 주목했다. 그 결과 글을 써서 부와 명예를 얻는 데 집중하도록 만드는 것이 작가에게서 창조성을 빼앗아간다는 사실을 발견했다. "글쓰기의 외적 동기에 대해 생각하도록 할 때, 작가의 창조성이 떨어진다는 사실을 발견했습니다." 애머빌은 내가 이 책을 쓰고 있는 동안에 함께한 저녁 자리에서 이렇게 설명했다. "다른 사람을 위해 창조할 때는 최고의 능력을 발휘하지 못합니다. 사람들은 무엇보다 자기 자신을 위해 창조할 때 최고의 가치를 만들어내지요." 우리가 세상을 떠난 후에도 남는 것을 창조하는 일은 자기 자신의 경험에 귀를 기울이는 노력에서부터 시작한다. 그리고 이것으로부터 지속적인 창조를 함으로써, 우리는 우리 자신뿐 아니라 궁극적으로 많은 사람을 감동시킬 경험의 요소를 표현하는 방법을 배운다.

나는 실업자가 된 바로 그해에 이러한 깨달음을 얻었다.

* * *

캘리포니아주립대학에서 낭패를 겪은 직후 MIT의 로버트 랭거Robert Langer 교수로부터 자신의 연구팀에 합류해달라는 제안을 받았다. 랭거 교수는 약물 전달 시스템 분야의 세계적 선구자였다. 그러나 나는 그 분야에 대해 아는 바가 없었고, 그 역시 내 연구 분야를 잘 알지 못했다. 우리가 함께할 수 있는 일은 그리 많아 보이지 않았다. 완전히 새로운 시도를 하지 않는 이상은 말이다.

당시 나는 어디를 향하는지도 알지 못하고, 전문 분야가 너무도 다양해서 실질적으로 공유하는 것이라고는 순수함밖에 없는 팀과 함께 아무도 가지 않은 길을 개척하는 도전에 대해서는 한 번도 생각해보지 않았다. 랭거 교수의 연구실에서 진행했던 첫 번째 프레젠테이션에서, 나는 수많은 방정식을 늘어놓았다. 청중들은 아무도 내 말을 이해하지 못했다. 어떻게 달리 내 아이디어를 설명할 수 있겠는가? 질의응답 시간이 되었지만 아무도 손을 들지 않았다. 사람들의 공허한 눈빛은 내가 대체 왜 여기 있는지 묻는 것 같았다. 나 역시 궁금하기는 마찬가지였다. 프레젠테이션이 끝났을 때, 나는 랭거 교수에게 솔직한 마음을 털어놓았다.

그는 웃으며 이렇게 대답했다. "데이비드, 다른 사람이 어떻게 생각하느냐는 중요하지 않아요. 중요한 건 당신이 무슨 일을 할 것인가죠."

그 말은 내게 신선한 충격이었다. 브레너와 함께할 때 미학은 '형태'에 관한 것으로, 그것은 우리가 창조한 것의 모양과 전반적인 외형을 의미했다(대부분 공식). 반면 랭거 교수에게 미학이란 기능, 다시 말해 우리가 창조한 것으로부터 비롯되는 것이었다.

그는 당뇨병 환자에게 인슐린을 주입하는 여러 다양한 기술을 다룬 세 편의 검토 자료를 내게 건네주면서 이렇게 말했다. "한 번 읽어보세요. 더 나은 아이디어가 있으면 알려주세요."

검토 자료 중 한 편은 기본적인 사항으로 시작되었다. 단백질은 우리 몸을 구성하는 세포에서 만들어진다. 그 단백질은 다른 세포와 조직, 기관을 생성하고, 그 과정에서 환경에 반응하고 변화하고 분해된다. 다시 말해 단백질은 우리 몸의 천연 치료제다. 1970년대 연구실에서 단백질을 만드는 방법을 알아낸 뒤, 과학자들은 단백질이 약품의 미래가 될 것으로 예상했다. 그러나 단백질은 크기가 커서 복용한다고 해도 혈관 속으로 흡수되지 않는다. 그렇기 때문에 피하 주삿바늘이 필요하다. 그 이후로 주사 없이 인간의 몸에 단백질을 주입하는 다양한 기술이 경쟁을 벌이기 시작했다. 1990년대에 과학자들은 호흡기로 흡입하는 방식이야말로 피부를 손상시키지 않고 몸 안으로 단백질을 주입하는 최고의 방법이라고 결론 내렸다. 일단 약품이 폐 안으로 흡입되고 나면, 혈류로 들어가는 짧고 직접적인 경로를 찾는다. 우리가 숨을 쉴 때, 폐는 수백만 개의 작은 통로로 공기를 빨아들인다. 이러한 통로를 모두 펴서 바닥에 펼쳐놓으면 폐 조직의 전체 표면적이 테니스 코트와 맞먹는다! 만약 단백질을 폐로 주입하는 효과적인 방법을 찾을 수 있다면, 주사가 필요 없어진다. 이 기술을 적용할 수 있는 한 가지 대상은 당뇨병 치료를 위한 인슐린이었다. 특히 인슐린은 효율적으로 혈관 벽을 침투할 수 있을 정도로 입자가 작았다. 높은 확률과 단순한 방법, 저렴한 비용으로 인슐린을 폐에 집어넣는 기술을 발견할 수 있다면, 당뇨병 치료가 획기적으로 개선될 것으로 보였다. 그 무렵 인슐린을 공기 중으로 분사해서 당뇨병 환자가 이를 흡입하도록 하는 중요한 연구가 이뤄졌다. 이 방법은 효과가 있었지만, 에어스프레이건처럼 생긴 복잡한 장비가 필요했다. 일부 학자는 임상적으로 개발이 가능할지 의심했다. 또한 가능하다고 해도 얼마나 많은 당뇨병 환자가 실제로 활용할 수 있을지는 미지수였다.

그 과제는 대단히 흥미로워 보였지만 나는 문제를 정확하게 이해하지 못했다. 그래서 도움이 필요했다. 랭거 교수는 내게 다른 사람의 생각은 신경 쓰지 말고 내면의 열정에만 따르라고 말했다. 나는 그렇게 했다. 나는 수학적 전문지식을 갖추고 있었다. 다만 내가 흥미를 느꼈던 새로운 분야에서 발견의 기회를 잡기 위해 필요한 기술과 지식이 없을 뿐이었다. 브레너와 함께할 때, 나는 비교적 평탄한 영역을 개척했다. 그곳은 내가 훈련을 받은 곳이었고, 내 스승은 수십 년 동안 그 분야에 있었다. 하지만 그가 내게 가르친 것과 내가 알고 있는 것, 혹은 내가 갖고 있는 지식으로부터 발견할 수 있는 것에 집중하려는 본능은 여기서는 재앙이 될 것으로 보였다. 나는 이러한 지식의 가치를 인정하지 않는 사람들에게 마음의 문을 열고 그들의 말에 귀 기울여야 했다. 그들의 관심 분야에 주목하고, 그들이 읽는 것을 읽고, 모두가 이해할 수 있는 언어를 사용해서 아이디어를 표현하는 법을 배워야 했다.

랭거 교수는 자신이 개인적으로 한 번도 들여다본 적이 없는 자료를 검토해보라며 내게 건넸다. 브레너는 내게 자신의 논문을 건네면서,

그가 이미 개척했던 응용수학 분야를 개선해달라고 요청했었다. 스승의 안내에 따라 새로운 영역으로 들어가서 조금 더 밀고 나아가는 것은 전통적인 방식이었다. 반면 랭거 교수는 내게 그의 전문지식을 무시할 뿐 아니라, 나 자신의 지식도 무시하라고 했다. 그의 모토는 이런 것이었다. "가서 발견하라. 내가 모르는 뭔가를 찾아내라."

* * *

그로부터 얼마 지나지 않아 우리는 사용이 간편하고 경제적인, 흡입 가능한 인슐린 입자를 만드는 방법을 개발했다. 그 모양이 위플볼(구멍 난 플라스틱 야구공―옮긴이)처럼 생겨서 더 효과적으로 폐 속으로 집어넣을 수 있었다. 적어도 수학적 관점에서 보자면, 그 입자는 공기 중으로 쉽게 분사되기 때문에 복잡한 장비가 필요 없었다. 단순한 호스 하나면 충분했다. 하지만 그 아이디어의 효용을 입증하기까지 2년의 세월이 더 걸렸다. 1997년 우리는 연구 결과를 《사이언스》에 발표했다. 나는 이 논문이 내 인생을 완전히 바꿔놓을 것으로 기대했다. 그러나 행복한 며칠이 지나고 나서, 나는 그 논문이 더 많은 질문만 남겼다는 사실을 깨달았다. 작은 구멍이 많이 난 입자가 뭔가를 바꿀 수 있을까? 나는 입자를 더 저렴하게 생산하는 방법에 대해 알아보기 시작했고, 다른 협력자들과 함께 내가 설명한 것처럼 약품을 실제로 환자에게 주입할 수 있는지 시험하는 간단한 방법을 발견했다. 이러한 모든 노력은 결국 랭거 교수와 내가 테리 맥과이어Terry McGuire라는 투자자와 함께 1998년 설립해서 1999년에 1억 달러 넘는 금액으로 매각한 기업의 설립으로 이어졌다.

돌이켜볼 때, 그 모든 일이 정신없이 이뤄졌다. 거의 연구실에서 살다시피 하는 응용수학자였다가 기업을 매각하는 과정에서 변호사와 은행가들과 논쟁을 벌인 사업가에 이르기까지, 나는 완전히 새로운 삶을 살아가게 되었다. 나는 캠퍼스를 떠난 삶의 신선함과 위험, 그리고 기회를 사랑했다. 이러한 삶이 정말로 꿈꾸어왔던 인생인지 확신할 수는 없었지만.

나는 프랑스인 아내 오렐리와 함께 지내기 위해 파리에 아파트를 샀다. 내가 회사(지금은 제약회사 앨커미스의 자회사가 된)를 운영하는 동안, 우리는 그 아파트에서 여름을 보냈다.

우리는 흡입형 인슐린 제품을 개발했고, 이후 파킨슨병을 앓고 있는 환자를 위해 새로운 도파민 제품을 개발하기 시작했다. 15년 후에야 시장에서 성공을 거두게 될 흡입형 도파민에 대한 연구가 제자리걸음을 하는 동안, 일라이릴리(미국의 대형 제약회사)는 흡입형 인슐린 제품과 관련하여 우리와 협력관계를 맺었다. 당시 일라이릴리는 주사형 제품으로 미국 인슐린 시장을 장악하고 있었다. 주사형과 비교해, 흡입형 제품은 당뇨병 환자의 삶을 크게 개선해주었다(임상실험이 끝난 환자들이 흡입기 반납을 거부할 정도였다). 일부 환자에게, 그것은 삶을 바꾸는 경험이었다. 하지만 우리 제품이 임상실험에서 성공을 거뒀음에도, 일라이릴리는 끝내 출시를 보류했다. 그 결정은 과학적인 판단과 무관했다.

사실 시장에 출시된 경쟁력 있는 흡입형 인슐린 제품(첫 번째 제품인 엑쥬베라와 그 뒤에 나온 알프레자)은 우리가 상상하지 못한 문제를 드러냈다. 의사들과 보험회사는 인슐린 치료에 대한 기준을 기존 FDA 기준보다 더 높여야 한다고 우려를 표했다. 당시 전체 건강관리 비용 8달러당 1달러가 당뇨병 치료에 쓰이고 있었다. 당뇨병 환자가 급증하면서, 의사들은 완전히 새로운 치료법의 도입을 우려했다. 인슐린 치료는 결국 평생 동안 이어져야 하고, 의사들은 주사형 인슐린에 대해서는 50년 이상의 경험치를 확보한 상태였다. 그들은 주사형이 안전하다는 사실을 이미 알고 있었다. 그런데 고작 몇 년의 경험치밖에 없는 흡입형 인슐린으로 치료수단을 교체하는 작업은 의사들에게 장기적인 위험으로 가득한 전면적인 변화로 보였을 것이다. 더 나아가 일라이릴리를 비롯한 제약회사들은 수억 달러를 주사형 인슐린 개발에 투자한 터였다. 그들이 내린 결론은, 당뇨병 치료를 위해 주사를 흡입기로 바꾸는 시도는 경제적 이점은 별로 없으면서 의료적 위험은 크게 높인다는 것이었다. 그렇다면 우리는 그 규모와 성공이 입증되지 않은 새로운 기술로 기존 기술을 대체하기 위해, 일라이릴리가 이미 지배하고 있는 시장을 없애버리게 될 제품을 개발한 셈이었다. 흡입형 인슐린의 이러한 위험은 많은 환자의 삶을 한층 개선해줄 보상을 압도했다.

중요한 것을 창조하기 위해서는 과학적으로 올바른 일 그 이상이 필요했다.

*   *   *

2001년에는 하버드대학의 공학 및 응용과학부 교수로 근무할 기회가 찾아왔다. 나에게는 더없이 흥미로운 제안이었다. 그리고 이후 나는 내게 중요한 것, 즉 새로운 진실을 발견했다고 확신하며 하버드를 떠났다. 나는 사람들에게 혜택을 가져다주기 위해 노력할 때 중요한 학습이 일어나며, 이는 완전히 연역적인 혹은 귀납적인 창조 과정이 아니라 그 사이에 있는 뭔가와 관련된 것이라는 사실을 발견했다. 나는 이러한 깨달음을 대학 캠퍼스에서도 발견할 수 있는지 한번 탐험해보고 싶었다.

하버드에 있을 때 나는 연구를 통해 예술적 과정과 과학적 과정을 통합하는, 건축, 음악, 의학 분야의 교수들과 많은 이야기를 나눴다. 대화 주제는 점차 박물관, 병원, 공연장 등 외부 기관 인사까지 포함하는 방향으로 확장되었다. 그들과 나는 배경과 열정은 서로 달랐지만, 공통된 경험을 공유하고 있었다. 형식적인 연결고리는 약하고 불확실했지만, 우리 모두는 개인적으로 의미 있게 생각하는 아이디어를 추구하는 과정에서 이론적인 경계를 넘나드는 것을 좋아했다(나는 개인적인 소명으로서 오랫동안 소설을 썼고, MIT 문학부에서, 특히 소설가 아니타 데사이

Anita Desai로부터 많은 가르침을 얻었다). 지속적인 가치를 지닌 뭔가를 창조하는 사람들은 공적 담론 속에서 창조적인 미학적 과정을 개발한다. 나는 창조적인 작업을 '문화 실험실'로 옮겨놓는 방법을 모색하기 시작했다. 문화 실험실에서 사람들은 수백만 달러 없이, 혹은 창조 과정에서 염두에 둔 사람들과 스스로를 격리시키는 규제 장벽 없이 듣고 배운다. 실험실을 대중에 공개한다는 것은 내게 어떤 의미일까? 개수대와 원심분리기 같은 장비들을 갖춰놓고 구경시켜주어야 할까? 그러나 이런 도구들이 적을수록 더 얻을 것이 많은 것으로 드러났다. 실험실은 사람들을 감동시키고, 우리가 만든 것으로 신선한 경험을 제공해야 했다.

2005년에 나는 가족이 있는 파리로 이주했고, 2007년에 르라보라투아를 열었다. 그곳은 거대한 돌기둥이 있는 정원 아래에 위치한, 파리에서 가장 오래된 구석진 곳에 들어선 전시 공간이었다.

르라보라투아에서 나는 실험적인 공적 논의를 이끌어내보고자 내 작품을 예술가, 디자이너, 요리사, 조향사들의 작품과 하나로 연결했다. 나는 이곳에서 여러 사람들과 교류하며 지속 가능한 먹을거리, 의료 서비스, 커뮤니케이션과 관련한 혁신적 아이디어들을 떠올렸다. 2014년 나는 내 문화 실험실을 매사추세츠주 케임브리지로 옮겼다. 여기에 레스토랑을 추가해 IT 기업들이 세계에서 가장 밀집한 지역 한복판에 실험실 문을 열었다.

지금부터는 르라보라투아에서 시작된 것을 살펴보고자 한다. 또한 그 실험실이 같은 기간에 전 세계적으로 성장한 풀뿌리 창조자 운동에 어떻게 합류하게 되었는지, 그리고 우리들 각자가 배우고 일하고 살아가는 방식에 어떻게 영향을 미칠 수 있는지(희망찬 미래에 기여할 수 있는 기회를 선사한다)를 다뤄볼 것이다.

먼저 문화 실험실의 개념에 대해 좀 더 면밀히 들여다보자.

그림 1 〈노래하는 구름Singing Cloud〉(2009). 르라보라투아에 처음으로 전시된 예술 작품. 인도 예술가 실파 굽타Shilpa Gupta의 작품으로, 현재 덴마크 루이지애나미술관에 영구 소장되어 있다.

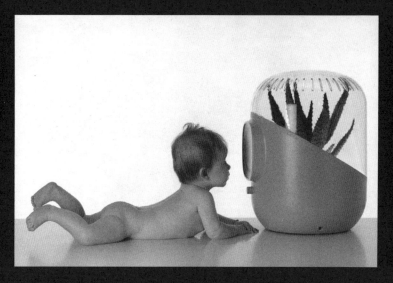

그림 2 르라보라투아의 첫 번째 상업 디자인 〈안드레아Andrea〉. 프랑스 디자이너 마티외 르아뇌Mathieu Lehanneur가 저자와 함께 제작한 작품으로, 현재 뉴욕 현대미술관(MoMA)과 파리 장식미술박물관의 영구 소장품이다.

그림 3 〈시간의 거부The Refusal of Time〉. 윌리엄 켄트리지가 과학역사가 피터 갤리슨Peter Galison과 합작한 작품으로, 2011년 르라보라투아에서 첫 전시가 이뤄졌다. 비디오아트와 함께 전시되었으며, 연극 〈시간을 거부하라Refuse the Hour〉와 더불어 비평가들로부터 호평을 받았다.

그림 4 매사추세츠주 케임브리지에 있는 카페 아트사이언스. 디자이너 마티외 르아뇌와 함께 구상한 것으로, 2014년 11월에 문을 열었다.

문화 실험실에서
일어나는 일

르라보라투아와 같은 문화 실험실
은 아이디어의 착상에서 실현에 이르기까지 실험적인 창조 과정을 뒷
받침하는 공간이다. 문화 실험실은 획기적인 레스토랑, 웹사이트, 스
타트업, 독립영화사에서 과학·공학·디자인 연구실에 이르기까지 다
양한 형태로 나타날 수 있다. 이는 의식적인 참여와 대중의 학습을 지
원한다. 거대 조직(불확실성보다 규칙 준수에 더 적합한 리더십을 갖추었으며
절대 실패를 용납하지 않는)과 달리, 문화 실험실은 변화를 가로막는 장애
물을 쉽게 제거할 수 있다. 또한 거기서 일하는 꿈꾸는 자들과, 그들의
꿈에 동참하는 대중을 위한 희망의 공간이기도 하다.

문화 실험실에는 몇 가지 규칙이 있다. 두 명 이상으로 구성된 팀이
창조적인 아이디어의 개발과 실현에 이르는 다양한 단계에서 대중을
상대로 전시를 한다. 리더(작가, 투자자, 요리사)가 있으며, 여러 명이 그
역할을 맡을 수도 있다. (비틀스나 아폴로 11호처럼) 팀의 구성은 아이디
어에 따라 달라진다. 투자자, 초기 청중(early audience), 기술자, 조수, 예

술가와 디자이너, 공학자 등의 다양한 촉진자는 그들이 배운 것을 발표하고, 다른 이의 발표로부터 배우는 팀의 역량을 주도한다. 창조의 첫 인상을 드러내는 시도는 스타트업에 대한 투자를 유치하기 위한 형식적인 프레젠테이션이 아니다. 그들은 예전에 상상하지 못했던 창조적인 아이디어를 드러내며, 그 효용은 짐작할 수 없다. 문화 실험실은 말 그대로 하나의 예술 작품이다.

문화 실험실에는 두 가지 형태가 있다. 우리에게 가장 친숙한 것은 '일시적 실험실transient lab'로, 이는 주말이나 한 달 혹은 한 학기처럼 짧은 기간 동안 존속한다. 일시적 실험실은 창조 과정의 틀을 세우는 역할을 하며, 장기 지속에 대한 생각은 거의 없다. 또 하나는 '야심 찬 실험실aspirational lab'로 예술가, 과학자, 요리사, 그 밖의 다양한 창조자를 위한 꿈의 기반을 장기적 차원에서 마련하는 역할을 한다(다음 장에서 다룰 것이다). 이들 실험실은 지원과 지침을 필요로 하며, 미래를 창조하는 과정에서 대단히 중요하다. 일시적 실험실이든 야심 찬 실험실이든 간에, 문화 실험실은 르라보라투아처럼 공공 학습 기관이 될 수도 있고 레스토랑처럼 상업적인 조직이 될 수도 있다.

문화 실험실에서 우리는 다른 사람과 함께, 그리고 다른 사람을 위해 새로운 것을 창조한다. 그 결과물이 아무런 효용이 없을 수도 있다. 그런데 왜 우리는 이런 위험을 무릅쓰는가? 그 해답은 노래와 도구 같은 즐거움과 돈과 명예를 가져다줄 뭔가를 창조하고자 하는 개인적인 동기 너머에 있다. 창조는 우리가 혼자가 아니라 서로 연결되어 있으며 행복을 위해 상호의존하고 있다는 인식을 일깨워준다.

최근 신경과학 분야의 연구는 집단의 이익을 위해, 그리고 그 과정을 통해 얻어지는 개인적 행복을 위해 창조를 추구하는 특정한 감정적 · 인지적 상태에 주목한다. 연구 결과에 따르면, 창조적 뇌는 지극히 자기중심적인 동시에 지극히 사회적인 기관인 것으로 드러나고 있다.

인간의 신경 시스템을 테이블 위에 펼쳐놓는다면, 두 가지 서로 다른 구조를 확인할 수 있다. 하나는 우리가 뇌라고 알고 있는 상추처럼 생긴 구조로서, 꼬불꼬불한 모양의 피질과 회백질로 이뤄진 중앙 신경 시스템을 말한다. 다른 하나는 섬유질 네트워크인 주변 신경 시스템이자 몸 전체에 퍼져 있는 신경군으로서, 신체 내외부로부터 신호를 수집해 뇌로 전달하는 역할을 한다. 보고, 듣고, 냄새 맡고, 만지고, 맛을 보는 주요 감각은 이러한 신경군을 통해 주변 세상으로부터 뇌로 전달된다. 그러면 뇌는 이러한 신호를 행동과 감정으로 전환하고, 우리가 어디에, 어떤 상태로 존재하며, 궁극적으로 우리가 누구인지에 대한 인식을 만들어낸다.

특정한 감정적 · 인지적 신경 상태는 우리가 개척적인 환경에서 생존하도록 도움을 준다. 이러한 창조적 마인드의 '미학적 차원'은 우리가 주변 환경과 관계를 맺고, 우리 자신과 주변 사람에게 혜택을 나눠주도록 한다.

*　　*　　*

지금부터 소개할 예술가와 과학자의 사례를 통해 나는 창조의 일곱 가지 미학적 요소에 주목하고자 한다. 먼저 간략하게 살펴보자.

열정Passion: 마리 퀴리는 1890년대 말 파리에서 우라늄의 마술처럼 보이는 특성을 주제로 박사 연구를 시작했다. 그 무렵 많은 이들은 우라늄이 엑스선을 방출한다는 사실을 보여주었지만, 그 원인은 미스터리로 남아 있었다. 우라늄의 이러한 특성에는 위험이 내포되어 있었다. 퀴리는 엑스선이 어디서 오는지 알아내고 싶었고, 그래서 우라늄을 가지고 실험했다. 그녀는 우라늄 가까이에서 보낸 시간이 자신의 생명을 단축시킬 것이라는 사실을 모른 채 만지고 측정했다. 이후 퀴리는 10년 만에 방사능의 존재를 발표했고, 그 공로를 인정받아 노벨상을 받았다.

중요한 것을 창조하는 일은 발견을 향한 열정적인 호기심으로부터 시작된다. 열정은 개척적인 탐험의 오랜 과정 동안 시들해지는 법이 없으며, 우리는 이러한 열정을 통해 다른 사람들에게 신선한 경험을 선사하는 새로운 것을 창조한다.

공감Empathy: 함께하는 동료 없이는 높은 정상에 오르거나 깊은 바다에 잠수할 수 없다. 우리의 생존 가능성은 다른 누군가가 우리의 이익을 고려할 때 높아진다. 생존 경험은 개척자에게 가장 어렵고 예상치 못한 상황 속에서도 혼자가 아니라는 확신을 심어줌으로써 다른 사람과 신뢰관계를 구축하게 한다. 마리 퀴리가 남편과 함께 연구하고 첫 번째 노벨상을 수상하면서 그랬던 것처럼, 혹은 친구들과 함께 시대를 대표한 밴드를 결성했던 존 레논이나 아폴로 11호 팀과 함께 최초로 달 탐사를 시도했던 존 글렌처럼, 개척자는 동료와 함께할 때 더 멀리 모험을 감행할 수 있다.

성공적인 개척자는 위험한 미지의 땅에서 팀을 통해 공감을 나눔으로써, 자신을 뜨겁게 흥분시키는 것을, 그리고 다른 사람에게 중요한 것을 발견하게 된다.

직관Intuition: 우리 뇌는 오랜 시간에 걸쳐 경험적 지식을 축적한다. 창조자는 감정적으로 익숙하지만 인지적으로 낯선 환경에 적극적으로 뛰어들 때 경험적 지식을 활용한다. 전문지식이 부족한 상황에서 창조자는 무의식에 저장된 소중한 정보를 떠올리고, 이러한 정보를 바탕으로 직관적으로 행동한다. 2003년 하버드대학 2학년 때 마크 저커버그(세계적인 기업의 CEO가 되기 한참 전)가 페이스북을 개발했을 때가 바로 그랬다.

페이스북이라는 아이디어를 떠올리기 1년 전 저커버그는 하버드 학생들의 사진을 웹사이트에 올려놓고 그중 아름다운 얼굴에 투표하게 해서 소동을 일으켰다. 페이스매시Facemash라는 그 사이트는 곧바로 하버드 학생들의 관심을 사로잡았다. 그러나 대학 내 많은 이들이 그 사이트에 대해 불만을 토로했고, 저커버그는 결국 중단해야 했다. 페이스매시 경험과 더불어 대학 캠퍼스에서 시도한 다양한 소셜네트워크 경험을 기반으로, 저커버그는 본능적으로, 그리고 공격적으로 새로운 프로젝트를 이끌어냈다. 그로부터 1년 뒤 페이스북은 폭발적으로 성장했다.

　순수함Innocence: 정보가 부족한 낯선 환경에 처할 때, 우리는 직관과 조화를 이루는 주변 사물을 더 많이 인식하게 된다. 순수함은 학습을 강화한다. 열정적이고 공감력이 뛰어난 창조자는 순수함을 통해 즉각적으로 배운다. 그리고 이로부터 개척을 시작하고, 주변 상황으로부터 얻은 개인의 경험을 발판 삼아 이익을 얻는다.

　존 케이지가 하버드대학의 무반향실에 발을 들여놓았을 때, 그는 서른아홉 살이었다. 그 천재적인 침묵의 작곡가는 소리를 흡수하는(반향이 없는) 방에서 '침묵의 소리'를 발견했다. 그는 자신의 작품〈불확정성Indeterminacy〉에서 이렇게 썼다. "나는 두 가지 소리를 들었다. 하나는 높고, 하나는 낮은. 나중에 나는 담당 기술자에게 완벽하게 조용한 방에서 어떻게 두 가지 소리가 들릴 수 있는지 물었다. 그는 내게 자세히 말해보라고 했다. 나는 설명했다. 그는 높은 소리는 중추신경계가 작동하는 소리이고, 낮은 소리는 혈액이 순환하는 소리라고 답했다." 그러나 그건 사실이 아니었다. 케이지가 들었던 소리는 분명히 신체의 기능으로부터 온 것이지만, 그 소리를 기능 자체로 추적하는 것은 상상력의 도약이었다. 케이지는 생리학과 관련해서 전혀 배운 적이 없었고, 필요로 하지도 않았다. 그의 순수함은 생리학을 넘어서는 이해를 자극했고, 20세기 위대한 음악의 창조적 기반을 마련했다.

겸손함Humility: 창조자들은 자신이 종종 실수를 저지른다는 사실을 알고 있다. 그들은 성공보다 실패로 드러난 가설을 통해 더 많은 것을 배운다. 성공은 기껏해야 그들이 이미 알고 있는 사실을 확인시켜줄 뿐이다. 성공을 거둔 후에도 창조자는 열정적이고 공감적이고 직관적이고 순수하고자 하는 의지를 뒷받침하는 겸손함을 평생 간직한다.

스티브 잡스, 빌 게이츠, 폴 앨런, 마이클 델은 사람들이 관심을 보이지 않았던 것(제품 개발에서 크고 작은 실패)으로부터, 그리고 사람들의 관심을 자극하는 신기술을 만드는 방법으로부터 배움으로써 시대를 지배하는 기업을 이끌었다. 잡스는 넥스트컴퓨터에서 실패를 경험했고, 이로부터 얻은 깨달음으로 매킨토시를 살려냈다. 게이츠와 폴 앨런은 그들의 첫 번째 회사 트래프오데이터에서 실패를 겪었고, 여기서 얻은 교훈을 바탕으로 마이크로소프트를 설립했다. 종이에 필기하는 방식이 보편적이던 시대에 비즈니스를 큰 성공으로 이끌지 못했던 마이클 델은 1993년 델 컴퓨터의 경영 방식에 변화를 주면서 엄청난 성공을 거뒀다.

미학적 지능 Aesthetic intelligence: 새로운 아이디어를 제시하는 창조자는 언어나 방정식 혹은 악보 등 형식이 갖는 힘에 대한 깊은 통찰력이 있다. 그들은 최초 사용자, 그리고 미학적 가치에 관한 논의에 기꺼이 참여하고자 하는 이들의 관심을 끄는 방식으로 아이디어를 표출한다. 새로운 아이디어의 화려한 기능보다 더 중요한 것은 그 아이디어에 대한 경험을 멋지게 만들어주는 형식이다.

1907년 아인슈타인이 상대성 이론에 관한 첫 번째 논문을 발표했을 때, 공식적인 축하는 거의 없었다. 그때 피카소는 2년 전에 완성한 〈아비뇽의 여인들〉로 사회적 이슈를 불러일으키고 있었다. 이 작품은 오스트리아 빈의 아인슈타인이 그랬던 것처럼, 파리에서 피카소가 느꼈던 시간과 공간의 가변성에 대한 현대적 관점을 담고 있다. 당시 두 명의 20대 청년은 기차 여행이 시간과 공간의 개념을 완전히 바꿔버린 유럽에서 살고 있었다.

집요함Obsession: 다른 사람이 살아가는 방식에 영향을 미치는 모든 새로운 도전은 저항에 직면하게 마련이다. 그들은 창조의 결과로 기회를 잃어버리게 될까 봐 변화를 두려워한다. 바로 창조를 실현하는 개척자는 마치 자신의 생존이 달린 것처럼 뜨거운 열정을 바친 창조물을 통해 많은 이들의 삶에 깊이 관여하게 된다.

세상에 대한 우리의 상식에 반하는, 뉴턴 물리학과 물리적 세상에 대한 비전의 한계를 가정했던 아인슈타인의 상대성 이론은 즉각 강력한 반대에 직면했다. 과학적 · 신학적 · 철학적 근거를 바탕으로 사람들은 아인슈타인의 새로운 우주관을 놓고 치열한 논쟁을 벌였다. 아인슈타인은 평생 동안 상대성 이론에 대한 이해를 심화해나갔다. 점차 이를 부정하는 사람들의 저항은 약화되었고, 그 기본적인 예측을 확인한 과학자들의 지지는 강력해졌다.

이러한 미학적 요소는 오늘날 앞서가는 창조자에게 박차를 가하도록 힘을 실어준다. 그리고 이것들은 학습의 미래만큼이나 풀뿌리 창조자 운동에도 중요하다. 이제부터 나는 오늘날 예술과 과학 분야에서 일하는 아홉 명의 놀라운 창조자들의 이야기를 들려주고자 한다. 이들의 이야기를 통해 문화 실험실 안에서 감정적 · 인지적 상태를 고양함으로써 지속적인 창조 과정에서 개인적인 충족감을 발견하는 법에 대해 설명할 것이다.

2부

창조자 주기를 구성하는 7가지 요소

3장

단계 1:
아이디에이션

아이디어를
떠올리는 시간

CREATING THINGS THAT MATTER

몇 년 전 하버드대학의 봄학기가 시작될 무렵, 나는 40~50명의 학생들 앞에서 질문에 답하고 있었다. 그때 나는 봄학기 과목인 '창조하는 법과 그것을 중요하게 만드는 법'의 기본 내용과 더불어, 한 학기 동안 학습 과제에 어떻게 접근할 것인지에 대해 설명했다. 다음 수업 시간에 나는 학생들과 네 가지 꿈을 공유할 생각이었다. 내가 제시한 꿈에 대한 가설은 다소 애매모호하고 기이했다. 나는 준비한 슬라이드에 이렇게 적어놓았다. "음식을 마실 수 있을까? 인류는 오랫동안 포크와 나이프, 혹은 젓가락을 사용해왔고, 그전에는 더 오랫동안 손가락을 사용했다. 그런데 음식을 그냥 흡입할 수 있다면 어떨까? 인간의 건강과 행복에 어떤 변화가 일어날까?" 이 아이디어는 학생들에게 문제 해결을 요구하는 것이 아니라 꿈을 꾸도록 자극하기 위한 것이었다. 나는 다음 수업 시간에 학생들이 강의실 앞에서 흥미로운 꿈 두 가지를 선택하게 될 것이라고 이야기했다. 그런 다음 아이디어별로 4~6명씩 그룹을 만들고, 한 가지 아이디어가 별 호응이 없을 경우,

인기 있는 아이디어를 두 가지로 쪼개는 법에 대해 브레인스토밍을 하기로 결정했다.

학기 과정은 세 단계로 이뤄진다. 첫 번째 단계에서, 학생들은 팀으로 활동하면서 중요한 문제를 해결하고 기회를 가져다줄 아이디어를 제시한다. 여기서 내 아이디어는 학생들에게 미지의 영역으로 안내하는 이정표 역할을 한다. 두 번째 단계에서, 각 그룹은 자신들이 선택한 아이디어를 발표하고, 어떻게 문제를 해결하고 기회를 제공할 수 있는지 설명한다. 그리고 여름방학 동안에 시도해볼 수 있는 간단한 첫 번째 실험을 구상한다. 마지막 단계에서는 발표 연습을 하고, 전문가와 이야기를 나누고, 팀 차원에서 작성한 보고서와 함께 공식적인 토론 형식으로 발표를 한다. 당시 내가 속해 있던 바이오응용공학 비스연구소의 후원 덕분에, 나는 특히 열정적인 학생들을 대상으로 방학 기간에 그들의 아이디어를 실현하도록 지원할 수 있었다.

나는 분명하게 설명했다고 생각했고, 학생들의 질문은 그러한 생각을 확신시켜주었다. 당시 학생들은 봄학기를 준비하는 단계였고, 그날은 그저 '맛보기 강의'에 불과했다. 즉 학생들은 내 강의를 선택할 수도, 안 할 수도 있었다.

맨 앞에 앉은 여학생이 손을 들었다. 얼굴에는 긴장감이 역력했다.

그녀는 이렇게 물었다. "그런데 아이디어가 하나도 없으면 어떡하죠?"

처음에 그 질문은 우습게 들렸다. 어떻게 아이디어가 하나도 없을 수 있단 말인가? 나는 잠시 생각했다. 그렇다. 하버드대학에서 아이디어를 하나도 떠올리지 못해서 좋은 성적을 받지 못할 게 뻔한 강의를 듣는 것은 아마도 그녀에게 재앙이 될 것이다. 그것은 내가 여태껏 생각해본 적 없는 문제였다. 왜 그런 생각을 하지 못했을까? 나는 내가 지금 가르치고 있는 과목의 근본적인 전제에 따라 살아왔다. 아이디어를 하나도 떠올릴 수 없을 것이라고 생각해본 적은 한 번도 없었다. 잠시 침묵의 시간이 흐른 후 나는 웃음을 터뜨렸다. 나는 그 여학생에게 아이디어에 대해 나보다 훨씬 높은 기준을 갖고 있는 것이라고 말했다. 그러자 학생들도 따라서 웃었다. 하지만 나는 진지했다. 그녀는 하버드 학생이었고, 거기에 걸맞은 훌륭한 아이디어를 떠올려야 한다고 생각했을 것이다. 그녀는 과연 어떤 다른 아이디어를 떠올릴 것인가?

나는 말했다. "나는 매일 백 가지 아이디어가 떠오릅니다. 대부분 평범하죠. 그중 일부는 쓸데없고, 괜찮아 보이는 것도 있습니다. 하지만 일부러 시간을 들여 어떤 게 좋은 아이디어인지 구분하지는 않아요. 그게 가능한지조차 모르겠군요. 다만 아이디어에 관심을 기울이고, 아이디어를 자유롭게 공유하는 사람과 함께 어울리려고 합니다. 이 수업은 일종의 아이디어 공놀이입니다. 재미있는 게임이죠. 게임에서 이기면 (물론 지는 사람은 없지만) 미래를 창조하는 좋은 기회까지 얻을 수 있죠."

다른 사람에게 중요한 아이디어를 제시하는 일은 대단히 힘든 도전 과제처럼 보인다. 그 아이디어가 가치 있는 것이라고 어떻게 확신할 수 있을까?

창조적인 아이디어를 떠올리고 이를 실현하기 위해 노력하는 것은, 호기심으로 시작되고 공감으로 이어진 팀과 더불어 열정적인 대화를 나누고 이끌어가는 것에 관한 문제다.

우리는 어떻게 열정적인 호기심과 공감을 개발할 수 있을까? 어떻게 유능한 창조자로서 이러한 자질을 활용하는 법을 배울 수 있을까? 창조의 세 번째 길을 열어가는 이들의 몇몇 유명 사례는, 이것이 우리 삶에서 어떻게 작동하는지 이해하도록 돕는다. 이들 창조자는 경제적 이익에 대한 갈망, 혹은 문화적 영향력을 성취하려는 욕구에 따라 움직이지 않는다. 그들은 미학적 삶을 살아가기 위한 개척자의 욕망에 따라 움직인다. 그들은 창조적 과정을 설계하고, 문화 실험실을 기반으로 대중과 함께 창조적 대화를 나눔으로써 중요한 것을 만들어낸다.

열정:

목적의식을 갖고 탐구하기

페란 아드리아는 세계적인 요리사다. 스페인 코스타브라바 언덕에 자리 잡은 조그마한 식당 엘불리에서, 아드리아는 프랑스가 4세기 동안 지배했던 오트퀴진haute cuisine(프랑스 궁정문화에 뿌리를 둔 전통적인 고급 요리—옮긴이)의 역사를 완전히 바꿔놓았다. 어떤 요리사도 요리의 미래에 대한 열린 논의에서 지역음식에 주목하지 않았을 때, 아드리아는 고향 카탈루냐의 요리 문화를 섬세하게 재해석함으로써 대중의 관심을 사로잡았다.

아드리아가 등장하기 전에, 오트퀴진은 요리에 대한 프랑스적인 접근방식을 의미했다. 부르주아 시대 프랑스에서 사람들은 프랑스 요리를 빼놓고는 음식을 논하지 않았다. 그들은 마치 프랑스 요리가 다른 지역의 요리와는 완전히 다른 것인 양 생각했다. 프랑스의 세련된 요리는 정성과 노력을 들일 때 요리가 어느 경지까지 도달할 수 있는지에 대한 높은 기준을 제시했다.

프랑스 사람들은 17세기에 오트퀴진을 내놓았다. 왕실 요리사이

자 마리네이드와 라구(스튜) 같은 핵심적인 요리를 개발한 라바렌La
Varenne과 마시알로Massialot는 최초로 요리책을 출간했다. 18세기 말에
서 19세기 초에 이르기까지 프랑스 대사 샤를 탈레랑-페리고르, 러
시아 차르 알렉산드르 1세, 금융가 후손인 제임스 로스차일드의 요리
사였던 마리-앙투안 카렘Marie-Antoine Carême은 혁명 이후 부르주아들
의 식탁에 오트퀴진을 올리면서, 벨루테와 베샤멜 같은 전설적인 소스
를 선보였다(카렘의 부엌에는 약 100가지 소스가 있었다). 프랑스 요리는 이
렇게 끊임없이 보물을 쌓아갔다. 그 과정에는 리츠호텔과 칼튼호텔을
개장하고 피치 멜바Peach Melba(호주 가수 넬리 멜바를 위해 1893년에 개발
된) 등 새로운 요리를 개발한 조르주 오귀스트 에스코피에George Auguste
Escoffier 같은 여러 유명 요리사의 활약이 있었다.

뉴욕의 레스토랑 델모니코스에서 34년 동안 요리사로 일하면서 다
양한 요리를 개발한 찰스 랜호퍼Charles Ranhofer는 프랑스 전통 요리를
미국으로 가져왔다. 그 후 미국의 위대한 요리사 줄리아 차일드Julia
Child가 등장했다. 그녀는《프랑스 요리법 익히기Mastering the Art of French
Cuisine》라는 책을 냈고, 최초의 TV 요리사로 이름을 알렸다. 결국 서구
에서는 적어도 4세기 동안 프랑스 요리의 세련미나 섬세함과 경쟁할
수 있는 다른 요리를 상상하지 못했다. 그러한 시도조차 없었다.

그러다가 1980년대 중반에 페란 아드리아가 등장해 오트퀴진의 궤
도를 완전히 바꿔놓았다. 그는 스페인 외딴 해안 지방의 요리를 모두
가 즐길 수 있는 요리로 확장했다. 아드리아가 등장하기 전에 탁월한

예술 인재들은 주로 디자인이나 광고 혹은 예술 분야에 주목했다. 그러나 아드리아 이후 많은 이들이 요리사가 되고 싶어 했다. 창의적인 요리가 리얼리티 TV 프로그램, 유명 영화, 경연 대회에 등장하기 시작했다. 이제 요리는 창조적 활동이 되었고, 음식에 관한 논의 주제는 지속 가능성과 생물 다양성, 그리고 음식의 미래 쪽으로 넘어갔다.

*   *   *

흥미롭게도 페란 아드리아가 처음부터 요리에 열정을 가졌던 것은 아니다. 2016년 어느 겨울날 함께 저녁을 먹는 자리에서 그는 내게 이렇게 말했다. "저는 바르셀로나 외곽의 가난한 마을인 로스피탈레트 데요브레가트에서 자랐습니다." 그는 바르셀로나 스페인 광장 근처에 위치한 멕시코 레스토랑인 오하산타로 나를 초대했다. 그의 동생인 알베르트가 운영하는 곳이었다. 우리는 프랑스어로 이야기를 나눴다. 아드리아는 영어를 알아듣긴 했지만 말하는 건 서툴렀다. 그의 모든 공식적인 발언과 업무는 스페인어나 카탈루냐어로 이뤄졌다. 그의 뛰어난 프랑스어 실력은 요리에 관한 세계의 시대정신을 스페인으로 들여오기 위한 노력을 나타내는 듯 보였다. "어머니는 요리 실력이 그렇게 특별하진 않았어요. 동네 다른 집 어머니들과 별로 다를 바 없었죠. 요리에 대해 크게 신경 쓰지 않으셨어요." 종업원이 다가와서 아드리아 앞에 작은 접시를 놓았다. 거기에는 작은 옥수수 대 모양의 옥수수 빵이 놓여 있었다. "음식은 우리가 누구인지를 말해줍니다. 문화의 핵심이죠." 그 위대한 요리사는 손등에 살사 소스를 살짝 뿌리고는 재빨리 맛을 봤다. "우리가 이미 잘 안다고 생각해서 보지 못하는 겁니다. 보려고 하지 않는 거죠. 요리에 최고의 노력을 기울이는 사람을 저는 아직 보지 못했습니다."

학창 시절에 아드리아는 학교생활에 염증을 느꼈다. 그래서 아버지 친구 소개로 인근 바닷가에 위치한 레스토랑에서 일을 시작했다. 돈을 조금 모으자 학교를 그만뒀고, 본격적으로 주방에서 일을 배우기 시작했다. 그리고 1년 후 카르타헤나에서 군복무를 하는 동안 장교 담당 요리 병사로 일했다. 거기서 그는 자신과 같은 일을 맡은 페르미 푸이그Fermí Puig라는 친구를 사귀었다(그는 현재 유명한 요리사다). 이듬해 여름, 푸이그는 아드리아에게 엘불리 레스토랑에서 인턴으로 일해보라고 권했다. 당시 엘불리는 쉴링이라는 독일 부부가 운영하는 고풍스러운 분위기의 레스토랑이었다.

멋진 자전거 길이 길게 펼쳐진 칼라몬호이만 끝자락에 자리 잡은 엘불리 레스토랑은 여름휴가를 온 사람들로 북적였다. 그들은 때로 보트를 정박해놓고 저녁을 먹기도 했다. 1970년대에 엘불리는 프랑스 요리를 선보여 처음으로 미슐랭 스타를 받았다. 두 번째 미슐랭 스타는 아드리아가 도착하기 몇 년 전 프랑스에서 온 요리사 장-폴 비네Jean-Paul Vinay의 활약으로 받은 것이었다. 아드리아는 비네 밑에서 인턴 생활을 하면서 프랑스어를 익혔다. 군복무를 마치고 난 뒤, 아드리아는 엘불리에 정식 직원으로 채용되었다. 그 무렵 비네는 레스토랑을 사들이려 했지만 쉴링 부부에게 거절당하자 엘불리를 떠났다. 그리고 아드리아가 그의 빈자리를 맡았다.

쉴링 부부는 오트퀴진에서 프랑스식 전통을 유지하는 것이 얼마나 중요한지 잘 알고 있었기에 레스토랑의 미래를 위해 아드리아(프랑스 요리 문화를 전혀 몰랐던 스물다섯 살의 주방장)를 레스토랑이 잠시 문을 닫는 여름 시즌 동안 스페인 북부 지방으로 보내 교육을 받게 했다. 1987년에는 프랑스 니스로 보내 네그레스코호텔에 있는 르샹트클레 레스토랑의 요리사 자크 막시맹Jacques Maximin의 시연 행사에 참석하도록 했다. 그 무렵 막시맹은 호텔 레스토랑에서 두 개의 미슐랭 스타를 받은 최초의 요리사로서 명성을 날리고 있었다. 만약 룸서비스를 제외한다면 아마도 별 세 개를 받았을 것이라는 소문까지 돌았다. 그 슈퍼스타 주방장은 해마다 메뉴를 전면적으로 개편했다. 아드리아는 처음 보는 방식이었다. 르샹트클레 메뉴판에 있는 요리는 전부 막시맹이 개발한 것이었다. 그는 요리를 창조했다. 그런데 그것 모두 정말로 그가 직접 개발한 것이라고 할 수 있을까? 아드리아는 확신할 수 없었다. 막시맹의 요리는 라구와 마리네이드, 그리고 파슬리 소스와 트러플 무스와 함께 프랑스 전통의 중심을 차지하고 있었다.

누군가 막시맹에게 물었다. "창조가 뭐죠?"

그는 대답했다. "창조란 베끼지 않은 겁니다."

그러나 베끼는 것은 사실 아드리아가 엘불리에서 했던 모든 일이었

다. 지금 니스에 온 것도 더 많은 요리법을 베끼기 위해서였다. 요리가
평범한 일상의 일부였던 바르셀로나 교외 가정 출신의 아드리아에게
프랑스 요리는 베끼기도 쉽지 않았다. 그러니 막시맹의 말은 아드리아
에게 해방을 뜻하는 것이었다. 아드리아가 특별한 존재가 되는 것은
무엇보다 쉬운 일이었다! 단지 고향에서 영감을 발견하면 되기 때문
이었다.

막시맹처럼 훌륭한 요리사가 되려면 분명히 자기 자신을 찾아야 했
다. 또한 자신의 배경과 경험을 공유하지 못한 많은 이들이 아름답다
고 느낄 카탈루냐의 경험을 요리를 통해 표현하는 법을 배워야 했다.

아드리아는 니스에서 돌아오자마자 프랑스 요리법 핸드북을 집어던
져버렸다. 그는 전통적인 카탈루냐 소스에 대해 새롭게 구상하고, 가
재 알과 정어리 등 최고급 요리에 한 번도 시도하지 않았던 재료를 가
지고 자신만의 비전을 따르기 시작했다. 그는 자연스럽게 초자연적인
건축가 안토니 가우디나 초현실주의 화가 호안 미로, 혹은 살바도르
달리처럼 카탈루냐 출신의 빛나는 대가들의 환상적이고 혁신적인 전
통을 받아들였다. 그의 기술이 발전하면서 그의 주방 역시 열정적인
카탈루냐 가족과 함께 발전했다. 1980년대 말에는 동생 알베르트가 합
류했다(그는 열다섯 살에 학교를 그만두고 형을 따라 주방에서 일을 시작했다.
머지않아 그는 세계적인 제빵사가 되었다).

엘불리 식구들은 열심히 일했고, 종종 바르셀로나 디스코클럽에서
파티를 벌였다(아드리아는 웃으며 이렇게 말했다. "제가 엘불리 주방장으로 그

렇게 오래 버틸 거라고 생각한 사람은 아무도 없었죠."). 시간이 흘러 아드리아 팀은 '모더니스트 퀴진modernist cuisine'이라고 하는 새로운 요리 영역을 개척했다.

1980년대를 지나 1990년대로 접어들면서, 엘불리의 새 주방장은 사람들의 관심을 받기 시작했다. 1990년 그 레스토랑은 비네가 떠나면서 잃어버렸던 미슐랭 스타를 되찾았다. 이후 아드리아는 쉴링 부부에게서 엘불리를 사들이면서 먼 미래를 내다보기 시작했다. 그해 겨울, 그는 조각가 친구인 사비에르 메디나-캄페니Xavier Medina-Campeny의 작업실에서 함께 보냈다. 거기서 그는 점심과 저녁을 요리하고, 예술가 정신을 흠뻑 빨아들였다. 이듬해 아드리아는 엘불리 주방을 완전히 뒤집어놓았다. 1993년 그의 타파스 요리는 엄청난 관심을 불러일으켰다. 그해 아드리아는 셀러리 젤리를 곁들인 검은 트러플 워터아이스, 베이컨을 곁들인 모차렐라, 머스터드와 캐러멜 비네그레트를 곁들인 말린 살구, 콜리플라워 쿠스쿠스와 콜리플라워 죽과 돼지 귀로 만든 라구를 곁들인 정어리 요리를 선보였다. 덕분에 젊은 카탈루냐 남성들은 여자 친구와 함께 바르셀로나를 출발해 구불구불한 산길을 따라 해안가에 있는 조그마한 레스토랑에 와서는 그녀가 상상했던 것보다 훨씬 더 맛있는 요리에 감탄하고 감격하는 모습을 흐뭇한 표정으로 바라볼 수 있었다.

* * *

이후 첨단 과학이 오트퀴진 주방으로 밀려들기 시작했다. 1980년대 말 옥스퍼드대학의 물리학자 니컬러스 커티Nicholas Kurti와 프랑스 물리화학자 에르베 티스Hervé This는 이탈리아 에리체에서 열린 연례 '분자와 물리적 요리' 워크숍을 주최했는데, 헤스턴 블루먼솔Heston Blumenthal과 피에르 가녜르Pierre Gagnaire 등의 유명 요리사들로부터 많은 관심을 받았다. 아드리아는 2000년대 중반까지도 그러한 컨퍼런스에 참석해본 적이 없었고, 과학 연구에 관심을 가져본 적도 없었다. 1990년대에 그가 개발한 분자 요리(식재료를 분자 단위로 연구하고 분석하는 요리법—옮긴이) 중 일부는 직관적인 방식으로, 혹은 도전과 실패를 거쳐 혼자서 창조한 것이었다.

예를 들어 프랑스식 무스는 오트퀴진에서 오랜 전통을 갖고 있다. 일반적으로 사람들은 포크로 액체 재료를 휘저어 무스를 만들었다. 액체가 공기와 접촉하도록 하기 위해 사용하는 도구의 특성과, 휘젓는 속도와 강도에 따라 무스는 다양한 거품 형태로 만들어진다. 1990년대 초 아드리아는 거품이 풍성한 무스를 만들고자 했다. 이를 위해 1992년 겨울에는 메디나-캄페니의 작업실에서 산소탱크 호스를 토마토 안으로 집어넣어 산소를 주입하고자 시도했다. 그러나 몇 초 후 토마토는 폭발해서 산산조각이 났다. 그는 실험을 반복했지만 폭발을 막을 수는 없었다.

이듬해 제빵사 안토니 에스크리바Antoni Escribà가 아드리아에게 스위스에서 온 이산화탄소 시폰을 보여주었다. 그리고 얼마 후 아드리아는 벨에어라고 하는 인근 레스토랑에서 이산화질소 시폰을 발견했다. 아드리아는 알베르트와 함께 그 시폰을 빌려와서 최초의 푸드폼food foam이라 할 수 있는 에스푸마espuma를 개발했다. 내부에 공기를 주입하면서 거품이 원래 형태를 유지하게 하는 비결은 젤라틴이라는 재료에 있었다. 그 시즌에 아드리아는 엘불리에 처음으로 검은 성게 위에 흰색 동그란 무스를 얹은 에스푸마 요리를 선보였다. 이후 거품 가득한 무스는 아드리아 요리의 상징이 되었다.

* * *

아드리아와 그의 팀은 1990년대에 엘불리의 전설을 만들어나갔다. 아드리아는 당시 활기를 띠기 시작한 인터넷이 새로운 아이디어를 모든 가정에 가져다주는 것만큼이나 빠른 속도로 새로운 아이디어를 자신의 레스토랑에 들여왔다.

그는 아이디어를 떠올리고, 실험을 하고, 요리를 내놓았다. 이러한 패턴은 인간의 뇌가 어떻게 감각 정보를 처리하고 창조적인 행동으로 반응하는지 잘 보여준다.

뇌는 도파민이나 소마소스타틴 같은 신경전달물질의 분비, 신체 내외부로부터 오는 감각 정보의 수집, 기저 뇌(근육 기능, 균형, 호흡과 같은 자율 행동을 담당하는 부위)에서 신경 구조, 대뇌변연계 시스템(뇌의 중간 부분으로서 기억과 감정을 담당하는 부위), 신피질(뇌의 주요 덩어리로서 고차 원적인 인지 기능을 담당하는 부위)의 활성화에 관여하는 복잡한 보상 시스템으로부터 창조의 동기를 얻는다. 과학자들은 이러한 인지-감정 보상 시스템을 세 가지 기본적인 기능으로 구분한다. 그 세 가지란 욕망('유인적 현저성' 혹은 동기부여), 연상 학습(긍정적 강화), 선호(기쁨과 희열을 포함하는)를 말한다. 이 세 가지 보상 시스템은 혁신가가 아이디어에서 실현에 이르는 창조적 과정을 이끌어나가도록 힘을 실어주고 열정적인 호기심을 자극하는 기능을 한다.

가령 우리에게는 신발이 필요하다. 신발은 편안함이라는 직접적 이익을 가져다준다(발을 부드럽고 안전하게 보호한다). 우리는 또 돈을 필요로 한다. 돈은 미래에 얻을 수 있는 혜택을 상징하고, 신발과 같은 제품을 구매할 수 있는 간접적인 이익을 선사한다. 우리 뇌는 강화 학습을 통해 간접적인 이익에 대해 배운다. 이는 과학자들이 말하는 "모형에서 자유로운" 혹은 "모형에 기반을 둔" 형태로 나타날 수 있다(이에 대해서는 나중에 자세히 살펴보자). 이 각각의 형태는 다르면서도 중첩된 신경 회로를 통해 작동한다. 가령 한 학생이 처음에는 러시아 문학 과목에서 좋은 성적을 얻기 위해《전쟁과 평화》를 읽기를 '원한다.' 그것은 전반적으로 그의 뇌가 좋은 성적을 받는 것이 미래의 혜택을 보장할 것이라는 추상적인 '모형'을 갖고 있기 때문이다. 다른 한편으로 톨스토이를 읽고, 프랑스와 러시아 역사를 복습하고, 19세기로 이동하는 과정은 아마도 그 자체로 즐거운 일이어서 세계 문학을 읽는 것이 평생 좋아하는 일로 발전할 수도 있다. 이제 그는 독서를 '좋아한다.'

욕망, 강화 학습, 선호는 신경 시스템을 통해 전달되는 신호로부터 비롯되며, 숙고, 의사결정, 행동으로 이어진다. 그러한 신호와 이후 과정은 창조적 과정 전반에 걸쳐 뇌에서 일어나는 복잡한 인지적·정서적 기능을 뒷받침하고 거기에 참여한다. 그 신호는 우리가 꿈꾸고, 실험적으로 개발하고, 새로운 아이디어를 표현하도록 동기를 부여한다. 혹은 내가 말하는 창조자 주기Creator's Cycle, 즉 아이디에이션ideation-실험-표현의 과정이 실행되도록 만든다.

창조자 주기를 반복적으로 경험하면서, 우리는 열정적인 호기심으로 시작해 미학적인 창조자의 삶의 인지적·감정적 차원을 유지하고 발전시켜나간다.

아드리아의 열정은 엘불리 주방에서 성장했다. 첫 번째 단계에서, '그는 아이디어를 떠올렸다. 혹은 꿈을 꾸었다.' 그는 프랑스 요리법을 버리고 고향인 카탈루냐 지방 음식에 주목했다. 두 번째 단계에서, '그는 꿈을 실현하기 위해 다른 이들과 함께 실험에 착수했다.' 카탈루냐 사람들로 팀을 꾸리고, 메디나-캄페니와 같은 예술가 친구와 함께 작업실에서 끊임없이 연구했다. 세 번째 단계에서, 자신이 개발한 모든 요리를 통해 '그의 꿈을 다른 이들에게 표현했다.' 그는 창조자로서 기존의 것을 반복하지 않았다. 자크 막시맹에 따르면, 창조란 곧 "베끼지 않는 것"을 의미하기 때문이다.

2003년 8월 아드리아의 사진이 《뉴욕 타임스 매거진》 표지에 실렸다. 그 제목은 이랬다. "누에바 누벨 퀴진: 스페인은 어떻게 새로운 프랑스가 되었나Nueva Nouvelle Cuisine: How Spain Became the New France." 그 표제 기사에서 아서 루보Arthur Lubow는 아드리아의 레스토랑을 "죽기 전에 꼭 가봐야 할 미식가의 성지"라고 칭송했다. 그는 엘불리 20주년 기념 기간에 그 레스토랑을 직접 방문했다. 그 기간에 아드리아는 자신의 인기 요리를 내놓았다. 루보는 이렇게 썼다. "메뉴에는 타파스 크기의 서른 가지 요리가 포함되어 있었다. 각각의 요리에는 출시 날짜가 표기되어 있었다. (…) 얼린 위스키샤워와 폼모히토로 만든 웰컴칵테일과 함께 가루를 내서 새롭게 만든 팝콘과 꽃잎 튀김이 곁들여 나왔다. 구운 빵에 토마토를 바르고 올리브오일을 뿌린 카탈루냐식 요리 팜토마케트를 쪼개서 껍질을 벗긴 토마토로 만든 화이트 셔벗에 뿌리고, 여기에 올리브오일을 적신 바삭한 크래커를 올렸다. 치킨크로켓 안에는 수프가 들어 있었다. 부풀린 라이스 크리스피로 만든 '켈로그스 파에야' 위에는 갖가지 해산물을 올렸고, 그 옆에는 살짝 튀긴 새우와 새우 회, 그리고 진한 갈색 새우머리 추출물을 담은, 입 안에 털어 넣는 작은 병이 놓여 있었다."

《뉴욕 타임스 매거진》에 기사가 실린 후, 아드리아는 매년 100만 건 이상의 예약 문의를 받았다. 인터넷이 대중매체를 대체하면서 그의 레스토랑은 오트퀴진의 자리를 대체했다. 이는 사람들에게 그들이 원하는 것을 가져다준 장기적이고 성공적인 혁신이었다. 2002년 엘불리는

《레스토랑 매거진》으로부터 세계 최고의 레스토랑으로 선정되었다. 그리고 2011년 문을 닫기 전까지 4년 연속으로 그 상을 수상하는 기록을 세웠다.

* * *

유명세를 얻은 뒤 아드리아에게는 위험 요소가 크게 줄어들었다. 하지만 명성은 창조자 주기의 내재적인 개인적 보상을 더 이상 얻지 못하도록 혁신가를 방해하는 요인이 될 수 있다. 그럴 경우 창조자는 점차 보수적으로 변하면서 실패를 두려워하게 된다. 하지만 아드리아는 자신이 이룬 것을 사랑했고, 처음 엘불리에 들어온 이후로 언제나 자신의 일을 계속해서 이어나갔다. 똑같은 것을 반복하지 않겠다는 지칠 줄 모르는 열정은 엘불리를 독보적인 레스토랑으로 만들어놓았다. 하지만 모든 고객을 만족시켜달라는 사회적 압박이 커지면서, 아드리아도 조금씩 지쳐갔다.

아드리아의 문화 실험실은 놀랍게도 창조의 세 가지 길이 하나로 통합된 공간으로 발전했다. 이는 창조의 세 번째 길을 뒷받침했을 뿐 아니라, 매일 문화적 제품을 생산했으며(두 번째 길), 동시에 수익성 높은 상업적 조직(첫 번째 길)이기도 했다. 미학적 창조자는 평생 동안 주로 창조의 세 번째 길에 집중하면서, 생산 과제로부터 자유로운 문화 실험실에서 자신의 미학적 과정을 개발하고 개선한다. 그들은 원고를 출판사에 전하고, 실험실로부터 기업을 분사하고, 열정적인 호기심을 자극하는 글쓰기와 개발로 끊임없이 돌아가는 길을 알고 있다.

미개척 분야에서 아드리아는 혼자였다. 경쟁자도 없었다. 그러나 《뉴욕 타임스 매거진》 기사가 나간 이후로, 그의 미개척 분야였던 오트퀴진은 북적이는 시장이 되었다. 평론가들은 그가 매년 정상의 자리를 지킬 것으로 내다봤다. 그러나 아드리아가 보기에, 그의 문화 실험실은 이미 개척자 정신을 잃었고, 이는 곧 엘불리의 지속 가능성이 끝났다는 것을 의미했다. 결국 그는 몇 년 동안의 엄청난 성공을 뒤로한 채 엘불리 문을 닫았다.

엘불리 폐점이 오트퀴진 시장에 미친 영향은 역사적으로 유명한 예술학교인 독일의 바우하우스가 예술, 디자인, 건축 분야에 미친 영향과 비슷했다. 1933년 바우하우스가 문을 닫았을 때, 거기 있던 천재들은 마치 씨앗이 바람을 타고 날아가듯 독일을 떠나 시카고로(일리노이공과대학의 루트비히 미스 반 데어 로에, 그리고 지금은 IIT인스티튜트가 된 뉴 바우하우스의 라즐로 모홀리-나기), 노스캐롤라이나로(블랙마운틴칼리지의 요제프 알베르스), 그리고 보스턴으로(하버드 디자인대학원의 발터 그로피우스) 진출했다. 2011년 엘불리가 문을 닫은 이후로, 최고의 레스토랑 상은 아드리아와 함께 일했던, 혹은 아드리아로부터 강한 영향을 받은 요리사들에게로 넘어갔다. 이들 중에는 코펜하겐에 있는 노마의 르네 레제피René Redzepi, 바르셀로나의 로카Roca 형제, 이탈리아 모데나에 있는 오스테리아 프란체스카나의 마시모 보투라Massimo Bottura 등이 있었다. 아드리아의 영향력은 유럽과 미국 전역에 걸쳐 급속도로 확산되었다. 네이선 미어볼드Nathan Myhrvold는 2438쪽에 이르는 요리책《모더니스트 퀴진Modernist Cuisine》(2011)에서 그 파급 효과에 많은 관심과 인정을 드러냈다. 여기서 미어볼드는 거의 아드리아 혼자 미래 요리 운동의 새로운 원칙을 만들어냈다고 말했다.

* * *

내가 아드리아를 처음 만난 것은 2015년 가을이었다. 그날 그는 MIT에서 주최한 행사를 마치고 카페 아트사이언스로 들어섰다. 그때 나는 디지털 향수 플랫폼을 개발하는 초기 단계에 있었고, 그와의 저녁을 위해 디지털 향수 메뉴를 준비해두었다. 각 코스마다 디지털 태블릿 화면에 떠 있는 메뉴를 손가락으로 터치하면 태블릿 커버 끝에서 향수가 분출되었다. 아드리아는 그 태블릿을 가지고 놀았다. 그는 생선, 감자, 와인 등 우리가 설계해놓은 모든 향수를 일일이 맡아보았다. 저녁식사가 끝났을 때, 아드리아는 주방장을 불러 마치 아들을 칭찬하는 아버지처럼 그를 토닥여주었다. 그러고는 강연을 시작했다. 나는 그를 보러 바르셀로나에 갈 때마다 그의 강연을 듣곤 했다. 비즈니스 파트너 루이스 가르시아Lluís García가 영어로 통역하는 동안, 아드리아는 빈 와인 잔을 들어 보이며 이렇게 물었다. "이건 뭘까요? 와인 잔? 어쩌면 향기를 가두는 지붕일지도 모르죠." 그는 와인 잔을 거꾸로 뒤집더니 그 공간을 연기로 채울 수 있다고 말했다. "그러면 물병일까요? 그릇일까요? 아니면 꽃병일까요?"

아드리아는 모든 질문에 적극적으로 대답해주었다. 멋진 강연이었다. 그날 우리와 함께했던 노벨상 수상자 필립 샤프Phillip Sharp는 다음 날 오전에 내게 보낸 이메일에서 "내가 경험했던 가장 기억에 남을 만한 만찬"이라고 평가했다.

몇 달 후 나는 엘불리 실험실El Bulli Lab을 방문하기 위해 바르셀로나를 찾았다. 아드리아는 엘불리 문을 닫고 난 뒤 바르셀로나 도심에 자신의 실험실을 설립했다. 흥미롭게도 그곳에는 주방이라고 부를 만한 공간이 없었다. 전 세계에서 온 지원자들로 구성된 20~30명의 사람들이 테이블에 앉아 조용히 무슨 작업을 하고 있었다. 그들 주변에는 포스터와 디지털 스크린, 사진집, 요리 공예품이 놓여 있었다.《불리페디아BulliPedia》라는 책에 소개된 것처럼, 그것들은 모두 음식에 대한 아드리아의 고유한 관점을 정량화하고 분류하는 그의 야심 찬 프로젝트를 완성하기 위한 것이었다. 거대한 창고처럼 생긴 실험실 한쪽 끝에는 전통적인 샴페인 브랜드 이미지를 되살리기 위해 돔 페리뇽Dom Pérignon과 함께한 그의 프로젝트가 전시되어 있었다. 반대편 끝에는 거대한 쌍방향 디지털 스크린이 놓여 있었다. 아드리아는 그 스크린을 통해 미술관, 학교, 레스토랑 사이의 접점으로서 고유한 위치에 엘불리의 문을 새롭게 열고자 하는 계획을 보여주고 있었다. 아드리아의 문화 실험실은 최종적으로 '엘불리1846'이라는 이름으로 불리게 되었다. 1846은 그 위대한 요리사가 엘불리에서 개발했던 독창적인 요리의 가짓수다.

나는 아드리아와 이틀을 함께 보냈고, 이듬해에도 다시 돌아와 사흘을 함께 있었다. 그동안 나는 그가 가는 곳이면 어디든 따라다녔다. 그가 팀원들 어깨너머로 《불리페디아》 작업 상황을 살피거나, 혹은 바르셀로나에 있는 식품 도매시장을 둘러보면서 지역 구매자들과 함께 식품 등급제에 대해 이야기를 나누는 모습을 지켜봤다. 그때 그의 표정은 다소 익살맞아 보였다. 상대방이 주의를 기울이지 않으면, 인상을 쓰기도 했다. 하지만 퓌레(채소나 곡류 등을 삶아 걸쭉하게 만든 수프—옮긴이)를 살펴볼 때면 그의 시선은 의사처럼 날카롭게 변했다. 그는 결코 지루해하거나 좌절하거나 쓸데없이 걱정하지 않는다. 깊이 생각할 때에도 그는 주변 사람의 시선을 끈다. 몸을 상대편 쪽으로 기울이거나, 아니면 고개를 의식적으로 기울임으로써 상대방의 주장에 언제든 이의를 제기할 것이라는 긴장감을 준다.

미학적 열정은 우리의 호기심이 중요하다는 영구적인 확신이다. 우리가 중요하다고 믿는 것은 창조에 필수적이다. 창조물은 시간이 흐를수록 창조자와 분리하기가 힘들어진다. 창조의 유일한 목표가 개인의 이익이라면, 창조자의 열정은 눈을 가리는 방해물이 될 수도 있다. 게임이나 논쟁 혹은 전쟁에서 오로지 승리만을 바랄 때, 우리는 자신이 누구인지, 무엇을 필요로 하는지 의심하지 않게 되고, 그래서 성공을 향한 여정에서 배우고 변화하는 기회를 놓치게 된다. 미학적 열정

은 다르다. 이는 시간과 공간의 제약 안에서 성장하고자 하는 자연적
인 본능이다. 마치 식물이 영양분을 흡수하기 위해 뿌리를 뻗고, 토양
속 습기와 태양의 각도, 바람의 세기에 적응해나가는 것과 같다.

 페란 아드리아는 바로 이러한 방식으로 창조한다.

공감:

타인의 눈을 통해 끈기 있고
진지하게 바라볼 것

문학이든 우주여행이든 아니면 조형예술이든 미개척 분야에서 발견을 모색하는 개척자는 자신을 중심으로 관계를 만들어가고자 한다. 미개척 분야의 극한 생존 환경 속에서 공감은 창조의 핵심 요인이다. 우리는 이러한 사실을 왕성한 발명가이자 수없이 인용되는 공학자인 MIT의 로버트 랭거 교수의 일과 삶에서 뚜렷하게 확인할 수 있다.

랭거 교수는 일찍이 미생물에 의해 분해 가능한 입자를 개발했다. 육안으로는 보이지 않는 이 입자는 부식되는 동안 생물 조직 속으로 치료 물질을 지속적으로 분비한다. 이후 랭거의 입자는 생명을 살리고, 치료의 선택지가 많지 않은 상황에서 건강관리에 대한 접근의 폭을 넓히는 새로운 암 치료제 개발로 이어졌다.

랭거는 MIT에서 화학공학으로 박사학위를 받자마자 암 연구에 돌입했다. 그는 가르치는 일을 좋아했다. 그래서 박사학위를 받는 동안 케임브리지에 있는 그룹스쿨에서 고등학교 중퇴자를 대상으로 화학을 가르쳤다. 랭거는 당시를 이렇게 회상했다. "학생들의 머릿속에서 불이 들어오는 것을 볼 수 있습니다. 그들은 세상이 돌아가는 방식에 대해 배우고, 이는 그들에게 예전에 없던 희망을 안겨줍니다." 랭거에게 가르치는 일은 화학의 기본 지식을 공유하는 것이라기보다 전구에 '불'이 켜지도록 하는 것이었다. 세상을 밝히겠다는 랭거의 열정은 이후에 그가 우리 모두에게 중요한 것을 창조하도록 만드는 가장 큰 원동력으로 작용했다.

그는 MIT 졸업 후 강의 자리를 열심히 알아보았다. 그런 노력이 수포로 돌아갔을 때, 그는 스승을 만났다. 다름 아닌 하버드 의과대학의 유명한 교수인 주다 포크먼Judah Folkman이었다. 키가 크고 침착하고 자부심이 강한 포크먼 교수는 보스턴 아동병원 역사상 최연소 나이로 외과 과장이 된 인물이다. 분명히 그는 대단히 출중한 의사다. 그러나 그의 동료들은 때로 암 연구에 대한 그의 접근방식이 지나치게 직관적이라며 비판했다. 그는 종양이 혈관에 분자를 '신호'로서 전송하고, 그 방향으로 혈관이 성장하고 종양이 살아 있도록 함으로써 몸 안에서 자란다고 믿었다. 그는 이러한 현상을 혈관 신생angiogenesis이라고 불렀다. 그는 나중에 스타틴(고지혈증 치료제)이라고 불리게 된 상상의 분자를 가지고 혈관 신생을 막을 수 있다는 흥미로운 가설을 세웠다. 스타틴은 암세포를 죽인다. 포크먼은 동물 실험을 통해 이를 입증했다. 하지만 그 과정에 관여한 구체적인 요인들을 하나하나 따로 구분해내는 일은 대단히 까다로운 작업이었으며, 이로 인해 혈관 신생의 생화학은 여전히 그 효용이 불분명한 상태로 남아 있었다.

랭거는 공학자로서 포크먼의 연구실에 들어갔다. 정량적인 공학자와 직관적인 의사의 만남은 흥미로웠다. 랭거는 포크먼의 연구실을 선택함으로써 MIT 박사학위로 선택할 수 있었던 비즈니스 세계의 다양한 기회를 포기했다. 랭거의 결정은 학계에서 거의 전례가 없는 것이었다. MIT 동료들은 그의 선택을 자살 행위라고까지 표현했다. 그는 그들의 생각이 옳은지 판단할 만큼 세상을 잘 알지 못했다. 사실 그들의 의견에 별로 신경 쓰지도 않았다. 포크먼의 연구실에는 해결되지 않은 중요한 문제들이 쌓여 있었다. 하지만 그중 어느 것도 혈관 신생 문제만큼 중요하고 급박해 보이지 않았다. 혈관 신생이 실질적인 현상이라는 것을 어떻게 입증할 수 있을까?

랭거는 인턴으로 근무하고 있던 헨리 브렘Henry Brem처럼 그 연구실에서 일하는 젊은 의학 박사들에게로 시선을 돌렸고, 그들과 협력하여 첫 논문을 발표했다(이후에 그들은 함께 FDA 승인을 받은 새로운 뇌종양 치료법을 개발했다). 브렘은 포크먼처럼 키가 크고 상냥하고 너그러운 인물이었다. 아우슈비츠와 부헨발트 강제수용소 생존자의 아들인 브렘은 랭거, 포크먼과 더불어 세상을 더 좋은 곳으로 만들기 위해 노력해야 한다는 믿음을 갖고 있었다.

MIT에서 하버드 의대로 옮겨간 랭거의 도약은 중대한 것이었다. 그때까지만 해도 성공은 배움에 관한 것이었다. 포크먼의 연구실에 자리 잡은 뒤, 랭거는 자신이 알고 있는 것은 물론, 종종 알지 못하는 것을 가지고서도 새로운 것을 창조할 수 있다는 사실을 이해하게 되었다.

랭거 스스로 인정하듯이, 그는 어릴 적에 특별히 창조적인 학생은 아니었다. 1960년대에 그는 평범한 아이였고, 학교에서 열심히 공부했다. 그에게 대학원 진학은 학생들이 "불을 켤 수 있도록" 도움을 주는, 혹은 수년간 배운 공학 지식을 응용하기 위한 기회였다. 그러나 끝내 교수 자리를 얻지 못하면서, 그는 "공학자가 되겠다"는 두 번째 선택에 흥미를 잃어버렸다. MIT를 졸업하고 나서 스무 곳이 넘는 석유화학 기업으로부터 취업 제안을 받았지만, 모두 거절했다. 대신 포크먼에게서 흥미로운 선택지를 발견했다. 새로운 암 치료법을 개발하는 과제는 논리를 적용하는 문제이면서, 동시에 직관, 상상력, 애매모호함, 불확실성 등 영향력 있는 교사들이 지닌 사고방식에 관한 문제이기도 했다.

과학자로서 포크먼의 접근법은 지나치게 직관적이거나 혹은 예술적이라는 비판을 종종 받았다. 흥미롭게도 랭거는 열린 마음 없이는 어떤 새로운 것도 발견할 수 없다고 믿었다. 물론 과학자는 논리를 따라야 한다. 하지만 미지의 영역에서 놀라운 상황과 조우할 때, 논리에만 의존해서는 뜻밖의 기회를 잡지 못한다.

랭거는 포크먼의 연구실에 들어가자마자 과감한 가설을 내놓았다. 그것은 포크먼이 혈관 신생을 억제한다고 믿었던 거대 분자가 폴리머 입자 형태로 저장될 수 있다는 것이었다. 폴리머는 합성 플라스틱은 물론, 우리 몸의 자연적인 조직 및 생화학물질을 이루는 복잡한 대형 분자를 말한다. 단백질과 같은 천연 폴리머는 우리 몸의 조직을 통해 퍼져나가고 저장된다. 또한 상처 치료나 조직 성장처럼 중요한 기능을 한다. 랭거는 자신이 직접 개발한 폴리머 입자로 똑같은 효능을 보여 줄 수 있으리라 기대했다. 그는 폴리머 입자를 종양 근처에 두면 거대한 스타틴을 서서히 방출함으로써 암세포를 죽일 것으로 예상했다. 그렇게 된다면 환자는 계속해서 주사를 맞을 필요가 없다. 즉 병원을 주기적으로 방문하지 않고서도 건강을 관리할 수 있다. 포크먼과 같은 연구원들은 랭거의 아이디어가 작은 분자의 경우에는 효과가 있다는 사실을 알고 있었다. 하지만 스타틴 분자는 크기도 크고 충분히 단단하지 못해서, 포크먼이 꿈꾸는 암 치료에는 적절하지 않을 것으로 봤다. 거대 분자는 쉽게 형태를 잃어버리거나 화학적으로 분해되어 본래 기능을 하지 못할 것이기 때문이다. 랭거는 자신의 주장을 논리적으로 입증할 만한 증거가 없었다. 거대 분자는 아주 다양한 방식으로 폴리머 입자 안에서 서서히 그 힘을 잃어버린다. 포크먼은 그 면역체계가 어떻게 환자를 치료할 수 있는지 알지 못했다. 이를 밝혀내기 위해 연구실에서 길고도 힘든 실험을 수행해야 했다.

랭거와 포크먼은 공동의 꿈을 향해 거대한 아이디어를 통합했다. 그러나 그들이 선택한 길이 막다른 골목일 수 있다는 위험은 여전히 존재했다. 실질적인 치료법 개발은 고사하고, 평생 아무런 발견을 하지 못할 수도 있었다. 암을 정복하겠다는 꿈을 좇는 과정에서, 두 사람은 지속적인 것을 창조하기 위해 첫걸음을 내딛었고, 뜻을 함께함으로써 두 번째 걸음을 내딛었다.

랭거는 브렘과 포크먼에게 의미 있는 미학적 형태로 자신의 연구 과정을 보여주었다. 거기에는 직관적으로 흘러가는 단순한 여정 속에서 그의 생각을 시각적 차원으로 이끌어준 방정식이 포함되어 있었다. 그리고 아무도 명확하게 상상하지 못한 미시적인 생명을 보여준 이미지가 있었다. 또한 모두가 아는 현실에서 대체된 현실의 가능성으로 생각을 곧바로 이동시키는 명쾌한 문장이 있었다. 이 새로운 현실은 다른 사람이 열망했지만 그 문장을 읽지 않는 이상 상상할 수 없는 현실이 될 것이었다. 이러한 형태는 기능적인 것은 아니다. 적어도 아직까지는 실제로 질병을 치료하지 못한다.

포크먼은 랭거의 입장에서 그의 용기를 가늠해봤다. 포크먼의 연구실을 의료계 인턴과 의학적 문화를 공유하는 생물학자들로 구성되어 있었다. 랭거가 알지 못하는 세계였다. 논의와 질문, 그리고 문제 제기가 이뤄질 때마다 랭거는 아마도 고개를 숙인 채 종아리뼈를 긁거나, 혹은 자신의 폴리머 실험을 연구하면서 자리를 지켰을 것이다. 포크먼은 랭거 다음으로 많은 시간을 연구실에서 보냈다. 두 사람은 때로 서로의 역할을 바꾸기도 했다. 포크먼은 학생이 되기를 주저하지 않았고, 랭거를 스승으로 삼아 많은 것을 배웠다. 포크먼을 가르치는 경험은 랭거에게 자신감을 심어주었고, 가장 힘든 첫 9개월을 잘 버틸 수 있도록 힘을 주었다. 그때 랭거는 보다 익숙한 화학공학 분야로 되돌아갈 수도 있었다. 그러나 포크먼이 미지의 영역에서 그와 함께해주었기 때문에, 랭거는 집중할 수 있었다. 랭거가 고등학교 학생들의 머릿속에 불이 들어올 때 전율을 느꼈듯이, 포크먼 역시 랭거의 머리에서 창조자의 불이 켜지는 순간에 똑같이 전율을 느꼈다. 랭거는 밤늦게까지 연구했고, 포크먼은 종종 연구실 불이 꺼질 때까지 그와 함께 있었다. 포크먼은 랭거에게 언제든지 집으로 전화해도 된다고 말했고, 랭거 역시 똑같이 말했다. 두 사람은 포크먼이 세상을 떠날 때까지 30년 넘게 그러한 습관을 유지했다. 랭거가 혈관 신생 억제제를 따로 분리해서 자신의 폴리머 가설을 입증하기 위해 연구하는 동안, 두 사람은 친밀한 관계를 유지했다. 랭거에게 실험실 밖에서의 삶은 존재하지 않았다.

어느 날 포크먼은 랭거의 연구실에서 새로운 학생을 만났다. 포크먼은 랭거 쪽으로 고개를 끄덕이고 나서 모두가 들을 수 있도록 큰 소리로 이렇게 말했다. "훌륭한 인물이 되고 싶다면 랭거를 보세요. 언제나 자리를 지키고, 열정적으로 일하고, 뼈를 깎는 노력을 합니다. 그리고 멋진 아이디어가 있죠. 언젠가 결실을 맺게 될 겁니다."

혈관 신생은 화학공학자인 랭거가 이해하기 어려운 개념은 아니었다. 어떤 면에서는 포크먼을 비롯해 다른 의사들보다 더 분명하게 그 개념을 이해할 수 있었다. 그들은 암에 대해서는 랭거보다 더 많이 알았지만, 랭거는 화학과 그 원리를 실제로 적용하는 법에 대해 그들보다 더 많이 알았다. 그들은 서로를 보완했다. 포크먼의 연구실은 공감의 놀라운 잠재력이 실현되는 공간이었다. 포크먼이 랭거가 부족한 부분을 메워주고 있을 때, 그는 적어도 랭거의 아이디어가 얼마나 혁신적인 것인지 충분히 이해했다.

포크먼은 실질적인 제조자가 필요했다. 발견도 중요하지만, 정말로 중요한 것을 창조하기 위해서는 탁월한 공학자의 접근법을 가진 인재가 필요했다.

새로운 지식과 열린 미학적 안목을 가진 개척자는 신의 선물이다. 랭거가 바로 그런 선물이었다. 그는 종양을 세포처럼 화학물질을 만들어내는 화학 공장으로 이해했다. 이러한 화학물질은 주변 조직으로 퍼지면서 다른 세포와 반응한다. 모세혈관도 그 일부다. 화학 반응은 모세혈관에 영향을 미쳐서 종양이 있는 방향으로 뻗어가도록 한다. 그리고 결과적으로 종양이 계속 자라게 하는 공급원 역할을 하도록 만든다. 이러한 가설은 혁신적인 화학공학자의 관점에서는 논리적인 생각이었다. 그러나 의료계는 명백한 과학적 증거가 부족하다는 이유로 그 아이디어를 미신처럼 취급했다.

* * *

포크먼이 찾고 있던 혈관 신생 억제제는 접근 가능한 곳에서 가져올 수 있어야 하고, 또한 표준적인 크로마토그래피 실험을 통해 따로 분리할 수 있어야 했다. 이 실험에서 연구자는 연골에서 떼어낸 물질을 특별하게 설계한 젤 기둥을 따라 전달한다. 여기서 젤은 물질의 흐름을 느리게 한다. 일부 분자는 크기에 따라서 다른 분자보다 더 빨리 이동한다. 우리가 주목하는 분자의 크기를 알고 있다면, 그것이 젤 기둥에서 빠져나올 때 관찰함으로써 분자를 발견할 수 있다. 이는 예전에도 가능했지만, 실제로 보여주기 위해서는 끈질기게 실험을 추진할 새로운 인물이 필요했다.

"포크먼은 내게 송아지 연골 안쪽에서 혈관 신생을 억제하는 분자를 발견했다고 이야기했습니다." 랭거는 포크먼의 말을 의심하지 않았고, 그의 통찰력을 자신의 것으로 받아들였다. 그들은 엄격한 연역적 방식으로 증명할 수 없다면 결국 포기하는 수밖에 없다고 생각했지만, 그럼에도 귀납적 가설을 공유했다. 랭거는 혈관 신생을 억제하는 분자를 분리하기 위해 1년 동안 연구에 매달렸다. 그리고 브렘은 랭거가 분리해낸 물질의 효과를 증명하기 위한 치밀한 실험에 착수했다.

헨리 브렘은 뉴욕대학에서 생물학 학위를 받은 뒤 포크먼의 연구실에 들어왔다. 그는 하버드에서 생물학 대학원 과정을 마쳤고, 하버드 의과대학에 들어갔다. 그는 랭거가 책에서 읽어내지 못하는, 혹은 포크먼과의 대화에서 얻어낼 수 없는 혈관 신생의 생물학에 관한 다방면의 지식을 갖추고 있었다. 랭거보다 네 살 아래인 브렘은 랭거의 성숙한 면모를 보고 배웠으며, 그의 지도를 통해 많은 도움을 받았다. 브렘은 랭거와 함께 점심을 먹거나, 혹은 저녁 늦게까지 함께 어울리면서 자신이 알고 있는 지식을 나누기를 좋아했다. 그것은 랭거에게도 큰 도움이 되었다. 브렘 역시 열린 마음의 소유자였다.

브렘은 모든 생체 실험을 설계하고 수행했으며, 이러한 노력은 이후 랭거의 논문에 큰 기여를 했다. 랭거는 브렘에게 통찰력과 접근 권한을 주었고, 이는 브렘이 나중에 새로운 뇌암 치료법을 개발하는 데 도움을 주었다.

랭거는 이렇게 말했다. "개척은 아주 독특한 방식으로 우리를 하나로 묶어줍니다. 다른 사람과의 관계가 없었다면 난 지금 이 자리에 있지 못했을 겁니다. 주다와 헨리 같은 연구실 동료와 협력하지 않았더라면, 그리고 학생들과 함께한 시간이 없었더라면 말이죠."

랭거는 지금 미개척 분야에서 기꺼이 위험을 무릅쓰고 있다. 그는 다른 이들이 보물이 없다고 확신하는 두 곳에서 금을 캐기 위해 땅을 파고 있다. 그는 그들의 말이 옳은지 확인하기 위해 미개척 분야에서 1~2년 더 머무를 계획이다.

랭거와 브렘, 그리고 포크먼은 꿈을 실현하기 위해 노력했고, 목표에 이르렀다고 생각했을 때 성과를 대중에게 발표했다. 이로써 그들은 창조자 주기의 세 단계, 즉 아이디에이션-실험-표현을 자연스럽게 따랐다.

우리는 이 주기를 통해 전반적인 과정을 설명할 수 있다. 우리는 자신이 창조한 것을 공유하고, 그다음 단계로 넘어간다. 어떤 이유든 간에 우리는 다른 이들이 우리의 창조물에 만족할 것이라고 확신한다. 새로운 휴대전화를 개발하거나 성공적인 책 시리즈에서 후속작을 집필할 때처럼, '생산적인' 방식으로 창조한다는 것은 일반적인 혁신 방식을 의미한다. 이 같은 경우 우리는 사람들이 무엇을 원하는지 알고 있고, 수익을 거의 보장받는 방식으로 창조하고, 시장에 내놓고, 판매할 수 있다. 그러나 새로운 영역을 개척하는 창조자는 그런 방식을 따를 수 없다. 창조의 세 번째 길에 해당하는 미개척 분야 연구를 통한 발표는 이러한 완제품과 거리가 멀다. 가령 논문이나 디자인 혹은 요리와 같은 창조물은 사회적 논의를 촉발하고, 이러한 논의는 다시 창조자를 개척적인 실험으로 돌아가게 만든다. 시간이 흐르면서 창조자 주기가 반복되는 동안, 창조물은 진화하고 창조자들 또한 함께 진화한다.

랭거는 하버드 의과대학에 들어간 지 2년 후에 두 편의 중요한 논문을 발표했다. 하나는 《네이처》에, 다른 하나는 《사이언스》에 실렸다. 《사이언스》 논문은 송아지에서 추출한 물질로 종양의 성장을 억제할 수 있다는 사실을 보여주었다. 이는 곧 혈관 신생이 실질적인 현상이며, 그 과정을 중단시킬 수 있다는 주장에 대한 최초의 강력한 증거였다. 다음으로 그가 포크먼과 공동으로 발표한 《네이처》 논문은 폴리머로 이뤄진 이식된 입자로부터 거대 분자를 방출할 수 있으며(에틸렌비닐아세테이트, 스타틴을 서서히 방출한다), 이를 통해 정기적인 주사 치료 없이도 암세포의 성장을 억제할 수 있다는 사실을 보여주었다.

두 논문은 랭거의 바람대로 광범위한 과학적 논의를 촉발했다. 많은 다른 연구실이 랭거가 브렘, 포크먼과 함께 보여준 결론을 검증 혹은 반증하기 위한 작업에 착수했다. 랭거는 연구를 계속 이어나가기 위해 아홉 번이나 연구 제안서를 제출했고, 결국 승인을 얻는 데 성공했다. 가설을 입증하기 위해 랭거와 브렘, 포크먼을 2년 동안이나 실험실에 함께 묶어뒀던 끈끈한 유대관계는 그들의 연구가 새로운 개척의 기회를 열어놓았다는 사실이 드러나면서 더욱 굳건해졌다.

랭거의 발견은 이후 그가 헨리 브렘과 함께 개발한 의료용 삽입물 글리아델 웨이퍼Gliadel wafer의 개발로 이어졌다. 브렘은 포크먼 연구실에서 존스홉킨스대학의 저명한 의과대학 교수로 성장했다. 글리아델은 뇌종양 치료의 주요한 혁신임이 드러났다. 포크먼의 혈관 신생 가설은 한동안 암에 대한 새로운 접근법을 열어놓았고, 오늘날 열한 가지 암 치료법과 146가지 임상 약품의 등장으로 이어졌다. 포크먼 실험실에서 수행했던 연구를 통해 로버트 랭거는 개척자로 거듭났다. 또한 그의 아이디어가 문화적 논의로 확장되면서 그는 중요한 것을 창조한 인물로 인정받았다.

*　　*　　*

랭거는 어떤 현직 공학자보다 《사이언스》와 《네이처》에 많은 논문을 발표했다. 또한 어떤 공학자보다 더 많은 특허권을 갖고 있으며(현재까지 약 1300건이 승인을 받았거나 출원 중에 있다), 의료 분야에서 더 많은 제품을 개발했다(100가지 이상). 하지만 그는 그 어떤 특허권이나 발명보다 중요한 것은 자신의 학생들이라고 말한다. 그가 지금 가르치고 있는 학생은 300명이 넘는다. 그는 여름 시즌마다 케이프코드의 팰머스에 있는 자신의 별장에 학생들을 초대한다. 겨울에는 하와이에서 컨퍼런스를 열어 학생들이 파트너와 함께 참석하도록 하고 있다. 그가 연구실에 있을 때면, 학생들은 언제라도 그를 만날 수 있다. 그가 주다포크먼의 연구실에서 배웠던 것, 즉 창조에 관심을 기울이고, 관심을 기울이는 것을 창조하는 것을 가르치는 동안, 학생들은 꿈꾸고 실험하고 결과를 함께 공유한다.

새로운 것을 창조하는 일은 협력 행위다. 물론 많은 생산적인 활동이 혼자서 이뤄지고, 성공이 때로는 공감과 관계없이 일어나기도 한다. 그러나 완전히 새로운 것을 창조하는 일은 그렇지 않다. 공감과 담을 쌓은 파트너와 미개척 분야를 오랫동안 돌아다니는 것은 재앙을 자초하는 일이다. 예측 불가능성과 의심에 둘러싸인 미개척 분야에서 팀을 꾸림으로써, 우리는 동료와 함께하는 일이 악몽이 되는 위험을 피해 본능적인 감수성을 뛰어넘어 상대의 입장에 다가서는 강력한 공감대를 형성할 수 있다. 생존을 위해 서로에게 의지할 때, 우리는 공감에 한 걸음 더 다가서게 된다.

창조자는 아이디에이션-실험-표현이라고 하는 창조자 주기를 통해 이와 같은 특별한 미학적 공감을 유지하고 강화한다. 열정과 마찬가지로 공감은 매 단계 다양한 행위를 통해서 성장한다. 첫째, 꿈(아이디어)을 형성하는 단계에서 창조자는 공유된 이해관계를 바탕으로 꿈을 구축한다. 둘째, 실패 가능성을 인정하면서 다른 사람과 함께 자신의 꿈을 실험적으로 탐험한다. 마지막으로 세 번째 단계에서는 팀과 함께 중요한 것을 발표한다.

그렇다면 미학적 공감은 어디서 오는가?

공감은 우리의 뇌가 감정적·인지적 과정을 조합함으로써 시작된다. 과학자들은 오랫동안 감정과 인지가 뇌를 서로 반대 방향으로 끌어당긴다고 믿어왔다. 감정은 성난 곰이나 잔인무도한 악당으로부터 도망치도록 해준다. 그러나 세상을 탐험하고 이기심을 최적화하기 위해서는 감정을 자제해야 최고의 성과를 거둘 수 있다. 감정은 동물적인 것이고, 인지는 인간적이라고 여겼다. 그러나 뇌 기능에 대한 이러한 단순한 생각은 신경과학자들 사이에서 신뢰를 잃은 지 이미 오래다. 인간성을 우뇌와 좌뇌, 논리의 영역과 상상력의 영역, 과학적 영역과 예술적 영역으로 구분하는 것은 뇌의 기능에 대한 시대착오적인 해석에 기반을 둔 것이다. 오히려 감정과 인지는 함께 작용할 때 최고의 위력을 발휘한다.

공감하는 뇌의 놀라운 시스템은 바로 거울 뉴런이다. 거울 뉴런은 상대방이 땅콩을 줍는 것과 같은 특정한 행동을 하는 것을 바라볼 때 활성화된다. 거울 뉴런은 상대의 경험을 자신의 뇌에서 그대로 재현하는 역할을 한다. 거울 뉴런은 모방 학습, 다른 사람의 의도에 대한 인식, 그리고 무엇보다 공감이라고 하는 감정에서 중요한 역할을 담당한다. 보다 중요하게, 공감의 신경적 기원은 인지 과정을 포함한다. 최근 독일 막스플랑크연구소에서 내놓은 실험 결과에 따르면, 자기 자신에 대한 지각을 다른 사람에 대한 지각과 구분하는 데 관여하는 인지적 뇌의 특정한 영역은 자신의 감정 상태를 다른 이의 입장에서 설명하도록 도움을 주고, 또한 정보를 아주 빨리 처리해야 할 필요가 없을 때에는 공감의 감정을 촉발한다. 뇌 피질의 이러한 특정 영역이 제대로 기능하지 못할 때, 사람들은 다른 사람이 느끼는 감정을 인지하지 못하거나 관심을 기울이지 못한다.

단기적 이익을 위해 창조할 때, 미학적 공감은 중요하지 않다. 다른 사람이 되어보는 것은 그 사람이 누구인지를 발견하기 위한 시간을 갖는 것이며, 이러한 시도는 단기적으로 집중력을 흩뜨릴 수 있다. 개인의 직접적인 이익을 등한시할 때, 우리는 승리를 거두고 이득을 챙길 기회를 놓치게 된다. 그러나 미래를 탐험할 때 즉각적인 개인적 이익은 오히려 그 자체로 집중력을 흩뜨리는 요인이 된다. 미지의 영역에서는 자신과 함께할 의지와 능력을 갖춘 이들의 눈과 귀와 코가 더욱 절실하게 필요하다(그림 5).

모든 혁신적인 창조자가 페란 아드리아나 로버트 랭거의 열정과 공감을 드러내는 것은 아니다. 남아프리카공화국의 유명 예술가 윌리엄 켄트리지나 노벨상을 수상한 생물학자 필립 샤프처럼 과묵하고 신중한 창조자들도 있다. 창조자를 개척자로 만들어주는 감정적·인지적 특성은 뚜렷하게 드러나지 않을 수 있다. 그러나 아이디어의 생존을 결정하는 불확실한 싸움에서, 창조적인 개척자들은 두뇌가 조직화된 방식에서 남들보다 뛰어난 특성을 보인다.

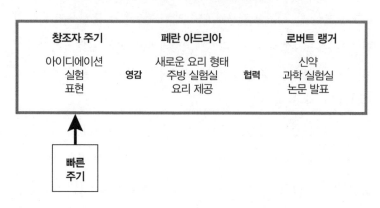

그림 5 중요한 것을 창조하기 위한 첫 번째 단계는 창조자 주기를 비교적 빠른 속도로 반복하는 것이다. 열정적인 호기심은 영감과 새로운 아이디어를 만들어내고, 다른 사람이 그들의 아이디어를 받아들이도록 노력하게 만든다. 공감은 귀 기울이고, 협력하고, 중요한 창조물을 더 광범위하게 알릴 수 있는 방식으로 아이디어를 변용하게끔 만든다.

2016년 나는 유명한 수중 사진작가이자 탐험가인 데이비드 더블릿 David Doubilet과 함께 롤렉스상 심사위원으로 위촉되었다. 롤렉스상은 지구를 더 살기 좋은 곳으로 만들고자 노력한 혁신가에게 매년 수여되는 권위 있는 상이다. 시상식 전날 밤, 나와 데이비드는 미개척 분야인 해양 다이빙에 대해 이야기를 나눴다. 나는 그에게 다이빙 파트너의 자격이 뭔지 물었다. 더블릿은 이렇게 대답했다. "선해야 합니다. 선함은 탐험가의 자질 중 두 번째로 중요한 것입니다." 나는 첫 번째는 뭐냐고 물었다. "열정적인 호기심이 있어야 합니다. 선하고 동시에 열정적인 호기심이 있어야 하죠. 둘 다를 갖추지 못하면 탐험을 계속 이어나갈 수 없습니다."

이러한 사고방식은 오랫동안 이어져 내려온 혁신의 역사 전반에 면면히 흐르고 있다. 아인슈타인은 공감을 이렇게 설명했다. "다른 사람의 눈을 통해 끈기 있고 진지하게 바라보는 것." 아프리카계 미국인작가 조라 닐 허스턴Zora Neale Hurston은 호기심에 대해 이렇게 묘사했다. "목적의식을 갖고 이리저리 찔러보면서 탐구하기."

열정적인 헌신과 탐험을 위한 우정이 존재하지 않는다면, 우리는 바다 속으로 뛰어들 수 없다. 혹은 물리학의 기본 법칙이나 격정적인 시를 발견할 수 있는 지식의 미개척 분야로 나아가는 위험을 감당하지못한다. 이는 혁신적인 현대의 삶에서 번영을 기대하는 우리 모두가귀 기울여야 할 이야기다.

4장

단계 2: 실험
무엇을 해야 할지
탐색하는 과정

CREATING THINGS THAT MATTER

어느 날 내 수업을 들었던 두 명의 학생이 흥미로운 아이디어를 들고 찾아왔다. 톰 해드필드Tom Hadfield와 매그너스 그리멀랜드Magnus Grimeland는 둘 다 유럽 출신으로 그 학기 동안 잠비아에서 세 번째로 큰 도시인 은돌라 외곽에 위치한 칸톨롬바Kantolomba라고 하는 흑인 주거 구역에 대해 연구를 했다. 칸톨롬바에는 1만 5000명 정도가 거주하는데, 얼마 전 이 지역에서 말라리아가 발병했다. 해드필드의 설명에 따르면, 그곳에는 "흐르는 물과 전기가 없다. 일자리가 없을 뿐 아니라, 돈과 거래도 찾아볼 수 없다. 사람들은 임시 오두막에 살고 있으며, 지붕은 우기가 되면 무너진다. 마을은 두 거대한 공동묘지 사이에 위치해 있어서 장례 행렬이 더러운 길을 따라 지나간다."

두 학생이 내놓은 아이디어는 우선 5000개의 모기장을 마을 사람들에게 나눠주고, 사용법을 알려주는 것이었다. 또한 비영리단체를 설립해서 모기장을 더 많은 사람에게 제공하는 것이었다. 장기적으로 그들은 주민들이 집에 모기장을 설치하고, 더 많은 자원을 끌어 모으고, 말라리아의 확산을 막기 위한 노력을 확대해나가야 한다고 주장했다. 그들은 리빙 컴패션Living Compassion이라는 불교 단체와 협력을 모색했다. 그 무렵 리빙 컴패션은 그 마을에 병원을 짓고 있었다.

　말라리아는 지구상에서 가장 치명적인 전염병 중 하나다. 하지만 우리는 어떻게 말라리아와 맞서 싸워야 하고 인류로부터 그 위험을 제거할 수 있는지 잘 알고 있다. 그래서 지구상의 많은 곳들이 말라리아의 위험으로부터 자유롭다. 말라리아는 모기가 옮기는 질병으로, 키나나무의 껍질로 만든 퀴닌이라는 약으로 예방할 수 있다. 그러나 가난과 의료 시설 부족은 그 약을 필요로 하는 사람들에게 약이 전달되는 것을 가로막는 두 가지 장애물이다. 이로 인해 약 50만 명이 매년 말라리아로 목숨을 잃는다. 또 다른 장애물은 지시에 따르지 않는 태도인데, 이는 종종 말라리아가 예방 가능한 질병이라는 인식의 부족과 관련 있다.《랜싯》에 게재된 최근 연구는 캄보디아 사람들이 강력한 살충제를 제대로 사용하지 못해서 말라리아의 위험으로부터 보호받지 못했다는 사실을 보여준다.

　두 학생은 여름 시즌에 걸쳐 자신들의 아이디어를 잠비아에서 실험해보기 위해 하버드에 있는 바이오응용공학 비스연구소에 여행 장학금을 신청했다. 그들의 제안서는 다소 성급한 느낌이 있었다. 그들은 흥분해 있었고, 아이디어를 실현할 수 있다는 자신감으로 가득 차 있었다. 그리고 당연하게도 성공을 갈망했고, 마주치게 될 모든 새로운 상황으로부터 배울 준비가 되어 있었다. 결국 장학금은 승인을 받았고

(골드만삭스 재단으로부터), 학기를 마친 후 두 사람은 칸톨롬바로 날아 갔다.

이후 10년이 흘러 텍사스 오스틴에서 스타트업을 설립한 해드필드 는 내게 보낸 이메일에서 이렇게 설명했다. "매그너스와 저는 8시쯤 도착했습니다. 마을 사람들이 모두 밖에 나와 있더군요. 그들은 집에 서 만든 밀주들을 내려놓으면서 시끄러운 음악이 흘러나오는 1980년 대식 대형 오디오 플레이어 주위에 모여 있었죠. 집에서 발효시킨 많 은 술과 진득한 열기가 한데 섞여 줄곧 불에 탄 화학약품 같은 냄새가 났습니다. 우리가 차를 몰고 들어갈 때, 사람들은 종종 앞을 가로막고 춤을 추거나 비틀댔고, 차 보닛 위에 손을 얹고 우릴 노려보았습니다. 그때 이런 생각이 들었습니다. '어쩌면 우리 아이디어가 그리 좋은 생 각이 아닐지도 모르겠군.'"

두 학생은 다음에 무슨 일이 일어날지에 대해 내 수업 시간에 아무 것도 배운 게 없었다. 그 수업은 호기심과 듣는 기술, 그리고 다른 사 람의 입장에서 생각하고 동료와 조화를 이루며 신속하게 움직이는 능 력을 익히는 데 집중했다. 하지만 현실에서 직면하게 될 상황에 어떻 게 대처할지에 대해서는 알려주지 않았다(두 학생은 잠비아 마을의 도전 과 기회를 이해하기 위한 1년짜리 강의를 들었더라면 좋았을 것이다). 만약 더 많은 것을 알고 있었더라면, 두 학생은 아마도 직관에 그렇게 많이 의 존하지는 않았을 것이다.

칸톨롬바에서의 탐험이 시작된 그다음 날, 해드필드와 그리멀랜드는 그 여름이 다른 누구도 아닌 그들에게 어떤 가치가 있는지 이해하기 위해 도움이 필요하다는 결론을 내렸다. 해드필드는 이렇게 설명했다. "리빙 컴패션은 마을 공동체 회의를 정기적으로 열고 있었습니다. 한번은 어떤 여성이 자기네가 원하는 것은 모기장이 아니라 음식이라고 하더군요. 그녀는 이렇게 말했습니다. '우리는 배가 고픕니다. 여자들은 모기장을 팔아서 아이들에게 먹일 음식을 살 거예요. 아니면 남편들이 그걸 차지할 겁니다. 게다가 모기장을 받지 못한 사람은 어떻게 되나요? 당신들은 결국 우리 공동체를 분열시킬 겁니다.' 그래서 우리는 기존 계획을 취소했고, 리빙 컴패션이 시작한 식량 공급 프로그램을 확대하는 데 우리 돈을 쓰기로 결정했습니다."

해드필드와 그리멀랜드는 자신들이 순진했음을 인정하고는 직관에 의존해 문제를 해결하고자 했다(결국 두 사람은 가정을 일일이 방문해서 자녀 수를 조사했고, 이를 바탕으로 식량 공급 프로그램이 필요한 대상을 선정했다). 그리고 칸톨롬바에 신속하게 실질적인 도움을 주었다.

* * *

많은 이들이 중요하게 생각하는 것을 빠르게 창조하는 사례는 드물다. 이것이 가능하려면 창조자는 위기 상황이나 격변에 직면해서 새로운 눈으로 문제를 바라보아야 한다. 빅토르 위고가 《레미제라블》을 썼을 때(프랑스가 도시화되는 급격한 사회 변화의 시기에), 빌 게이츠와 폴 앨런이 마이크로소프트를 설립했을 때(개인용 컴퓨터 혁명이 시작될 시기에), 혹은 에이브러햄 링컨이 게티즈버그 연설문을 썼을 때(미국 독립전쟁이 한창일 무렵에)처럼 말이다. 1907년 스물여섯 살의 파블로 피카소는 〈아비뇽의 여인들〉을 내놓았다. 그때까지 그 누구도 시도한 적이 없는 새로운 기법을 사용한 그림이었다. 그 무렵 역시 스물여섯 살이던 아인슈타인은 과학의 역사를 바꾼 네 편의 논문을 발표했고, 여기에는 특수 상대성 이론이 포함되어 있었다. 피카소와 아인슈타인 모두 번득이는 직관을 표현했다. 이는 19세기 말과 20세기 초 기차 여행과 원거리 통신이 가능해진 현실에서 비롯된 것으로서, 이러한 기술 발전은 아마도 공간과 시간이 뒤섞이는 새로운 경험을 그들에게 선사했을 것이다. 그들은 창조를 통해 널리 공유되고 조만간 역사 속으로 편입될 새로운 현실을 표현했던 것이다.

피카소의 많은 작품에서, 그리고 아인슈타인이 처음으로 발표한 논문에 이어 수년에 걸쳐 치밀하게 완성한 일반 상대성 이론에서, 혹은 두 학생이 잠비아에서 돌아오고 난 뒤 시작했던 창조적인 경력에서처럼, 장기적인 창조는 훨씬 더 보편적인 것이다.

일반적으로 시간이 걸리는 창조의 두 번째 단계에서는 열정이나 공감보다 감정과 인지 상태가 더 중요하다. 다음 사례에서 확인할 수 있듯이, 아이디에이션부터 궁극적인 꿈의 실현에 이르는 오랜 여정에서 예기치 못한 상황에 맞닥뜨릴 때 직관과 겸손이 큰 힘을 발휘한다. 그리고 뭔가를 바꾸고자 한다면, 가장 먼저 아이디어를 바꿔야 한다.

학교와 가정에서 과학 실험실과 스타트업에 이르기까지, 이 장에서 소개하는 문화 실험실은 중요한 미학적 측면을 살아 있게 만드는 역할을 한다.

직관:

디지털 시대에
가장 필요한 기술

대니 힐리스Danny Hillis는 핀치투줌
pinch-to-zoom이라는 아이디어를 처음 떠올린 사람이다. 이는 스마트폰
터치스크린을 사용하는 사람들에게 매우 친숙한 기술이다. 최근 핀치
투줌만큼 광범위하면서도 단순한 방식으로 인간의 경험을 바꿔놓은
발명은 흔치 않을 것이다. 두 손가락을 디지털 화면에 대고 벌리면 글
자와 이미지가 커진다. 오늘날 수십억 명의 인구가 매일 이 새로운 기
술을 사용하고 있다.

그러나 사실 이 기술은 애초에 떼돈을 벌거나 혹은 특정한 문제를
해결하기 위해 개발된 것이 아니었다. 실제로 핀치투줌이 전 세계적인
기술 혁신의 물결을 몰고 왔을 때에도 힐리스는 이를 알아차리지 못
했다.

처음 싱가포르 공항에서 만났을 때, 힐리스는 내게 이렇게 말했다.
"저는 발명을 좋아합니다. 사물을 분해해서 뭔가 새로운 것을 만들어
내는 일을 말이죠." 그때 우리 두 사람은 동남아시아에서 휴가를 보내

고 있던 마이크로소프트 공동 설립자인 폴 앨런의 초대를 받아 도착한 길이었다. 우리는 보스턴에서 함께 비행기를 탔는데, 자신을 소개하면서 서로 '발명가'라는 표현을 사용했다. 그는 웃으면서 이렇게 말했다. "대단히 혁신적인 직함이죠!"

공항을 나오면서 그는 내게 이렇게 말했다. "저는 특히 시계에 관심이 많습니다." 인상적인 푸른 눈에 삭발을 한 힐리스는 과거를 회상할 때 어깨를 움츠리는 습관이 있었다. "1990년대 말에 만 년 동안 돌아가는 시계를 아이디어로 내놨습니다. 인류 문명은 약 만 년 동안 존재해왔습니다. 앞으로 또 다른 만 년을 살아가게 되겠죠." 우리에게는 그러한 생각을 마음속에 품게 해주는, 그리고 근시안적인 패턴에 매몰되지 않도록 경고해주는 그런 프로젝트가 필요했다. 뮤지션이자 힐리스의 친구인 브라이언 이노는 나중에 그 아이디어를 일컬어 '롱나우 시계Clock of the Long Now'라고 불렀다. 실제로 작동하는 시계라고 상상하기는 힘들지만. 힐리스의 프로젝트는 오랫동안 많은 이들의 마음속에 신화 같은 이야기로 남아 있으며, 이를 둘러싸고 기술, 예술, 디자인 집단에서 활발하게 논의가 이뤄지고 있다. 마침내 제프 베조스가 나서서 텍사스에 있는 사유지에 그 시계를 만들어 힐리스의 꿈을 실현하기로 했다. 베조스의 공식 발표에 따르면, 그는 이 프로젝트를 위해 4300만 달러를 투자했다.

＊　　＊　　＊

　　수학자이자 컴퓨터 과학자이자 발명가인 힐리스는 극단적으로 직관적인 마음의 소유자다. 그는 밤에 비현실적인 비전을 떠올리고, 낮에 그것을 탐구한다. 핀치투줌의 개발 역시 마찬가지였다. 그 아이디어는 그의 가족이 사는 특이한 장소를 묘사하는 거대한 지도에 대한 어릴 적 꿈에서 비롯되었다. 원하는 지점을 확대해서 들여다볼 수 있는 특별한 지도였다.

　　직관 혹은 본능적인 직감은 창조에서 대단히 중요한 요소다. 우리는 오랜 감각적 경험을 통해 직관을 형성한다(이는 뇌 보상 시스템의 주요 영역 중 하나인 미상핵과 관련 있다). 감각 정보는 우리가 인식하지 못할 때조차 뇌 속으로 흘러 들어온다. 그중에는 관심을 자극하는 정보도 있지만 대부분은 그렇지 않다. 뇌는 표정, 방정식, 도로 위 바퀴자국 등 우리를 자극하는 정보를 담은 데이터를 저장한다. 여기서 감정은 실질적으로 도움이 되는 방향으로 인식을 안내한다. 이는 선뜻 결정을 내리지 못하는 상황에서 대단히 중요한 기능이다. 감정은 본질적으로 뇌로 들어오는 감각 정보에 꼬리표를 붙임으로써 무엇이 중요하고 무엇이 중요하지 않은지 분류한다. 이러한 꼬리표가 붙은 정보는 더 오랫동안 기억 속에 저장되며, 직관 형성에 기여한다(우리가 기대하는 것에 대한 경험 기반 모델). 그리고 이러한 기억이 구체적인 지식으로 누적되면서, 우리는 종종 정확한 이유는 모르지만 "답을 떠올리게 된다." 힐리스와 같은 개척자는 이러한 직관에 귀 기울이는 법을 알았다.

힐리스는 존스홉킨스대학에서 전염병 및 간염 전문가로 근무하던 아버지를 따라 르완다, 콩고공화국, 캘커타 등지를 돌아다니면서 성장했다. 그러는 동안 생물통계학자인 어머니의 영향으로 많은 중요한 것들을 배웠고, 호기심을 자극하는 것들 사이에서 놀면서 많은 것을 익혔다. 힐리스는 케임브리지가 비트와 칩 혁명의 진원지였던 1970년대 중반에 MIT에 입학했고, 석사 과정을 밟으면서 학습 소프트웨어인 로고Logo 개발에 몰두했다. 그 뒤에는 인공지능 분야의 개척자인 마빈 민스키와 함께 박사 과정을 밟았다. 민스키는 이후 MIT 인공지능연구소를 설립했으며, 그가 몰두했던 게임과 놀이는 결국 창조적 과정에 대한 힐리스의 생각을 확인시켜주었다.

민스키의 발명품 중 하나는 쓸모없는 로봇이었다. 전원을 켜면 상자에서 손이 뻗어 나와 스위치를 눌러서 전원을 끈다. 로봇도 우리처럼 목적이 없는 행동을 할 수 있다. 또한 민스키는 최초의 인공 신경망과 같은 대단히 실용적인 것도 개발했다. 그는 자신의 저서 《컴퓨테이션Computation》을 통해 연구에 수년이 걸리는 대단히 복잡한 아이디어가 어떻게 광범위하게 접근 가능하고 충족감을 주는 미학적 형태로 모습을 드러내는지 설명했다. 나중에 MIT 미디어랩을 설립한 건축가 니컬러스 네그로폰테는 이렇게 말했다. "대니는 마빈의 제자입니다. 마빈은 그를 아들처럼 대했죠."

다른 한편으로 대니 힐리스는 네그로폰테가 설립한 건축기계그룹

Architecture Machine Group에서 그가 사용자 인터페이스라고 부른 것에 대해 생각하고, 그것을 가지고 놀기 시작했다. 네그로폰테는 컴퓨터 인터페이스가 문자 인터페이스 단계를 훌쩍 뛰어넘을 것이라는 사실을 알았다. 그는 건물을 설계하기 위해 인터페이스를 완벽하게 만드는 방법을 상상했고, 결국 모든 다른 것과 관련해서 설계에 활용할 수 있는 사용자 인터페이스 개발의 기반을 마련했다. 네그로폰테는 학습의 미래에 열정을 보였다. 아동 학습에 대한 프로젝트 기반의 접근방식으로서 구성주의라는 새로운 개념을 개척한 장본인인 네그로폰테는 MIT 동료 시모어 페퍼트와 함께 전 세계적으로 컴퓨터 학습을 가장 필요로 하는 이들을 위한 프랑스 정부의 새로운 프로그램인 르상트르 몽디알Le Centre Mondial을 이끌게 되었다. 잘 알려져 있듯, 이 야심 찬 계획에는 로고 언어와 애플II 컴퓨터를 세네갈의 다카르 외곽에 사는 학생들에게 전달하는 프로그램이 포함되어 있었다. 힐리스는 그 프로젝트에 대한 소문을 들었고, 민스키와 함께 박사 과정을 시작했던 1982년에 몇 달 동안 여러 다양한 연구를 위해 파리에 머물고 있었다.

힐리스는 글을 읽지 못하는 아이들을 위한 사용자 인터페이스를 개발하는 상상을 했다. 그는 카페 아트사이언스에서 나눴던 대화에서 당시의 일에 대해 이렇게 설명했다. "그때 우리는 민스키의 연구실에서 한 가지 일을 했습니다." 그는 장난기 어린 웃음으로 잠시 뜸을 들이더니 이렇게 말했다. "해야 할 일을 한 이후에, 우리는 직관을 활용해 이메일과 같은 것들을 개발했습니다." (힐리스와 그 동료들은 미개척 분야

에서 다른 이들이 창조한 지속 가능한 것, 혹은 '발명'이라고 말하는 것을 직관적
으로 '발견'했다.) "우리의 과제는 순조롭게 흘러갔습니다. 직관적인 것
들이 세상을 바꾸고 있었죠."

힐리스는 파리에서 핀치투줌 스크린의 최초 프로토타입(대량생산에
앞서 미리 제작해보는 시제품—옮긴이)을 개발했다. 여기에 몇 주의 시간
이 걸렸다. 네그로폰테는 힐리스가 MIT로 돌아가기 전에 그를 스티브
잡스에게 소개해주었다. 당시 잡스는 세네갈에서 진행되는 애플II 프
로젝트 상황을 확인하기 위해 파리에 와 있었다. 그날 잡스와 힐리스
는 네그로폰테의 자동차를 타고 파리 시내를 돌아다녔다. 그러는 동
안 그들을 뒤따르는 택시가 거슬린 잡스는 기사의 전화번호를 알아내
기 위해 신호에 걸릴 때마다 차에서 내렸다 타기를 반복했다. 잡스는
결국 전화번호를 알아내진 못했지만, 훨씬 더 유용한 아이디어를 얻었
다. 그것은 다름 아닌 힐리스의 핀치투줌이었다.

그 아이디어의 씨앗이 애플에서 발아하기까지 수년의 세월이 걸렸
다. 마침내 그 씨앗이 싹을 틔웠을 무렵, 기술 역사상 아이디어를 빌려
온 최고의 사례 중 하나가 되었다.

* * *

아직 경험하지 못한 미개척 분야에서 직관은 모든 것을 의미한다.
미개척 분야는 완전히 새로운 환경이다. 새 학교에 처음 등교한 청소

년, 지구에서 살아가는 새로운 방법을 제안하는 발명가, 미지의 산에 오르는 사람 모두는 새로운 환경에 직면한다. 그 경험은 낯설다. 거기에는 기회와 위험이 상존한다. 개척자는 기존의 혜택이 전무한 상태에서 무엇을 할지 선택해야 한다. 미개척 분야로부터 멀리 떨어져서, 그리고 우리가 완벽하게 이해한다고 느끼는 상황에서(오래되고 익숙한 학교생활, 오직 기존의 행동방식을 최적화해주는 발명을 개선하는 것, 익숙한 산에 오르는 일)는 직관이 할 일은 그리 많지 않다. 이런 상황에서는 생존은 물론 발전에 대한 위험도가 낮기 때문에, 우리의 일상적인 행동과 의사결정은 얼마든지 기계적으로 이뤄질 수 있고, 논리적이지 않은 것은 충분히 피할 수 있다. 가령 익히 잘 아는 산을 오를 때는 직관에 의존하지 않는다. 대신 여정을 계획하고, 지형을 분석하고, 정보를 수집하고, 정상에 올랐다가 내려오기 위해 필요한 전략을 활용한다.

하지만 예상치 못한 폭풍을 만났을 때, 등반가는 뭔가 다른 것을 활용해야 한다. 낯선 환경에 처한 등반가는 주의를 기울이고, 희망을 품고, 옳다고 생각되는 행동을 취해야 한다. 그의 인식은 직관적이거나 혹은 연역적이다. 그리고 둘 다일 경우가 많다.

예술과 과학의 원천인 직관과 연역은 개척자의 삶에서 하나로 연결된다.

모험으로 가득한 삶은 힐리스의 직관을 강화했다. 지금 그는 직관을 더 날카롭게 연마하고 있다. 개척자는 실제 개척 활동을 통해 발전한다. 각각의 새로운 모험은 학습을 강화한다. 힐리스는 창조자 주기의 세 단계를 모두 거쳤다. 먼저 '아이디에이션'을 위해 스스로 새로운 환경에 뛰어들었다. 과거에는 사람들이 어떤 식으로 컴퓨터와 상호작용을 하게 될지 알 수 없었다. 그래서 그는 인터페이스를 어떻게 설계해야 할지 확신하지 못했다. 파리는 새로운 공간이었다. 자신의 상황을 이해하고 '실험'을 추진하기 위해, 그는 자신보다 경험 많은 사람들과 함께 이야기를 나눴다. 특히 르상트르 몽디알에서 시모어 페퍼트, 니컬러스 네그로폰테, 스티브 잡스와 긴 대화를 나눴다. 마지막으로, 그는 뭔가 새로운 것, 즉 협력적인 대화를 심화시켜줄 새로운 형태의 이야기를 만들어냈고, 결국 핀치투줌의 최초 프로토타입을 '발표'했다.

그 단계들은 힐리스에게 생소하지 않았다. 그가 MIT로 복귀해 건축기계그룹에 들어가서 노련한 개척자들과 함께할 때 이미 앞의 두 단계를 밟았다. 힐리스는 이렇게 말했다. "나보다 더 똑똑한 사람과 함께하는 것보다 내게 더 중요한 일은 없습니다." 그의 파리 터치스크린 지도는 아마도 최초의 핀치투줌일 것이다. 그는 핀치투줌을 일반적인 아이디어의 형태로 특허 출원을 하고, 자신의 꿈을 담아 완성할 수 있었을 것이다. 그러나 그는 그것이 좋은 선택이라고 생각하지 않았다. 힐리스의 관점에서 볼 때, 일반적인 아이디어(바퀴, 컴퓨터, 관악기 등)는 공공의 자산에 속한 것이다. 그것은 발명되는 순간 인류에게 선물로 주어진다. 많은 이들이 그 아이디어를 실현하게 되면 이는 개인이 상상할 수 있는 것보다 훨씬 더 유용한 것으로 드러난다. 다만 특허의 자격이 주어지는 것은 많은 다른 이들에게 의미가 있는 특정한 방식으로 아이디어를 실현할 때뿐이다. 그러나 힐리스는 자신만의 특정한 방식으로 아이디어를 실현하지는 못했다. 사실 그는 시대를 몇 십 년 앞서간 인물이었다.

힐리스는 MIT 캠퍼스에서 가장 뜨거운 주제에 주목했다. 그것은 다름 아닌 인공 신경망neural network이었다. 힐리스가 생각하기에 컴퓨터가 정보를 전송하고, 받고, 처리하려면 우리 뇌와 비슷하게 설계되어야 했다. 컴퓨터와 달리 인간의 뇌 속에서 정보는 지식과 감정, 직관을 생성하기 위해 연결된 경로와 평행하게 하나의 뉴런에서 다른 뉴런으로 이동한다. 힐리스는 이와 똑같은 신경 기능을 탑재한 칩을 개발하고 싶었다. 다른 이들은 하나의 칩 안에 여러 개의 프로세서를 집어넣는 방식은 오히려 효율을 떨어뜨릴 것이며, 결국 시간 낭비가 될 것이라고 지적했다. 그러나 힐리스는 정말 그런지 검증해보기로 했다. 그는 새로운 형태의 칩을 제작하기 시작했고, 하나의 칩에 두 개, 네 개, 열여섯 개까지 프로세서를 집어넣었다. 그리고 자신의 병렬 칩이 실제로 작동한다는 사실을 확인했을 때, 그는 마빈 민스키와 함께 회사를 차렸다.

회사를 세운 바로 다음 날, 캘리포니아에서 손님이 찾아왔다. 초기에 힐리스와 협력했던 개척자 중 첫 번째 인물인 캘리포니아 공과대학의 그 노벨상 수상자는 이렇게 농담을 건넸다. "리처드 파인먼이 출근했습니다."

이후 힐리스의 회사인 싱킹머신은 인재를 끌어들이는 자석이 되었고, 1990년대 초에는 컴퓨터 산업 관계자들로부터 뜨거운 관심을 받았다. 힐리스는 지구상에서 가장 똑똑한 기계를 개발했고, 그 과정에서 가장 똑똑한 사람들이 참여했다. 힐리스의 기계는 빠를 뿐 아니라 미학적으로도 놀라웠다. 힐리스의 주요 경쟁사인 크레이컴퓨터스Cray computers는 평범했다. 땅딸막한 원기둥이 바닥에서 수직으로 솟아오른 듯한 모양의 그 장비는 그 기능성을 짐작케 했다. 반면 싱킹머신 컴퓨터는 키가 크고 유선형이었으며, 모던한 가구 모양이었다. 사람들은 그 안에 뭐가 들었는지 궁금해했고, 그 컴퓨터는 미래를 그린 영화에 출연하면서 이름을 알렸다(1993년 〈쥬라기 공원〉과 1996년 〈미션 임파서블〉). 그럼에도 1993년 힐리스의 회사는 급격하게 추락하고 있었다.

컴퓨터과학의 미개척 세상에서 힐리스를 움직이게 했던 직관은 안타깝게도 자유시장 경쟁의 미개척 분야에서는 힘을 발휘하지 못했다. 싱킹머신은 군사 분야의 첨단기술 연구를 책임지는 다르파(DARPA, 미국 국방부 첨단과학기술연구소)와 대규모 계약을 맺음으로써 시장을 주도하고자 했다. 적어도 2차 세계대전 이후로 MIT는 미국 정부에 기술 솔루션을 제공하는 역할을 했으며, 힐리스와 그의 회사는 이러한 관계로부터 많은 도움을 받았다. 다르파는 가장 전문적인 정부기관으로 알려져 있었고, 이 사실은 협력관계에 큰 도움이 되었다. 그러나 크레이와 같은 경쟁사는 싱킹머신의 성장세를 정부에 대한 불공정한 독점적 접근으로 보았고, 로비를 벌여 다르파에 대한 싱킹머신의 독점권을 무효화하고자 했다. 그럼에도 싱킹머신은 그러한 위협을 대수롭지 않게 여기면서 의회에 자신들의 입장을 설명하는 노력을 게을리 했다. 결국 싱킹머신은 정부에 대한 독점권을 상실했다. 이후 사업 다각화에도 실패하면서 결국 시장에서 퇴출되고 말았다.

힐리스는 딸이 태어난 1994년에 파산을 신청했다.

*　*　*

창조의 오랜 기간 동안에 많은 발명품을 내놓은 사람도 종종 실패를 경험한다. 특히 그들에게 첫 번째 실패는 끔찍하다. 다만 성공한 창조자는 실패로부터 배우고 재빨리 극복하기 때문에 한 번도 실패하지 않은 것처럼 보일 뿐이다.

힐리스 역시 포기하지 않았다. 친구와 동료를 실패하게 만들었다는 죄책감에 빠져 있던 그는 다시 컨설팅 회사를 세웠고, 머지않아 월트 디즈니를 위해 일하기 시작했다. 당시 힐리스의 친구인 브랜 페런Bran Ferren이 디즈니의 이매지니어스 팀을 이끌고 있었다. 엔지니어와 디자이너로 구성된 그 팀은 디즈니파크를 만들었다. 이후 1999년까지 힐리스는 페런과 함께 매년 디즈니파크를 확장하는 과정에서 큰 기여를 했다. 페런은 디즈니 펠로Disney Fellow라는 새로운 기회를 힐리스에게 가져다주었고, 또한 비즈니스 의사결정에 대한 접근 권한을 주기 위해 연구개발 부사장이라는 직함까지 마련해주었다.

MIT 시절 힐리스는 친구들이 개인적으로 흥미롭게 생각하는 것을

발명했다. 하지만 자신과 다른 사람들이 무엇을 중요하게 생각하는지
에 대해 고민하지 않았고, 모험의 과정에 다른 이들을 끌어들이는 법
도 알지 못했다.

이매지니어스 팀은 스토리텔링에 관한 원칙을 갖고 있었다. 그중 앞
의 두 가지는 주변 사람에게 관심을 기울이라는 것이었다.

1. 청중이 누구인지 파악하기.
2. 청중의 입장이 되어보기.

다음 세 가지는 목표의 투명성에 관한 것이다.

3. 조직화되고 논리적으로 이어진 이야기를 들려주기.
4. 시각적 자석 만들기.
5. 시각적인 차원에서 의사소통하기.

나머지 다섯 가지는 메시지의 단순함에 관한 것이다.

6. 너무 많은 정보를 담지 말 것.
7. 한 번에 한 가지 이야기만 할 것.
8. 모순 제거하기.
9. 세부적인 사항에도 충분한 자원을 투자하기.

10. 계속해서 발전시켜나가기.

1990년대에 걸쳐서 디즈니의 CEO 마이클 아이스너는 디즈니파크를 파리와 도쿄, 홍콩 지역으로 확장했고, 플로리다와 캘리포니아 지역에서도 운영을 확대했다. 이매지니어스 팀은 파크 확장과 콘텐츠를 뒷받침하는 창조적인 역할을 수행했다. 또한 힐리스를 영입해 새로운 형태의 로봇을 꿈꾸고, 역사상 가장 강력한 스토리텔링 제국을 만드는데 집중하도록 했다. 힐리스는 연구개발 부사장 자격으로 조직 전반의 의사결정 과정에 접근할 권한을 갖고 있었고, 디즈니로부터 스토리텔링 원칙을 배웠다.

힐리스는 배우면서 동시에 '창조했다.' 한번은 과감한 모험을 통해 깨달음을 얻은 적도 있었다. 그는 공룡이 공원을 돌아다니게 함으로써 디즈니파크 확장 사업에 기여할 수 있을 것으로 기대했다. 그런데 누구에게 그 일을 맡겨야 할까? 힐리스는 걸어 다니는 로봇을 만드는 법을 알고 있었다. 실제로 로봇 공룡을 제작해서 보여주지 않는다면, 디즈니 경영진을 설득할 수 없을 거라고 생각했다. 수개월 동안 로봇 공룡의 아이디어에 매달리고 난 뒤, 힐리스는 아이스너와 디즈니 고위 경영진을 디즈니 스튜디오 캠퍼스 창고로 초대했다. 힐리스가 공원에서 돌아다니는 로봇에 대한 비전을 설명하는 동안, 다른 사람들은 거대한 나무로 만든 상자 앞에 앉아 있었다. 그런데 갑자기 그 상자가 무너졌다. 모두가 당황했다. 그때 힐리스가 설치해놓은 스피커에서 거대한 발자국 소리가 흘러나와 창고 안에 울려 퍼지기 시작했다. 그 소리는 무너진 상자 뒤쪽의 컴컴한 공간으로부터 나오는 것이었다. 소리는 점점 더 커졌고, 그러다 갑자기 거대한 공룡이 힐리스 뒤에서 튀어나왔다. 다들 혼비백산했다. 힐리스의 계획은 성공이자 동시에 실패였다. 분명한 사실은 디즈니파크에 로봇 공룡이 나타나면 사람들이 무서워할 것이라는 점이었다. 그리고 바로 그런 이유로 힐리스의 공룡 프로젝트는 승인을 얻지 못했다. 힐리스는 디즈니의 열 가지 원칙을 기반으로 자신의 이야기를 들려주었다. 하지만 그가 간과했던 암묵적인 열한 번째 원칙이 있었다.

11. 계속해서 퍼져나갈 이야기를 하라.

힐리스는 디즈니파크 공룡을 경험한 사람들이 그 경험에 대해 계속해서 말하도록 자극할 이야기를 만들어내지 못했다. 그가 저지른 마지막 실수였다.

* * *

1999년 힐리스는 미개척 영역으로 돌아가기로 결심했다. 그는 브랜 페런과 함께 어플라이드마인즈Applied Minds라는 컨설팅 회사를 설립했다. 그리고 이를 통해 미학적 직관의 배움에서 3단계를 마무리했다.

그로부터 몇 년이 흘러 힐리스는 샌디에이고에서 오라일리가 주최한 E-테크(Emerging Technology) 컨퍼런스에 참석해서 청중에게 이렇게 설명했다. "어플라이드마인즈는 저의 출발점입니다. 디즈니에서는 충분히 즐길 수가 없었거든요." 2005년 3월 블로그 '크랩하운드Craphound'를 운영하는 코리 독토로Cory Doctorow에게는 이렇게 언급했다. "나는 예술, 디자인 기술, 과학을 한데 뭉친 버전 1.0을 창조하고 싶습니다." 힐리스는 무시무시한 공룡을 선보였던 창고와 비슷하게 생긴 거대한 공장 사진을 보여주었다. 그 안에는 사무실과 전자 현미경, 기계 설비, 컴퓨터로 작동하는 절삭기가 있었다. 원하는 방향으로 자유자재로 움직이는 NASA 로봇과 뱀 로봇도 보여주었다. "자동차와 로봇을 연결할 수 있습니다. 그것들은 함께 협력할 수 있죠. 그리고 이것은 암 치료제가 어떤 환자에게 도움을 줄 수 있는지 보여주는 화학적 신호를 추적하는 암-시뮬레이터 영상입니다."

다음으로 그는 평생 실현하려고 노력했던 아이디어로 넘어갔다.

"손동작으로 확대해서 볼 수 있는 종이 지도를 원합니다." 그는 자신이 개발하고자 하는 것을 영상으로 보여주었다. 레이어를 벗겨내면 인공위성 지도에서 도로 지도로 줌인이 가능하다. 청중들은 박수갈채를 보냈다. 핀치투줌의 꿈을 실현할 시간이 온 것이다.

힐리스는 그 아이디어로 특허 출원을 했다. 그리고 페린과 함께 터치테이블Touch Table이라는 회사를 설립했다. 터치테이블을 중심으로 노스럽그루만을 비롯한 여러 기업과 함께 핀치투줌 기술을 개선하는 한편, 힐리스는 또 다른 미개척 분야로 눈을 돌렸다. 창조할 것이 아직 많이 남았고, 거기에는 구글 검색 기능의 미래도 포함되어 있었다. 실제로 힐리스는 2005년 샌디에이고에서 열린 컨퍼런스에서 새로운 검색 기술을 암시하면서 이렇게 언급했다. "지금은 시간이 없어 완전히 집중하지는 못하고 있습니다!"

그로부터 2년이 흐른 2007년 1월, 스티브 잡스는 샌프란시스코의 모스콘센터 연단에 서서 새로운 아이폰을 발표했다. 그는 이번 아이폰 모델을 위해 핀치투줌 스크린을 개발했다고 설명했다. 그때 무대 뒤 스크린에서는 '특허'라는 문구가 반짝였고, 잡스도 빛나 보였다. 하지만 대니 힐리스나 매킨토시 컴퓨터를 출시하기 직전에 파리에 갔던 짧은 여행에 대해서는 어떤 언급도 없었다.

그 기술은 마법과 같았다. 아이폰 스크린은 신비로워 보였다. 그해 아이폰은 130만 대가 판매되었다. 그 후 두 번째 스마트폰이 시장에 나왔다. 삼성 스마트폰 역시 아이폰 못지않게 좋은 판매 실적을 올렸다. 2011년에는 애플과 삼성 사용자를 통틀어 약 10억 명의 인구가 핀치투줌 스크린을 사용하게 되었다.

이후 애플은 특허권 침해로 삼성을 고소했다. 삼성 역시 맞고소로 대응했다. 이 싸움에서 힐리스가 침묵을 지키는 동안 삼성의 변호사들은 힐리스의 2005년 특허권을 들고 나왔다. 2013년 미국 특허청은 이렇게 판결을 내렸다. "힐리스는 접점의 수를 구분하고 이벤트 개체가 동작 패턴과 일치하는지 여부를 확인하는 방법에 대해 언급했다." 애플은 항소했고, 2016년 최종 판결이 나왔다.

그 기술의 창안자는 다름 아닌 힐리스라는 것이었다.

애플-삼성 간 전쟁에서 금전적으로 아무것도 챙기지 못한(내게 보낸 이메일에 따르면, 그럴 생각조차 하지 않은) 힐리스는 이처럼 놀라운 이야기를 그저 덤덤하게 말했다. "발명은 그런 겁니다. 먼저 1만 명의 사람이 아이디어를 냅니다. 다음으로 1000명이 실제로 도전을 합니다. 그중 100명이 성공에 가까운 뭔가를 만들어냅니다. 그리고 열 명이 아이디어를 실현에 옮기죠. 마지막으로 한 사람이 그것을 세상에 퍼뜨립니다. 우리는 바로 그 한 사람을 발명가라고 부릅니다."

* * *

알렉산더 로즈Alexander Rose는 10년 넘게 힐리스와 함께 일하고 있다. 캘리포니아 소살리토 지역에 살고 있는 로즈는 현재 롱나우재단의 이사장으로, 캘리포니아에서 탄생한 거대한 기계이자 조만간 텍사스 지역의 산에 설치될 롱나우 시계의 제작 및 설치 프로젝트를 이끌고 있다. 힐리스의 상상에서 시작된 그 시계는 산 정상에 있는 풀무로부터 동력을 얻는다. 풀무는 낮에 뜨거워지면서 공기로 가득 찼다가, 밤에는 쪼그라들면서 산 쪽으로 공기를 토해낸다. 이렇게 만 년의 세월에 걸친 호흡이 시계를 움직이게 만든다. 사람들이 롱나우를 방문하는 동안 추는 제 위치로 돌아가게 되고, 그 힘으로 종이 울리게 된다. 풀무

시스템이 오랜 세월에 걸쳐 시계를 움직이는 반면, 종 시스템은 이처럼 인간의 개입에 의존한다. 추가 원래 위치로 되돌아오지 않으면 종은 백 년 동안 울리지 않는다. 그렇기 때문에 사람들은 위기, 전쟁, 생태적 재앙, 혹은 미래에 있을 모든 재난의 시기에 롱나우 시계의 존재를 잊어버리게 될지 모른다.

엄밀히 말해서 롱나우 시계를 원한 사람은 없다. 그 시계는 특정한 문제를 해결하거나 경제 전반에 실질적인 도움을 주지는 못할 것이다. 그럼에도 그 시계는 많은 이들에게 의미가 있다(수천 명에 이르는 롱나우 재단 회원은 롱나우의 철학을 지지하기 위해 다달이 후원한다). 중요한 새로운 것들은 창조자가 세상을 떠난 후에도 오랫동안 남아 있을 것이다. 롱나우 시계는 아마도 세상 모든 사람에게 중요하지는 않을 것이다. 그건 당연한 이야기다. 그럼에도 이러한 것들은 인간 존재에 관한 고유한 가치를 드러낸다. 롱나우 시계는 미래를 궁금하게 여기는 사람들에게 의미가 있다.

소설가 마이클 셰이본은 2006년 에세이 《미래는 기다려야 한다The Future Will Have to Wait》에서 이렇게 썼다. "롱나우 시계의 목적은 그것을 만든 생명체 종이 미지의 미래를 향해 나아가는 여정을 측정하는 것이 아니다. 그 시계의 핵심은 미래의 전체적인 아이디어를 되살리고, 회복시키고, 지금까지 해왔던 것과는 다른 방식으로 미래에 대해 다시 생각하도록 만들고, 또한 우리가 그저 미래를 물려주기만 해서는 안 된다는 생각을 다시금 떠올리게 하는 것이다. 물론 미래에 대해 고민하든 말든 간에 우리는 어쨌든 미래를 물려주게 되겠지만 말이다. 또한 '우리'는 1인칭 복수대명사의 가장 광범위한 차원에서 미래를 물려받았다."

샌프란시스코에서 열리는 롱나우 세미나에는 거의 매주 많은 사람이 참석한다. 내가 로즈와 함께 갔을 때도 그랬다. 그때 덴마크 경제학자 비외른 롬보르Bjorn Lomborg는 전 세계에 걸친 인도주의적 노력의 이익과 비용을 경제적으로 평가하는 환경평가기구Environmental Assessment Institute의 연구 결과에 대해 설명했다. 그는 비록 세계에서 가장 똑똑한 비즈니스맨 중 한 사람인 아마존 설립자 제프 베조스가 그 프로젝트를 후원하고 있기는 하지만, 그럼에도 어떤 기준으로 계산하더라도 롱나우 시계의 현재 가치는 0이라는 사실을 인정할 수밖에 없다고 했다. 경제적 관점에서 보자면, 롱나우 시계 개발은 아무짝에도 쓸모가 없다.

로즈는 그날 일찍 금속 워크숍이 열린 산라파엘에서 샌프란시스코까지 나를 태워다주었다. 그 워크숍에서는 롱나우 시계의 핵심 구조를 조립하고 시험 가동하는 일을 했다. 그리고 우리는 그해 가을에 케임브리지에서 롱나우 시계 전시회를 주최할 계획을 세웠다.

나는 산업 디자이너인 로즈에게 이렇게 물었다. "힐리스와 함께한 시간은 어땠나요?" 당시 로즈의 사무실은 샌프란시스코에 있는, 롱나우재단의 공식적인 문화 실험실이자 세미나와 전시회가 열리는 인터벌Interval이라는 이름의 유명 바의 꼭대기 층에 자리하고 있었다.

로즈는 이렇게 대답했다. "솔직히 말해서 대니는 믿기 힘들 정도로 똑똑하고 통찰력이 넘치는 사람입니다. 그러나 남들이 모르는 사실이 있는데, 그가 필즈 수학상 우승자와 어려운 수학 이야기를 나누는 것만큼이나 텍사스에 있는 기계 매장 직원과도 편안하게 대화를 나눌 수 있다는 겁니다. 그는 자신이 언제나 뭔가를 배우고 있다는 사실을 상대방이 눈치챌 수 있도록 대화 상대에 맞춰 말하는 법을 압니다. 너무나 똑똑하고 대단히 직관적인 사람이죠."

순수함과 겸손:

창조의 가치를 높이는 태도

리처드 개리엇Richard Garriott은 최초
의 대규모 다중사용자 온라인 롤플레잉 게임(MMORPG)인 울티마 온
라인Ultima Online을 개발했고, 오늘날 지구상에서 가장 큰 엔터테인먼트
시장을 구축하는 데 기여한 인물이다. 개리엇의 창조 덕분에 대규모
온라인 소셜네트워킹의 시대가 열렸다. 가상 세계의 부동산이 현실의
돈으로 거래되기 시작했고, 실제의 사회적 행동이 가상 세계에 특별한
형태로 나타나기 시작했다. 개리엇은 소셜 게임 분야에서 우리가 생각
하고 학습하는 방식을 바꾼 개척자다. 가상 세계의 개척자인 그는 또
한 오지와 우주의 탐험자이며, 도덕적 규칙을 기반으로 게임을 개발하
는 과정에서 창조한 개념인 개인 아바타의 장점에 대한 열렬한 지지
자이기도 하다.

개리엇은 창조적 삶에 대한 제단과도 같은 뉴욕 타운하우스에서 아
내와 다섯 살 난 딸, 세 살짜리 아들과 함께 살고 있다. 일층에는 초기
인류부터 미래에 이르기까지 태양계의 최초 형태에서 발전한 인공물

을 배치했고, 여기에는 그가 2008년 우주로 날아갔을 때(주식시장의 붕괴로 인해 그의 개인 순자산이 수천만 달러에서 0에 가깝게 떨어졌던 동안에 착수했던 모험) 입었던 우주복도 있었다. 위층은 마술, 귀신의 집, 중세의 풍습, 우주여행에 대한 그의 열정을 보여주는 전시실로 꾸며졌다. 꼭대기 층에 자리 잡은 그의 사무실에는 자신의 창조적 결과물들을 진열해놓고 있었다. 여기에는 스물여덟 가지 초기 비디오 게임, 어릴 적 상을 받았던 과학 박람회 프로젝트, 그리고 아직도 오리지널 울티마 게임을 구동할 수 있는 애플II 컴퓨터가 포함되어 있었다.

개리엇의 집은 그의 삶과 더불어 창조의 네 번째 측면을 보여준다. 그것은 반복적인 삶으로부터 벗어나 발견을 향해 나아가도록 하는 순수함이다.

리처드 개리엇은 NASA 과학자들이 많이 사는 휴스턴 교외에서 자랐다. 그가 열두 살 되던 무렵, 과학자이자 우주비행사인 그의 아버지 오언은 우주정거장에서 임무를 수행했다. 개리엇이 스물두 살 되던 해에는 또 한 번 우주비행을 했다. 그 무렵 개리엇은 이미 백만장자가 되어 있었다. 달 표면을 걸었던 우주비행사 버즈 올드린Buzz Aldrin은 새로운 벤처기업을 시작하기 위해 그를 찾아와 투자를 요청했다. 개리엇은 다른 '우주비행사 스타트업'과 함께 올드린의 회사에 투자했지만 대부분의 돈을 잃었고, 개척자의 삶에 관한 소중한 교훈을 깨달았다. 자신이 똑똑하다는 사실, 혹은 과거에 개척자였다는 사실은 중요하지 않다는 교훈이었다. 모든 새로운 발견은 준비를 필요로 한다. 이후 개리엇은 열정적인 독학자가 되었다.

어릴 적 개리엇은 페란 아드리아가 요리에 대해 별 관심이 없었던 것처럼 학교 공부에 열의가 없었다. 그는 '던전앤드래곤' 게임에 빠져 있었고, 어머니의 도움을 받아 과학 대회에 참가하는 것을 좋아했다. 학교를 마치고는 톨킨의 《반지의 제왕》을 읽으면서 신비한 문자로 커닝 페이퍼를 만드는 기술을 개발했다. 그는 학교를 그만둘 때까지 시험을 칠 때마다 이 기술을 유용하게 써먹었다.

열네 살이 되었을 무렵, 개리엇은 팰로앨토로 갔다. 그의 아버지는 스탠퍼드대학에서 학생들을 가르치다가 휴스턴으로 자리를 옮겼다. 퇴직 전까지 NASA 연구원으로 머무르는 동안, 오언은 1년의 안식년을 활용해서 물리학을 새로 공부하기로 결심했다. 덕분에 개리엇은 온전하게 작동하는 텔레타이프 컴퓨터 단말기를 네 대나 갖춘 팰로앨토 고등학교에서 1학년을 보내게 되었다. 그가 고향인 휴스턴으로 다시 돌아왔을 때, 학교에 컴퓨터는 단 한 대밖에 없었고, 더군다나 그것을 어떻게 조작하는지 아는 사람은 아무도 없었다. 컴퓨터는 NASA 성공의 핵심이었지만, NASA 연구원의 자녀들은 컴퓨터를 배울 기회가 없었던 것이다. 그렇지만 그 사이 컴퓨터를 접하고 온 개리엇은 그때부터 관련 지식을 급속도로 습득했다. 휴스턴으로 돌아온 이듬해, 개리엇은 자신이 다니던 고등학교에서 컴퓨터를 가장 잘 다루는 사람이 되어 있었다. 교사들은 그가 새롭게 기술을 익히는 것을 격려했다. 그러면서 컴퓨터를 활용해서 창조하고, 문서를 만들고, 자신이 좋아하는 새로운 판타지 게임과 같은 것을 시연할 수 있다면, 이를 외국어 과목 성적으로 대체해주겠다고 했다.

그렇게 개리엇은 프로그램 개발을 시작했고, 머지않아 친구와 가족의 관심을 받게 되었다. 1977년에는 추종자까지 생겨났다. 그중에는 개리엇이 방과 후 아르바이트를 했던 인근의 컴퓨터월드 매장 관리자도 있었다. 그 무렵 애플II가 콘텐츠가 빈약한 상태로 시장에 출시되었다. 매장 관리자는 애플II로 운용할 수 있는 비디오게임을 개발한다면, 컴퓨터를 판매하는 데 큰 도움이 될 것이라고 했다. 개리엇은 이미 스물네 개의 비디오게임을 개발해놓은 학교의 메인프레임 컴퓨터를 버리고 애플II에 집중했다. 그리고 6주 만에 첫 번째 애플II 비디오게임을 개발했다.

개리엇은 그 게임에 아칼라베스Akalabeth라는 이름을 붙였다. 게임의 목표는 지하세계의 생명체를 죽이는 것이었다. 아칼라베스는 1979년에 출시되었다. 몇 주 후 그 게임은 텍사스 전역의 컴퓨터월드 매장에서 디스크 형태로 팔리기 시작했다. 이후 게임 회사 캘리포니아퍼시픽California Pacific이 아칼라베스의 미국 내 유통 판권을 사들였다. 개리엇이 열아홉 살이 되었을 때, 미국 시장에서 아칼라베스는 약 3만 개가 팔렸다. 개리엇은 게임 하나당 5달러를 받았고, 그 수입은 아버지 월급의 두 배였다. 기적 같은 일이었다. 개리엇의 부모는 행운을 끝까지 시험해보라며 그를 격려했다. 이후 개리엇은 캘리포니아퍼시픽을 위해 침대에서 열심히 게임을 연구했다. 그렇게 해서 나온 다음 게임이 바로 울티마였다. 울티마 역시 히트를 쳤다. 2년 후에는 울티마II를 발표했다. 당시 개리엇은 대학생이었는데, 등록금을 내고도 매년 수십만 달러의 돈을 벌어들였다. 한편으로 그는 초기 게임 산업에 만연한 나쁜 비즈니스 관행을 알게 되었다. 경영진이 마약에 돈을 탕진하느라 로열티를 두 번이나 제때 내지 못하는 일이 발생하자 개리엇은 MIT 슬론 비즈니스스쿨에서 비즈니스 경영으로 학위를 받은 형 로버트와 함께 '오리진Origin'이라는 회사를 설립했다.

1983년 오리진은 울티마III을 출시했다. 판매는 순조로웠다. 개리엇은 처음으로 팬레터를 받았고, 그 편지가 그의 모든 것을 바꿔놓았다.

어릴 적 개리엇은 가상 세계를 창조하고픈 욕망으로 엄청난 돈을 벌게 될 것이라고는 상상하지 못했다. 많은 돈이 흘러들어오기 시작할 때에도 그는 예전처럼 성실히 일했다. 그는 가상 세계를 상상하는 모임에 참석하고, 친구 및 동료와 함께 가상 세계를 개발해서 사람들이 구입하고 (그가 충분히 이해하지 못한 이유로) 계속해서 즐기는 게임의 형태로 세상에 내놓았다. 성공적인 매출은 자신에게 중요한 것이 다른 사람들에게도 중요하다는 사실을 확인시켜주었다. 그러나 팬들의 편지를 읽으면서, 개리엇은 자신의 창조가 다른 이들에게는 다른 방식으로 중요하다는 사실을 깨달았다. 그것은 그가 전혀 상상하지 못했던 측면이었다. 울티마의 목표는 악당을 죽이는 것이다. 게임을 더 오래 할수록 더 힘이 세지고 그만큼 승리할 가능성도 높아진다. 이것은 모든 비디오게임의 기본 원리다. 선은 악을 이긴다. 그러나 팬의 편지는 실제로 그들에게 중요한 것은 선이 아니라는 사실을 일깨워주었다. 사람들이 열광하는 것은 게임 속 괴물과 시민을 죽이는 것이었다. 그들에게 중요한 것은 오로지 승리였다. 그들은 선한 행위와 악한 행위를 구분하지 않았다.

개리엇의 눈에는 그러한 가상 세계가 잘못된 것으로 보였다. 사람들이 게임처럼 현실을 살아간다면, 세상은 엉망이 될 것이다. 그는 문제를 바로잡고 싶었지만, 어떻게 시작해야 할지 몰랐다. 서구 문명의 역사를 깊이 이해하진 못했지만, 십계명과 천부인권 개념에 대해서는 어느 정도 알고 있었다. 그는 어떻게 세상을 창조하고, 거기에 어떻게 도덕적 가치를 집어넣을 것인지 알지 못했다. 개리엇은 순수했다. 어릴 적 영웅인 버즈 올드린이 스타트업에 투자하라고 권유했을 때, 그리고 그 투자금을 몽땅 날려버렸을 때, 그는 무모하게도 순수했다. 그럼에도 개리엇의 순수함은 의미가 있었다. 순수함은 그가 끊임없이 배우도록 동기를 부여했다.

* * *

순수함은 아이와 예술가, 과학자, 그리고 모든 유형의 개척자에게 세상에 대한 신선한 통찰력과 깨달음을 가져다주는 원동력이다. 순수함이란 직관을 강화하는 자유로운 영혼의 무지다. 이는 무감각이나 무심함과는 다르다. 물론 순수함에도 위험한 면은 있다. 그렇기 때문에 최고의 대학은 순수함과 반대되는 것을 가르치고, 최고의 기업 역시 순수함을 경계하라고 말한다. 무모하게 순수한 사람은 쉽게 함정에 빠진다. 나중에 후회할 말과 행동을 해놓고 그 이유를 설명하지 못한다. 그는 언제 터질지 모르는 지각의 거품 속에 존재한다.

그러나 미학적 순수함은 이와 다르다. 미학적 순수함은 열정적인 호기심, 공감, 놀라움을 촉발하는 날카로운 직관을 조합함으로써, 이해하지 못하는 현상 앞에서 잠시 걸음을 멈추고 더 깊이 들여다보도록 영감을 불어넣는다. 우리는 아마도 고등교육을 받았거나, 아니면 다양한 상황에서 깊이 있는 경험을 했을 수도 있다. 그럼에도 그 모든 걸 무시하고, 지금 바라보고 있는 현상을 마치 처음 보는 것인 양 관심을 집중해야 할 때가 있다.

창조라고 하는 협력 과정에서 순수함의 가치는 뇌 기능에 대한 빙하의 비유를 통해 잘 설명할 수 있다. 빙하의 꼭대기는 의식적인 뇌와 같다. 반면 빙하의 주요 덩어리는 수면 아래에 잠겨 있다. 이는 무의식적인 뇌로 깊숙이 자리 잡은 기억과 운동 기능, 그리고 직관의 창고다. 의식적 사고, 느낌, 기억은 뇌 기능의 지극히 일부에 불과하다. 상상은 수면 아래에서 떠오른다. 이는 의식적 뇌와 무의식적 뇌 사이에서 자유로운, 혹은 '순수한' 정보 교환이 이뤄진 결과물이다. 우리 뇌가 하는 대부분의 가치 있는 일은 수면 아래서 일어난다. 인지에 공백이 발생했을 때 뇌가 의존하는 직관적 지식이 모습을 드러내는 것은 무의식적 뇌 활동으로부터 비롯된 것이다(평생에 걸쳐 구축한 예측 모델에 현

재 데이터를 입력한 결과). 겨울 폭풍이 시작되는 시점에 자신이 외딴 낭
떠러지에 있다는 사실을 갑작스럽게 깨달은 노련한 산악 등반가의 경
우가 여기에 해당한다. 등반가가 아무리 철저히 준비한다고 해도 예
상치 못한 기상 상황에 직면하기 마련이다. 그는 한 번도 가본 적은 없
지만 더 가까이에 있는 높은 고도의 캠프로 이동할지, 아니면 훨씬 더
멀리 있지만 익숙한 길인 낮은 고도의 캠프로 돌아갈지 신속하게 결
정해야 한다. 자신이 처한 상황을 명확히 인식할 수 없는 (오랜 등반 경
험으로 감정적인 측면에서 충분한 교육을 받은) 등반가는 망설임 없이 준비
기간 동안 습득한 정보를 무시하고, 노련한 산악인으로서 자신의 뇌에
축적된 정보의 풍부한 창고를 신뢰하기로 선택한다.

매튜 리버먼이《사회적 뇌 인류 성공의 비밀》에서 언급했듯이, 우리
뇌의 대부분은 가족과 친구의 우호적인 사회 환경 속에서 성장한다.
출생 후 뇌 성장은 대단히 중요하다. 몸의 질량에 대한 비중을 기준으
로 할 때, 인간의 뇌는 다른 동물보다 훨씬 더 크게 성장한다. 물론 절
대적인 질량을 기준으로 한다면, 인간의 뇌는 비교적 작은 편이다. 뇌
의 질량을 개체의 체중으로 나누면 상대적인 뇌 잠재력을 나타내는
수치, 즉 체중에 대한 뇌의 비중을 구할 수 있는데, 이를 기준으로 할
때 인간의 뇌는 가장 상위를 차지한다.

인간의 뇌 비중이 높은 것은 신피질 때문인데, 전뇌 표면을 덮고 있
는 이 회색 물질은 여러 개의 해부학적 부위로 이뤄져 있다. 그중 하나
인 전전두엽은 인지 기능의 핵심을 담당한다. 또 다른 부위인 후두부

연합피질은 청각, 시각, 체지각 연합이 만나는 곳이다. 인간은 시각 정보를 처리하고, 궁극적으로 (추적 가능한 자극의 기원에 대한 복잡한 원인-결과 모델에 의존해) 다른 동물보다 효과적으로 주변 세상을 인식하고 해석한다.

낯선 환경에서 위험에 처했다고 인식할 때, 우리는 이러한 정보에 더 많은 관심을 기울인다. 개리엇처럼 오랜 시간 창조하고, 그 과정에서 기쁨을 느끼는 사람들은 바로 이러한 이유로 순수함의 가치를 높이 평가하고 평생 간직한다. 그들은 개척자의 창조적 정신을 이루는 다양한 측면과 마찬가지로 똑같은 과정을 통해 순수함을 개발한다. 첫째, 그들은 창조물이 얼마나 가치 있는 것으로 밝혀질 것인지에 대해 '거의 기대하지 않은 채 자신이 원하는 것을 만들어낸다.' 이들의 다음 과제는 새로운 창조물 속에서 무엇을 발견했는가에 전적으로 달렸다. 둘째, 그들은 '고집스럽게 주의 깊고 신선한 눈으로 배운다.' 셋째, 그들은 완전히 새로운 것을 만들어낸 것처럼 '흥분 속에서 자신이 발견한 것을 표현한다.'

스토리텔링, 꿈꾸기, 혹은 대화나 연극을 장려하는 가정에서처럼, 많은 이들은 순수함을 보호하고 강화하는 환경에서 성장한다. 그들은 성인이 되고 나서도 여전히 이야기에 귀를 기울이고, 소설을 읽고, 발레 공연을 보러 간다. 하지만 이러한 일들에 완전히 몰입하는 능력은 개인적 책임, 직업적 과제, 경제적 걱정 앞에서 종종 위축된다. 그래도 중요한 것을 창조하는 이들은 창조 과정 그 자체를 통해 어린 시절의 순수함을 되살려낼 줄 안다.

　게임의 비도덕적인 측면을 인식하고 난 뒤, 개리엇은 자신의 순수함에 집중했다. 때는 1983년 여름이었다. 그는 루소와 볼테르, 칸트와 니체, 사르트르와 비트겐슈타인, 푸코의 책을 읽기 시작했다. 그리고 동양과 서양의 종교, 프로이트와 다윈의 이론을 공부했다. 그는 도덕성의 핵심을 세 가지로 보았다. 그것은 칼릴 지브란의 저술에서 분명하게 확인했던 것으로 진리, 동정심, 용기다. 그는 이 세 가지가 모든 도덕적 가치를 뒷받침한다고 생각했다. 개리엇은 살인을 조장하는 것이 아니라, 용감하게 살아가도록 힘을 불어넣는 게임을 꿈꿨다. 그리고 그 꿈을 도전과제로 삼았다. 하지만 그의 형 로버트는 그러한 생각을 탐탁지 않게 여겼다. 게임은 이미 판매되고 있었고, 사람들은 그 게임을 좋아했다. 개리엇과 로버트는 게임 판매에 모든 것을 걸었다. 이러한 상황에서 새로운 동기로 새 비디오게임을 개발하려는 시도는 그저 위험한 선택으로만 보였다.

　개리엇은 이러한 생각에 동의하지 않았다. 그는 가치 있는 게임을 원했다. 도덕적인 게임과 비도덕적인 게임을 완전히 구분하고자 했다. 비록 의식하지 못한다고 해도, 다른 사람들 역시 자신과 마찬가지일 것이라고 믿었다. 무엇보다 그는 게임 사용자들이 가상 세계의 삶을 현실의 삶만큼이나 진지하게 받아들이길 원했다. 적어도 그는 그랬다. 하지만 주변에 있는 많은 사람들이 그렇게 생각하지 않는다는 사실을 알고 분노했다. 막무가내식의 비도덕적인 행동은 절대 용납될 수 없는 것이었다. 그런데 왜 사람들은 가상의 삶에서 그러한 행동을 대수롭지 않게 여기는 것일까? 그는 그 이유가 게임 설계의 결함에 있다고 결론을 내렸고, 이를 바꾸기로 했다.

그 무렵 개리엇은 힌두교의 '아바타'라는 개념을 알게 되었다. 아바타는 크리슈나처럼 신이 육화한 존재로서, 가상 세계에 등장하는 캐릭터를 가리키는 용어이기도 하다. 개리엇은 게임 사용자가 가상 캐릭터를 자신의 대리인으로 생각해야 한다고 믿었다. 다시 말해 게임 캐릭터는 곧 아바타가 되어야 한다! 이러한 차원에서 그는 새로운 울티마 버전에 '아바타의 탐험Quest of the Avatar'이라는 부제를 붙였다. 그는 울티마IV를 통해 사용자가 희망과 믿음을 갖고 게임에 임하도록 했으며, 이로부터 '아바타'는 현대적인 새로운 의미를 갖게 되었다.

울티마IV는 엄청난 성공을 거두었다. 그 게임은 개리엇의 통찰력을 입증했고, 그의 순수함을 보상해주었다. 폭력이 난무하는 지하감옥 스타일의 게임에서 벗어난 최초의 롤플레잉 게임인 울티마IV는 10년 뒤 게임 잡지인《컴퓨터 게이밍 월드》에서 역대 게임 2위로 선정되었다.

개리엇은 자신에게 중요한 것을 다른 사람에게도 중요한 미학적 형태로 만들어냈다.

울티마IV는 스티브 잡스가 매킨토시를 발표한 이듬해인 1985년에 출시되었다. 그때까지 개리엇은 모든 게임을 애플II 플랫폼 기반으로 만들고 있었다. 그러나 1985년 무렵 애플II의 매출은 지속적으로 감소하고 있었다. 미래는 매킨토시에 있었다. 개리엇은 역사상 최고의 비디오게임을 잘못된 포맷으로 내놓았던 것이다. 그는 이제 개인용 컴퓨터를 위한 게임을 개발해야 했다. 그렇지 않으면 지금까지 성장해온 제국의 미래는 없을 것이다. 비록 그 시점에서 미래는 그리 밝아 보이지 않았지만 말이다.

그 즈음 일렉트로닉아츠Electronic Arts 같은 대형 게임 회사가 게임 시장을 장악하기 시작했다. 새로운 산업이 급속하게 성장하면서 수많은 중소기업이 등장했다. 개리엇과 오리진 역시 이러한 흐름을 피할 수 없었다. 명맥은 유지하고 있었지만, 회사 상황은 그 어느 때보다 힘들어졌다. 울티마V와 울티마VI은 처음에는 애플II용이었고, 1990년에 나온 두 번째 버전은 PC용으로 출시되었다. 게임을 PC 플랫폼으로 전환한 개리엇 형제는 1992년 오리진을 일렉트로닉아츠에 3000만 달러에 매각했다. 오리진 팀 전체는 일렉트로닉아츠로 넘어갔고, 합병 이후 직원 수가 늘었다가 다시 크게 줄어들었다. 다음으로 등장한 울티마VIII은 제대로 준비가 되지 않은 상태에서 출시하는 바람에 실패의 쓴맛을 봐야 했다.

싱킹머신이 퇴출당하면서 대니 힐리스에게 벌어졌던 일이 이제 개리엇에게 일어났다. 개리엇의 창조는 그가 기대한 만큼 중요한 것이 아니었던 것이다. 일렉트로닉아츠에 회사를 매각함으로써 개리엇은 엄청난 부자가 되었지만, 정작 그 자신은 만족스럽지 못했다. 이후 그와 그의 팀이 했던 일은 게임의 가격을 높이는 것뿐이었다(조직 규모가 커짐에 따라 간접비가 증가하면서). 또한 실험 비용은 높아졌다. 결국 그는 직원들을 해고해야만 했다.

이러한 일은 개리엇에게 가슴 아픈 상황이었다. 뛰어난 창조자로서 자신의 경력이 모두 끝난 듯 보였다. 그러나 힐리스의 사례에서 그랬던 것처럼, 실패는 개리엇의 가장 혁신적인 창조와 성공의 또 다른 출발점이 되었다.

* * *

창조를 위한 다섯 번째 측면인 겸손이란 미개척 분야에서 발견한 것의 가치를 다른 사람들에게 납득시켜야 한다는 인식을 말한다. 지속 가능성에 기여하면서 오랫동안 살아남을 것을 창조하는 일은 단지 열정만의 문제가 아니다. 그것은 매우 개인적이고 실험적인 동시에 위험을 지지하는 다른 이들과의 약속에 관한 문제이기도 하다. 미학적 창조 과정에서, 우리는 다른 사람들 역시 중요한 존재라는 사실을 깨닫게 된다. 우리는 다른 이를 필요로 하고 찾아야 한다. 혼자는 우리가 창조한 것만큼이나 위태롭다. 다른 사람의 관심을 얻지 못할 때, 창조물과 더불어 우리 역시 사라지고 만다.

창조에서 겸손은 인간 뇌의 사회적 기능과 밀접한 관련이 있다. 과학자들은 오랫동안 인간의 특출한 뇌 크기가 논리적 기능을 수행하기 위한 진화의 결과물이라고 생각해왔다. 1990년대에 진화인류학자 로빈 던바는 그러한 생각을 검증해보고자 했다. 던바는 다양한 동물 종을 대상으로 체중 대비 뇌 무게와 관련된 세 가지 측면에 집중했다. 첫 번째는 개별적인 혁신적 잠재력 혹은 인식 능력이었다. 두 번째는 거대한 변연엽과 관련된 사회적 학습 능력이었다. 세 번째는 뇌 기능과 직접적인 연관은 없지만, 인간의 사회적 네트워크 규모의 특성과 관련된 능력이었다. 이 중 사회적 네트워크 규모는 뇌 크기와의 연관성이 가장 높은 것으로 나타났다. 생쥐, 곰, 개, 고양이는 홀로 살아가는 경향이 있다. 큰돌고래는 최대 열두 마리가 무리를 지어 다닌다. 반면 인간의 경우 사회적 네트워크 규모는 약 150명에 이른다. 이 숫자는 또한 미국 국내총생산의 절반을 차지하는 중소기업의 평균적인 규모이기도 하다. 우리 뇌는 사회적 집단으로부터 이익을 얻기 위해 적어도 부분적으로 거대한 규모로 진화했다. 당연하게도 우리는 집단을 대단히 중요하게 생각한다(겸손과 공감은 사회적으로 연결된 창조적 삶의 양면이다).

달군 쇠를 만지면 고통을 느낀다. 과학자들은 기능적 자기공명영상(fMRI) 기술을 활용해 시상, 시상하부, 전전두엽 등 뇌의 어느 영역에서 이러한 고통을 느끼는지 지도를 그리고 있다. 사이버볼Cyberball이라는 전자 게임이 있는데, 이 게임에서 플레이어는 두 인공지능 플레이어와 함께 공을 앞뒤로 패스해야 한다. 얼마간 게임이 진행된 후, 미리 프로그래밍된 두 플레이어가 갑자기 그들끼리만 공을 주고받는다. 이때 실제 플레이어는 소외감을 느끼게 된다. 여기서 fMRI 연구 결과는 소외감에 따른 사회적 고통을 느끼는 영역이 달군 쇠를 만졌을 때 고통을 느끼는 영역과 일치한다는 사실을 보여준다. 사회적 고통은 물리적 고통과 마찬가지로 상처를 준다.

'확장된 사회적 신체'라는 개념은 여기서 한 걸음 더 나아간다. 동료가 고통을 겪는 모습을 지켜보는 사람의 뇌에 대한 fMRI 연구는 그 고통이 자신의 것인 양 느끼는 신체적 고통의 신경적 특성을 다시 한 번 보여준다. 사회적 고통을 당한 사람이 타이레놀 같은 진통제를 먹으면 신체적 고통과 마찬가지 효과를 볼 수 있다.

물론 친밀한 관계를 상실하는 것이 손발을 잃어버리는 것만큼 신체에 고통을 주는 것은 아니다. 친구가 칼에 손을 베이는 것을 보는 것은 나 자신이 직접 베이는 것만큼 아프지는 않다. 우리는 언제나 같은 정도로, 혹은 똑같은 방식으로 고통을 느끼지는 않는다. 그러나 또 다른 신경과학 연구 결과에 따르면, 자신의 아이가 부상을 당할 때 어머니가 느끼는 고통은 풋볼 선수가 부상을 당할 때 감독이 느끼는 고통보다 훨씬 더 강력하다. 일반적으로 사람들은 더 끈끈한 사회적 관계가 파괴될수록 더 큰 고통을 느끼는 것으로 보인다.

우리는 사회적 보상을 느끼는 것과 똑같은 방식으로 사회적 고통을 느낀다. 최근 신경과학 연구 결과는 뇌의 보상 시스템은 제비뽑기에서 돈을 딸 때는 물론 다른 사람이 돈을 따는 것을 보았을 때에도 활성화된다는 사실을 보여준다. 인간의 뇌 보상 시스템은 공정함의 개념을 인식한다. 우리는 자신에게는 좋지만 주변 사람에게는 그렇지 못한 일을 할 때, 보상을 충분히 즐기지 못한다. 개인의 고통이나 이익이 불행과 행복을 결정하는 유일한 요소는 아니다. 인간은 다른 사람에게 진정한 관심을 갖고 있다. 주변 사람이 뭔가를 필요로 한다는 사실을 인식할 때, 우리는 자기 자신뿐 아니라 그들에게도 중요한 것을 만들어내고자 한다.

겸손은 자신이 속한 집단이 이익을 얻을 가능성을 높이기 위해 자신이 창조한 것을 수정하도록 만든다. 우리는 창조자 주기를 통해 겸손의 개념을 학습한다. 우리는 실패에 대한 걱정(1단계), 창조한 것을 수정하려는 의지(2단계), 그리고 지속적인 수정(3단계)을 따라 자신이 창조한 것의 가치를 높이고, 동시에 사회적 보상을 얻는다.

인터넷 기술이 발달하면서 개리엇은 MMORPG를 꿈꿨다. 그는 그 아이디어를 일렉트로닉아츠 경영진에 제안했고, 울티마VIII이 실패로 돌아간 순간부터 이를 개발하기 위한 기회를 얻기 위해 회사와 맞서 싸웠다. 그런데 이 아이디어를 어떻게 실현할 것인가? 이와 관련해 구체적인 비즈니스 모델은 아직 나와 있지 않았다. 다만 머드multi-user dungeon(MUD)라는 다중 비디오게임이 1970년대 이후로 존재해왔을 뿐이었다. 하지만 최고의 머드도 가입자 수가 1만 5000명 정도에 불과했고, 이 수치는 일렉트로닉아츠가 투자를 정당화하기 위해 필요로 하는 사용자 규모에 한참 미치지 못했다. 울티마VIII의 실패로 경영진의 신뢰를 잃은 개리엇은 아무도 설득하지 못했다. 그의 통찰력과 순수함은 이번엔 아무런 도움이 되지 못했다. 누구도 이 개척자의 말에 귀 기울이지 않았다. 누구도 개리엇의 도전을 위해 일렉트로닉아츠의 수익을

낭비하길 원치 않았다. 그래서 개리엇과 그의 파트너 스타 롱Starr Long
은 '울티마 온라인'의 지원을 따내기 위해 일렉트로닉아츠 경영진을
상대로 1년에 세 차례 로비를 벌였다. 그러나 돌아온 대답은 매번 '노'
였다.

1995년 아마존은 이와 비슷한 비즈니스 모델로 주목을 받기 시작했
다. 이에 대해 개리엇은 책을 온라인으로 팔 수 있다면 게임도 팔 수
있다고 주장했다. 결국 일렉트로닉아츠 경영진을 설득해 25만 달러의
개발비를 승인받았고, 이를 가지고 게임의 프로토타입을 만들었다. 그
리고 1만 5000명이 넘는 성공적인 머드 게임 사용자 시장이 존재한다
는 사실을 입증해 보였다.

그는 소규모 팀을 중심으로 울티마 온라인의 베타 버전에 대한 연구
를 계속했다. 하지만 시험 사용자를 구할 돈도 없었다. 그래서 울티마
팬들을 대상으로 5달러를 입금하면 최초 베타 버전을 담은 CD를 보
내주는 아이디어를 냈다. 그들은 일렉트로닉아츠의 첫 번째 웹사이트
를 개설해 이를 제안했고, 무려 5만 명이 돈을 보내왔다. 그제야 일렉
트로닉아츠는 그 중요성을 인식하고 자금을 투자하기 시작했다. 본격
적인 베타 테스트 작업이 진행되었다. 이후 울티마 온라인 팀이 수많
은 버그를 모두 해결하기까지는 꼬박 1년이 걸렸다.

베타 버전은 온라인 사용자들의 집단적 항의에서 상호 간 긴밀한 유
대에 이르기까지 지금까지 보지 못했던 흥미로운 온라인 행동을 보여
주었다. 오리진은 베타 테스트 마지막 날 자정에 서버를 완전히 삭제

할 것이라고 발표했다. 다음 날 '울티마 온라인'을 출시할 예정이었다. 드디어 마지막 날, 절대 죽지 않는 영웅 캐릭터인 개리엇의 아바타 로드 브리티시는 가상 세계를 돌아다니며 모든 베타 사용자에게 작별 인사를 고했다. 그런데 베타 버전이 막을 내리기 5분 전, 상상할 수 없는 일이 벌어졌다.

그때 로드 브리티시는 캐슬블랙손 앞에 놓인 다리에 서서 베타 사용자들을 상대로 연설하고 있었다. 그런데 라인즈라는 캐릭터가 갑자기 파이어볼을 뿜어냈다. 두려움을 모르는 로드 브리티시는 그 속으로 천천히 걸어 들어갔다. 그때까지 개리엇의 아바타는 불멸의 존재로 알려져 있었다. 하지만 베타 버전을 마무리하기 위해 서두르느라 개리엇은 마지막 리부팅 이후에 로드 브리티시에게 불멸의 힘을 부여하는 작업을 깜빡하고 말았다.

결국 로드 브리티시는 죽었다.

즉각 대혼란이 벌어졌다. '울티마 온라인' 베타 버전은 대학살로 끝이 났다. 지금도 게임 시장에서는 당시 상황이 MMORPG 역사상 가장 기억에 남을 만한 순간으로 종종 언급되곤 한다.

울티마 온라인 베타 버전의 성공과 로드 브리티시의 죽음은 가상 세계가 아무도 예측할 수 없을 만큼 많은 이들의 관심을 끌어 모을 수 있다는 사실을 보여주었다. 실제로 당시 대규모 온라인 상호 교류는 아무도 예상하지 못했던 형태로 인간 문명의 작동 방식을 바꿔놓기 시작했다. 1997년 수십만 명의 유저가 울티마 온라인 게임을 하면서 깜짝 놀랄 만한 사회적 움직임이 나타나기 시작했다. 그리고 이러한 역동성은 전 세계 유저가 수천만 명에 달하는 온라인 게임의 특징이 되었다.

땅과 검을 산 유저는 울티마 온라인에서 남들보다 앞서갈 수 있다. 이러한 자산을 사들이기 위해서는 게임을 하는 동안에 금을 획득해야 한다. 그러나 일부 유저는 참을성이 없었다. 그들은 시간을 투자하지 않고서도 많은 것을 소유하고, 더 의미 있는 경험을 하길 원했다. 오랜 시간 동안 게임을 해서 많은 금을 확보한 유저는 이베이 같은 곳을 통해 실제 돈을 받고 가상의 금을 팔 수 있다는 사실도 발견했다. 이로 인해 가상 금 거래라고 하는 새로운 경제가 형성되기 시작했다. 심지어 중국에서는 하루 종일 울티마 온라인을 해서 금을 구한 다음 실제 돈을 받고 팔기 위한 회사까지 생겨났다. 가상의 금을 채굴하는 회사들은 울티마 온라인을 하기 위해 인공지능을 개발하기도 했다. 인공지능 플레이어는 더 많은 부를 축적하기 위해 다른 유저를 죽이기 시작했다. 마약상들이 울티마 온라인을 통해 돈세탁을 하는 일까지 일어났다. 반면 규칙에 따라 게임을 하기 위해 가상 세계에 입성한 유저들은 부족과 사회를 형성해서 인공지능을 비롯한 여러 악의적인 세력의 위협으로부터 스스로를 지켰으며, 이러한 집단 내부에서 끈끈한 유대를 형성했다. 심지어 그 안에서 결혼을 하기도 했다. 얼마 지나지 않아 울티마 온라인의 가상 세계는 진짜 세상과 흡사하게 돌아가기 시작했다.

무엇을 해야 할지 탐색하는 과정

창조자 주기	대니 힐리스		리처드 개리엇
아이디에이션 실험 표현	새로운 사용자 인터페이스 공학 실험실 특허권	개척자 탐험	새로운 게임 형태 기업/게임 네트워크 출시

경험학습은 없다/
빠를 것은 언제나 많다

↑

느린
주기

그림 6 중요한 것을 창조하기 위한 두 번째 단계는 가장 길고 험난하다. 창조자 주기가 반복될수록 그 속도는 느려진다. 미개척 영역에서 생존과 끈기는 직관(일종의 본능적 지능)과 의식적인 순수함으로부터 나온다. 순수함은 감수해야 할 위험을 충분히 이해하는, 신중하고 열정적인 학습자인 창조자가 계속해서 개척 활동을 이어나가도록 한다. 그리고 겸손은 빨리 학습하고 수정하고 익숙한 환경에 대한 확신에 의존하지 않도록 도움을 준다.

울티마 온라인을 출시하고 7년의 세월이 흘러, 월드오브워크래프트가 등장했다. 같은 시기에 세컨드라이프도 모습을 드러냈다. 게임 산업은 2016년에 이르기까지 20년 동안 1000억 달러 시장으로 성장했다. 이는 전체 영화 산업의 세 배가 넘는 규모다.

게임은 이제 새로운 의미를 갖게 되었다. 오늘날 게임은 세계적으로 가장 큰 엔터테인먼트 산업일 뿐 아니라, 소셜네트워킹의 지속적인 기반이자, 놀랍게도 21세기 학습을 위한 새로운 플랫폼으로도 자리 잡았다. 멀티유저 온라인 게이밍(게임 중독을 비롯한 여러 신경학적 기능 장애를 유발할 수 있다는 논란도 있지만)을 학습용으로 설계할 때, 호기심을 자극하고 스트레스를 줄이고 맞춤형 학습을 가능하게 하고 기술을 연마하고 민족적·문화적 경계를 넘어 교류를 활성화할 수 있다. 학교를 졸업하기 위해 암호를 개발해 교사의 눈을 속였던 그 창조자는 아이러니하게도 훗날 교사들이 함께 참여하는 학습용 플랫폼 개발에 기여했다. 그리고 미학적 측면을 배울 수 있는, 인간의 호기심과 생존이라고 하는 원시적인 학습 환경으로 학생들을 이끌었다(그림 6).

나는 게임 분야의 개척자와 마지막 대화를 나누고 나서 그의 타운하우스를 빠져나왔다. 나는 그의 경험을 길고 험난하며 과거의 통찰력으로부터 비롯된, 아찔하게 다양한 창조적인 여정을 향한 제단으로, 다가올 순간의 순수함으로, 그리고 인간의 경험이 진화함에 따라 즉각 경로를 변경하는 겸손함으로 기억할 것이다.

즉흥적인 것의
쓸모

        힐리스와 개리엇은 아드리아와 랭거와 같은 미학적 방식으로 창조를 했다. 그들이 만든 것은 창조자 주기에서 아이디에이션과 표현의 중간 단계인 실험의 단계를 잘 보여주는 사례다. 이 두 번째 단계에서 많은 창조자가 열정을 잃어버린다. 힐리스와 개리엇은 디지털 분야에서 오랜 시간을 투자해 이해하고, 새로운 개척자들과 어울리고, 간접 경험을 활용하고, 끊임없이 학습했다. 그들은 스스로를 버티게 해주는 미학적 창조의 세 가지 요소, 즉 직관, 순수함, 겸손을 모두 실행에 옮기고 강화해나갔다. 그리고 결국 발견에 성공했다.

  그들은 우리 모두와 마찬가지로 즉흥 연주자다. 실제로 디지털 창조의 많은 결과물 가운데 즉흥, 다시 말해 드러나지 않는 실험은 점차 성과의 핵심이 되어가고 있다. 구체적인 관습이 존재하는 전통적인 문화 형태(고전 발레, 오페라, 연극 등)가 청중을 잃어버리고 있는 반면, 신선하고 거칠고 즉흥적인 문화 형태(리얼리티 프로그램, 즉흥 랩, 온라인 소셜네트워크)는 활발한 청중 참여와 더불어 기하급수적으로 성장하고 있다. 오늘날 대규모 청중은 예전에 없던 것을 만들어낸 개발자와 창조적인 대화를 나누고 싶어 할 뿐 아니라, 종종 대화를 주도하기도 한다. 그에 따라 사용자가 만들어낸 콘텐츠가 폭발적으로 증가하고 있다.

극장 감독 폴 실스Paul Sills가 종종 지적했던 것처럼, 극장은 언젠가 사라질지 모른다. 반면 즉흥연극은 문화적으로 살아 있다는 것의 의미를 점차 현실적으로 구현해나가고 있다. 실스는 유명한 즉흥연극 극단인 시카고 세컨드시티Second City의 초대 감독이었다. 그 극단의 소속 배우들은 나중에 〈새터데이 나이트 라이브〉에서 〈콜버트 리포트〉에 이르기까지 많은 공감을 얻은 현대적인 코미디 프로그램을 이끌었다. 실스의 어머니 비올라 스폴린Viola Spolin은 20세기 전반에 미국에 즉흥연극을 위한 극장을 세웠다. 세컨드시티 출범 이후에 자신의 고전 작품 〈극장을 위한 즉흥Improvisation for the Theater〉을 최종본으로 출간한 스폴린은 이렇게 말했다. "우리는 경험을 통해, 그리고 경험에 의해 배운다. 그 누구도 우리에게 가르쳐주지 않는다."

스폴린이 말하는 경험이란 지적 · 신체적 · 직관적 감수성이 스며든 환경을 의미한다. 그중 직관은 스폴린에게 가장 핵심적인 개념이다. 즉흥이 가미된 아이디어의 개발은 스포츠 게임과 닮았다. 여기서 아이디어 혹은 초점은 공과 같다.

우리는 공을 가지고 논다. 이 게임에는 스타도 없고, 한 선수와 다음 선수 사이에 구분도 없다. 사람들은 청중이자 동시에 선수다. 감동적

인 즉흥연극은 열정과 공감, 직관, 순수함, 겸손으로 가득 차 있으며,
(현대 문화의 핵심으로 자리 잡았다는 사실 외에도) 중요한 것을 창조하는
협력적인 인간 경험의 상징이 되어가고 있다.

5장

단계 3: 표현
만든 것을 가지고
노는 법

CREATING THINGS THAT MATTER

내 창조성 강의를 들었던 학생인 아이린 니콜라에Irene Nicolae는 면역체계에 도움을 주는 음료수를 개발하겠다는 아이디어를 갖고 있었다. 언뜻 보기에 그 아이디어는 전혀 새로운 것이 아니었다. 성장하는 기능성 식품 분야에 있는 수백 가지 제품이 바로 그런 아이디어에서 출발했다. 바닐라나 강황 같은 향신료에서 구석기 다이어트 같은 새로운 유행에 이르기까지 끊임없이 이어져온 민간 치료법의 흐름을 반영하는 것이기도 했다.

　아이린은 분자생물학과 세포생물학을 공부했고, 최근까지도 밝혀지지 않았던, 위장에서 일어나는 일에 대해 연구했다. 5년 전, 인간 미생물체 프로젝트Human Microbiome Project는 인간의 미소생물학의 유전자 서열에 대한 첫 번째 결과를 발표했다. 박테리아, 균류, 바이러스를 비롯한 다양한 다세포 유기체는 인간의 입, 장기, 피부, 코 등의 신체 부위에 살고 있다. 수많은 미생물들이 장기의 벽이나 상피 외부에 살면서 놀랍게도 면역체계의 일부를 이루고 있음을 감안할 때, 우리는 태어날 때부터 인간 세포보다 훨씬 더 많은 비인간 세포를 갖고 있는 셈이다.

아이린의 설명에 따르면, 오늘날 항생제와 다양한 식품 첨가물이 장기 미생물들을 파괴하고 그 수를 감소시키면서, 비만과 천식, 알레르기, 자가면역 질환 환자가 늘고 있다. 또한 다농이 그들의 제품인 액티비아 요거트를 가지고 실험했던 것처럼, 프로바이오틱 박테리아를 첨가한 새로운 식품 제품이 물질대사와 관련해 상주하는 박테리아의 유전적 형태를 바꿀 수 있다는 사실을 보여주었다. 그러나 과학자들은 현재 시장에 나와 있는 프로바이오틱 식품의 박테리아 함유량은 살아 있는 박테리아의 생존율이 긍정적인 효과를 나타내기 위해 필요한 수준보다 훨씬 낮다고 지적한다.

아이린은 건강관리 분야에서 충족되지 않은 수요와 기회가 있음을 발견했다. 특히 비만, 크론병, 기본적인 면역 질환에 도움이 될, 수십억 마리의 박테리아가 살아 있는 음료수를 개발하고자 했다. 젊은 사람이 신선한 자연식품을 먹고, 충분한 수의 프로바이오틱 박테리아가 함유된 신선 가공 식품을 보충적으로 섭취한다면, 체내 미생물 수를 회복해 면역 질환의 상승세를 억제할 수 있을 것이다. 아이린은 미생물군 스무디에서 박테리아를 살아 있게 만들 수 있다면, 그리고 사람들이 매일 이를 섭취하도록 한다면, 건강관리에 실질적인 도움을 주는 기업을 설립할 수 있을 것이라고 확신했다.

아이린은 하버드의 공학 및 응용과학 대학원 내 연구실과 손잡고 박테리아를 배양해 스무디 형태의 식품으로 만드는 연구에 착수했다. 그녀는 각종 과일과 천연 감미료, 아이스크림이나 우유 같은 일반적인 식품을 가지고 다양한 형태의 식품을 만들어볼 계획이었다. 또한 연구실 동료들에게 박테리아의 생존 가능성을 보여주면서 자신이 만든 제품을 시험적으로 먹어볼 것을 권했다. 이들 중 몇몇은 스무디를 매주 음용했다. 많은 이들이 흥미를 보였다. 하지만 아무도 식습관을 바꾸려 하지 않았고, 기존에 먹던 스무디를 끊지도 않았다. 물론 아이린의 아이디어는 멋진 것이었고, 언젠가는 사람들이 더 건강한 삶을 사는 데 실질적인 도움을 줄 수 있을 것으로 보였다. 하지만 그녀의 동료들은 지금껏 먹어왔던 음료를 포기하지 못했다.

아이린의 아이디어는 훌륭했다. 그 아이디어는 의사나 간호사의 도움 없이도 건강관리법을 개선하는 데 많은 도움을 줄 것으로 보였다. 그녀의 논리는 대단히 합리적이었고, 비즈니스 성공 가능성도 높아 보였다. 하지만 사람들이 그녀가 개발한 스무디를 좋아하지 않는다면 아무런 소용이 없을 터였다(새로운 음료수에 소비자가 열광하도록 만드는 것은 특히 힘든 문제다). 그에 비해 박테리아의 안정성은 부차적인 문제로 보였다. 그녀는 동료들에게 그들이 원하는 것을 줘야만 했다.

과연 그게 뭘까?

학기 말에 나는 아이린과, 역시 소비자 행동을 바꾸려는 아이디어를 갖고 있던 학생인 설리를 초대해서 하버드스퀘어에서 상연하고 있던 〈동키쇼〉라는 연극을 보러 갔다. 우리는 거기서 아메리칸 레퍼토리 시어터(ART)의 수석 프로듀서인 다이앤 보거Diane Borger를 만났다. 보거는 영국 극단 펀치드렁크가 제작한 〈슬립노모어〉라는 연극을 들고 런던에서 ART로 넘어왔다. 셰익스피어의 〈맥베스〉를 각색한 즉흥연극인 〈슬립노모어〉는 버려진 창고 같은 곳에서 상연되었다. 〈슬립노모어〉는 맨해튼으로 건너갔고, 이후 뉴욕과 유럽, 그리고 보스턴에서 20년 가까이 공연된 〈동키쇼〉의 성공 기반을 닦아놓았다. 〈동키쇼〉는 셰익스피어의 〈한여름 밤의 꿈〉을 1970년대 디스코 유행을 가미해 각색한 작품이었다. 사람들이 좋아하는 노래와, 배우와 관객 사이의 벽을 허무는 안무를 조합한 이 뮤지컬은 아이린이 원하는 뭔가를 주었다. 특히 다른 곳에서 볼 수 없는 셰익스피어 작품의 특별한 미학을 현대의 관객에게 선물했다. 〈동키쇼〉는 셰익스피어 작품을 현대 언어로 보여줌으로써 대중의 공감을 얻고 행동을 바꿔놓았다. 엘리자베스 시대의 연극이 이런 일을 가능하게 했다면, 마이크로바이옴(미생물microbe과 생태계biome의 합성어―옮긴이) 스무디도 얼마든지 가능하지 않겠는가?

극장에 도착했을 때, 보거는 빽빽한 군중을 뚫고 우리에게 달려왔다. 그때 음악이 울려 퍼지기 시작했다. 그녀는 내 귀에 대고 소리를 질렀다. "공연이 언제 시작되는지 알아맞혀보세요." 나는 당연히 쉬울 거라 생각했다. 우리는 관객석이 내려다보이는 테이블에 자리를 잡았다. 우리 자리는 완벽하게 좋았다. 시선을 방해하는 것은 아무것도 없었다. 요정들이 난간에 매달려 있다가 뛰어넘는 모습이 보였다. 옷을 별로 걸치지 않은 근육질 남성들이 움직임을 통해 뭔가를 형상화했다.

곧이어 요정 여왕이 무대에 나타났다. 조금 전까지 그 여왕이 내 근처에 있었는데 말이다! 그렇다면 나는 공연 시작을 놓친 셈이다. 나는 공연 중간에 화장실을 가다가도 요정 여왕과 마주쳤다. 그때 그녀는 다른 의상으로 갈아입은 모습이었다. 쇼는 모든 곳에서 열리고 있었고, 동시에 어느 곳에도 없었다. 공연은 그렇게 흘러갔고, 아이린과 설리는 요정 왕 오베론과 함께 춤을 췄다.

사람들이 예상치 못한 행동을 하게 만들고, 이를 즐기고, 삶의 방식을 바꾸도록 만드는 일은 다른 사람의 관심사에 주의를 기울이고, 그들이 한 번도 상상하지 못했던 것을 제공한다는 뜻이다. 이는 말하자면 창조자의 공놀이다. 즉흥연극의 창조자는 그들이 만든 것을 다른 이들과 이리저리 주고받는다. 이러한 공놀이를 가능하게 만들어주는 것은 미학적 지능과 세부 사항에 대한 강박적인 집요함이다. 중요한 것을 창조하는 과정의 이 마지막 두 가지 요소는 오손 웰스가 영화에, 허비 행콕이 재즈에, 그리고 스티븐 손드하임이 뮤지컬에 도입한 것이다.

앞서가는 예술가와 디자이너에 관해 내가 다음에 들려주고자 하는 이야기는, 그 두 가지 요소가 어떻게 나타나고 오늘날 창조적인 삶에서 어떻게 성장하는지 잘 보여준다.

미학적 창조는 모든 형태의 개척적인 혁신을 포괄한다. 우리는 스스로 원하기 때문에 창조한다. 우리 뇌가 보상받기를 원하기 때문에 창조한다. 이러한 사실은 우리가 창조에 더 능숙하도록 만들 뿐 아니라, 그 과정에서 우리를 행복하게 만들어주는 생각과 느낌을 더욱 강화해준다.

미학적 지능:
새로운 언어로
나타내는 능력

　　　　　　　　　　다이앤 파울루스는 아메리칸 레퍼
토리 시어터의 예술감독이자 토니상을 수상한 〈헤어〉, 〈거쉰의 포기와
베스〉, 〈피핀〉의 브로드웨이 리메이크작의 창작자다. 또한 브로드웨이
와 천체 투영관, 디스코클럽, 도시 거리를 넘나드는 현대적인 형태의
극장을 개척한 인물이다. 그녀는 관객들에게 편견이나 권력 남용처럼
사회를 분열시키는 것을 자세히 들여다보도록 하면서도, 오페라 같은
무대 공연을 통해 거대한 군중과 더불어 우리를 하나로 묶는 보기 드
문 능력을 보여주었다.

　머리카락을 길게 늘어뜨린 파울루스는 무척 사교적이고 매력적인
여성이다. 마치 우리에게 뭔가 중요한 할 이야기가 있고, 우리가 그 사
실을 이해하길 바란다는 듯, 호기심 가득한 푸른 눈동자는 상대방을
자연스럽게 대화로 끌어들인다.

　파울루스는 뉴욕 링컨센터에서 네 블록 떨어진 동네에서 자랐다. 그
녀의 어머니는 일본인이고 아버지는 미국인이다. 미국 중심부에서의

삶과, 그러한 경험을 확장시키는 것은 그녀의 인생 주제다. 그녀는 한 때 정치 경력을 쌓고자 했고, 뉴욕 시장 출마를 생각한 적도 있었다. 하지만 지금은 자신이 정말로 사랑하는 일을 하고 있다. 그것은 새롭고 매력적인 극장을 짓는 일이다. 그녀는 자신이 만든 모든 것이 우리 사회의 자산이라는 사실을 한 번도 잊은 적이 없다. 대화를 나누는 동안 파울루스가 따뜻하고 직설적이고 유능한 사람이라는 느낌이 강하게 들었다.

어릴 적 러시아 출신의 미국 무용가 밸런친과 바리슈니코프와 함께 무대에 섰던 적이 있는 젊은 파울루스에게, 예술이란 1970년대와 1980년대 뉴욕의 더럽고 위험한 구역을 제외하고 모든 곳에 존재하는 것이었다. 그녀에겐 몇 가지 아이디어가 있었지만, 그것을 얼마나 정확하게 실행에 옮길 수 있을지는 불투명한 상태였다. 시장이 되겠다는 꿈을 접은 뒤, 파울루스는 1980년대 중반 하버드에 입학했다. 거기서 곧장 공연예술 쪽으로 방향을 틀었다. 당시 그녀는 뉴욕 출신의 친구 랜디 웨이너Randy Weiner와 자주 어울렸는데, 그 역시 하버드에 입학했다. 어려서 운동을 즐겼고 신경외과 전문의가 되기 위해 하버드에 입학한 웨이너는 파울루스와 완전히 다른 기질의 소유자였으며, 관심사도 달랐다. 파울루스와 웨이너는 각자 다른 길을 걸었기에 파울루스는 오히려 자신의 경험과 감정에 대해 마음 편히 그와 이야기를 나눌 수 있었다. 1995년에 두 사람은 결혼했다. 웨이너는 아메리칸 레퍼토리 시어터 갈라쇼에서 파울루스와 같은 테이블에 앉아 내게 이렇게 설명했다. "결국 만나게 될 운명이었죠. 다이앤은 언제나 열정적이었습니다. 항상 새로운 글을 읽고, 공연을 보고, 혹은 캠퍼스에서 새로운 작품에 출연했습니다. 그 모든 것이 그녀를 열광하게 했고, 더 큰 존재로 만들어주었습니다. 전 생화학 연구에 매진했죠. 하지만 확신은 없었어요. 그녀는 행복해 보였지만 저는 아니었죠."

파울루스는 하버드를 졸업하고 연극계에서 경력을 쌓기로 결심했다. 웨이너 또한 그녀를 따르기로 했다.

원래 파울루스는 배우가 되고 싶었다. 그녀는 19세기 사라 베르나르가 활동하던 파리, 혹은 찰리 채플린이 활약하던 초창기 TV 세상과 비슷한 풍요롭고 역동적인 연극 세상을 꿈꾸었다. 그러나 1988년 무렵 극장 관객 수는 이미 감소세에 접어들었다. 1930년에는 미국 인구의 약 65퍼센트가 매주 극장을 찾았지만, 1988년에 그 비중은 9퍼센트로 떨어졌다. 사람들이 단지 극장에 덜 가는 것만은 아니었다. 현대 기술과 편의성의 시대에 사람들이 함께 어울릴 이유가 그만큼 줄어든 것이다. 이는 살인사건의 기록 갱신과 더불어, 뉴욕은 물론 극장에도 좋지 않은 일이었다. 그래도 파울루스는 그 길을 택했다. 그녀에게는 다행스럽게도, 세컨드시티 설립자 폴 실스가 마이크 니컬스Mike Nichols와 함께 새로운 연극학교인 뉴액터스 워크숍을 열었다. 파울루스는 오디션을 보고 우등생으로 합격했다.

그녀는 이렇게 말했다. "우리는 끊임없이 극장 놀이를 했어요." 이는 비올라 스폴린이 즉흥연극에 대해 언급했던 공놀이를 의미하는 것이었다. 또한 관객의 신뢰를 얻고, 유지하고, 더 나아가 인상적인 실험과 학습의 공통적인 경험을 창조하는 것을 뜻했다.

파울루스는 2년 동안 뉴액터스 워크숍에서 공부했고, 이후 브로드웨이가 아닌 펄시어터Pearl Theater에서 경력을 쌓기 시작했다.

그러던 어느 날, 파울루스의 에이전트가 그녀에게 '베트남 술집 여자처럼 보이고 싶지 않으면 펌을 하라'고 말했고, 그녀는 뭔가 잘못되었다고 느꼈다. 머릿속이 복잡했다. 파울루스는 연극을 사랑했고 재능도 있었다. 하지만 자신이 하는 일에서 자유를 원했고, 함께 일하는 동료에게도 그러한 자유를 선사해주고 싶었다. 그녀가 보기에 배우는 관객과 진솔한 대화를 나눠야 하는 존재였다.

파울루스는 몇몇 동료를 불러 모았다. 그러고는 이렇게 선언했다. "극단을 만듭시다." 그녀의 결정은 어퍼웨스트사이드 커뮤니티 가든에서 그림 동화를 상연했던 첫 번째 작품으로 이어졌다.

그녀는 이렇게 말했다. "극장을 기존의 공간적 한계로부터 해방시키는 작업에 관심이 있습니다. 극장을 거리로 옮겨놓고 싶어요. 모두가 쉽게 접근할 수 있는 공동체 속으로 가져오는 겁니다."

머지않아 파울루스는 실스와 마주 앉아 어떻게 연극 연출 분야에서 경력을 쌓을 수 있을지에 대해 논의했다. 어디서 시작해야 할까? 당시 실스는 위스콘신 도어카운티에 농장을 소유하고 있었다. 그는 이 농장 부지를 활용해 연극 게임 워크숍을 열었다. 그러면서 파울루스에게 꼭 와달라고 당부했다. 1991년 겨울 휴가 때 파울루스는 도어카운티 지역

상공회의소와 회의를 했다. 실스의 격려에 용기를 얻은 그녀는 도어카
운티에 공동체 극장을 세우는 방안을 제시했다.

미시간호 위쪽에 자리 잡은 아름다운 반도 지역인 도어카운티는 여
름 휴양지로 알려져 있었다. 파울루스는 새로운 극단이 지역 커뮤니티
와 협력관계를 맺을 수 있다고 설명했다. 뉴욕에서 동료 배우들과 함
께 돌아왔던 1992년 여름, 파울루스는 블루 서클 시어터Blue Circle Theater
를 설립하기 위해 3만 달러를 모금했다. 그리고 이듬해 셰익스피어의
〈템페스트〉를 최초의 록 버전으로 만든 〈프로스페로의 복수Prospero's
Revenge〉를 자신의 새로운 극단 프로젝트400을 통해 연출했다.

웨이너가 쓴 〈프로스페로의 복수〉는 놀라운 방식으로 선을 보였다.
파울루스가 뉴욕에 있었다면 아마도 자신이 알고 있는 배우와 음악가
에게 주목했을 것이며, 전통적인 뮤지컬 극장을 세웠을 것이다. 하지
만 위스콘신의 시골에서는 어떻게 시작해야 할지 감을 잡을 수 없었
다. 어느 날 저녁 웨이너와 파울루스는 인근 술집에 앉아서 도어카운
티의 유명 밴드인 빅마우스의 음악을 듣고 있었다. 그때 아이디어 하
나가 머리를 스쳐 지나갔다. 라이브 공연이 잠깐 멈췄을 때, 그녀는 리
드 기타리스트이자 보컬이자 작곡가인 제이 휘트니Jay Whitney에게 다
가가 자신을 소개했다. 그녀는 웨이너와 함께 완전히 새로운 뮤지컬을
창작하고 싶었다. 휘트니와 그의 밴드 멤버들 역시 음악을 작곡하고
연주하는 일에 관심이 있을 것이라고 생각했다. 휘트니는 그녀의 제안
에 흥미를 보였고, 멤버들과 상의해보겠다고 했다. 그러나 다음에 그

술집을 다시 찾았을 때, 휘트니는 실망스러운 소식을 전했다. 밴드 멤버들도 함께 작업하길 원하지만, 시간이 없다고 했다. 그들에게는 어린 자녀가 있었고, 아내들은 남편이 아이들과 더 많이 놀아주길 원했다. 파울루스는 멤버의 자녀들이 공연을 할 수 있는 나이인지 물었다. 사실 그녀는 〈프로스페로의 복수〉에 아이들을 출연시킬 생각이 있었다. 연습은 밴드가 공연을 시작하기 전 술집 무대에서 하면 되고, 그러면 밴드 멤버들이 집에서 아이들과 함께 보내야 할 시간을 낭비하지 않아도 될 것이었다. 파울루스의 전략은 결국 그들의 아내를 설득하는데 성공했다. 극장 프로젝트는 그렇게 시작되었다.

파울루스는 한 번도 가보지 않은 길을 걸었다. 그리고 진정한 목소리에 귀 기울이고 이를 받아들였다. 그 결과 〈프로스페로의 복수〉는 그녀가 열망했던 문화적 담론의 형태로 모습을 드러냈다. 그해 여름 그 록 뮤지컬은 하나의 유행이 되었고, 노래는 그 일대에서 인기를 모았다. 특별한 일이 도어카운티에서 일어났고, 문화적 현상으로 퍼져나갔다. 〈프로스페로의 복수〉가 무대에 오르기 전부터 도어카운티에 이미 수많은 팬들이 있었고, 마침내 막이 올랐을 때 많은 이들이 몰려들었다.

셰익스피어의 〈템페스트〉가 새로운 청중의 마음을 두드렸다. 그것은 파울루스가 문화적으로 살아 있는 목소리로 전했기 때문에 가능한 일이었다. 누구나 다 아는 이야기를 새로운 형식으로 들려주었던 것이다.

*　　*　　*

　창조의 여섯 번째 측면인 미학적 지능aesthetic intelligence은 미학적 언어를 인식하고 해석하는 능력이자, 그 언어를 가지고 다른 사람에게 감동을 전하기 위한 새로운 아이디어를 표현하는 능력을 말한다. 우리는 미학적 지능의 개념을 정치적 본능에 반해 생각하도록 자극하는 정치인의 표현 속에서 발견할 수 있다. '자유', '광신', 혹은 '위선'이라는 전략적 용어를 사용해 미국 유권자들을 오른쪽, 왼쪽으로 밀어붙이는 정치적 압박 속에서도 발견할 수 있다.

　아이러니는 종종 미학적 지능이 무엇인지 분명히 드러내준다. 내 아이들이 성장한 공간인 파리에서 그들의 사회적·교육적 경험의 프레임이 되는 것은 규율과 질서, 계층이었다. 학교에서 아이들은 교사에게 공식적으로 'vous(당신)'이라는 호칭을 사용했는데, 그것은 내 친구들이 우리집에 놀러왔을 때 아이들이 침실에서 나와 손키스를 하면서 '봉주르 무슈, 봉주르 마담'이라고 인사하는 것과 똑같이 공손한 표현이었다. 내 아들들은 아이러니를 만능연고처럼 사용했다. 아이러니는 아이들이 비판하고, 긴장을 풀고, 실제로 생각한 것을 표현하고, 반항적이고 은밀한 청소년기 사고를 만나게 해주는 요술봉이었다. 미국으로 이주한 후, 나의 세 아들은 전혀 다른 사회적 환경에 놓이게 되었다. 미국에서 아이들은 교사의 이름을 부르고, 휴대전화를 교실로 가지고 들어갔다(파리의 학교에서는 개인용 전자기기의 교실 반입이 금지된다).

미국으로 건너온 지 몇 달 후에 막내아들 티에리는 내게 이렇게 말했다. "친구들이 내 농담에 웃질 않아요. 파리에서 나는 재밌는 애였는데. 여기 애들은 그냥 멀뚱멀뚱 쳐다만 봐요." 아들의 새 학교에서 아이러니는 웃긴 것과는 거리가 멀었고, 아이러니가 모습을 드러냈을 때, 그것은 티에리가 아직 이해하지 못한 문화에 속해 있는 것이었다.

마크 디온Mark Dion의 현대 예술 작품 〈사우스플로리다 야생구조대 South Florida Wildlife Rescue Unit〉는 이와 비슷한 방식으로 미학적 지능을 잘 보여주었다. 디온이 설치한 노란색 버스는 에버글레이드 습지로 가서 인간의 문명으로부터 위협받고 있는 생태계를 구하기 위해 설계된 가공의 '구조대'를 의미한다. 그의 작품은 부분적으로 생물 다양성의 필연적인 감소를 억제하고자 노력하는 정책 결정자를 아이러니하게 묘사한다. 2006년 마이애미 아트커뮤니티에 설치된 〈사우스플로리다 야생구조대〉는 2017년 가을 현대미술연구소Institute of Contemporary Art에서 주최한 디온의 첫 번째 미국 회고전의 일환으로 보스턴에 와 있었다. 디온은 컬럼비아대학에서 온 자신의 학생들에게 전시회를 둘러보게 했고(나는 내 아들을 따라 방문했다), 푸드트럭처럼 창문을 열어놓은(그 안으로 약병, 새장, 오래된 책이 보이는) 노란 버스 앞에 서서 이렇게 말했다. "예전에는 현대 미술 관객은 규모가 작았지만 주제를 잘 파악하고 있었고, 비교적 공통적인 문화를 공유하고 있었습니다. 그들은 저의 아이러니가 무엇을 의도하는지 이해하죠. 이제 관객은 훨씬 늘어났습니다. 그렇지만 그들 모두가 내 의도를 이해하는 것은 아니죠."

주변 환경이 변할 때, 우리는 미학적 지능을 활용해 적응한다. 정적인 세상에서는 창조가 이뤄지는 것처럼 보여도 새로운 것은 등장하지 않는다. 변하지 않는 세상에서 창조물은 단지 기존에 존재하던 것들의 연장일 뿐이다. 상대적으로 미미한 형태로 변화하는 '현실' 세상에서, 창조물은 기능을 향상시키거나 외형을 좀 더 나아 보이게 (아이폰8에서 아이폰X으로 넘어가는 경우처럼) 할 뿐 우리의 생각과 삶을 근본적으로 바꾸는 것은 아니다. 변화의 정도가 미미한 세상에서 설계할 때, 창조자의 가치는 작동 방식에 대한 이해와 그 방식에 대한 개선, 그리고 마케팅에 있다.

반면 빠르게 변화하거나 미개척 분야를 경험하는 세상에서 창조자의 가치는 듣고 보고 새로운 상황을 관찰하고 이를 고유한 방식으로 표현하는 데 있다. 지속적이고 빠르게 변화하는 세상을 만들어내는 창조자는 자신이 할 수 있는 일을 탐험하는 것은 물론, 새로운 창조로 이어지는 논의에 참여하기 위한 미학적 언어를 발견해낸다. 혁신적인 창조자는 완전히 새로운 환경 정책이나 건축물 혹은 시를 상상한다. 창조자가 자신이 만든 것이 다른 사람들에게도 정말로 중요한지를 알려면 공유해야 한다. 창조자가 자신의 아이디어를 공유할 때, 지루하고 쓸모없고 불편한 것으로 드러날 수도 있다. 하지만 그가 자신의 아이디어를 미학적 지능으로 표현할 때, 창조를 위한 담론이 시작된다. 사람들은 그가 창조한 것을 인식하고 소비하고 언급한다. 창조자는 미학적 즐거움을 통해 사람들의 관심을 자극하고, 이러한 관심은 더욱 면밀한 관찰을 촉진하고, 이는 다시 다른 방법으로는 얻을 수 없는 통찰력을 창조자에게 가져다준다. 어쨌든 우리를 황홀하게 만들어주는 것을 무시하기는 힘든 일이다.

인간의 뇌는 평생에 걸쳐 미학적 인식 능력을 개발한다. 그중 일부는 타고난다. 가령 감각적 고립(다리 위에 홀로 서 있는 사람을 볼 때), 감각적 연합에 따른 구분과 통합(그뤼에르치즈와 신선한 포도의 맛을 조합할 때), 혹은 고유한 특성(대칭과 대조)이 그렇다. 그러나 일반적으로 우리의 시선을 사로잡는 것은 맥락이다. 시각, 후각, 미각, 청각의 인식에 걸친 최근의 뇌 연구는 아름다움에 대한 우리의 판단이 특정한 시간과 장소, 그리고 생물학에서 우리 뇌가 긍정적 혹은 부정적 유의성valenc과 어떻게 연결 짓느냐에 따라 달라진다는 사실을 보여준다. 조르주 브라크의 그림을 보거나 핫퍼지선데를 맛보고 그 향을 느낄 때, 아름다운 대상에 대한 인식은 우리 뇌의 특정한 영역을 활성화시킨다.

다이앤 파울루스는 위스콘신에서 다섯 번의 여름을 보내는 동안 자신의 미학적 언어를 가다듬었다. 이는 창조자 주기의 첫 번째 단계에 해당한다. 다이앤의 첫 번째 단계는 대단히 성공적이었다. 도어카운티 공동체의 예술 후원자들은 낡은 치즈 공장을 극장으로 개조하기로 결정했다. 그러나 파울루스는 아직 완전한 준비가 되어 있지 않았다. 그녀는 현대적인 위스콘신 언어로 세계적인 극작가의 작품을 새롭게 표현하는 데는 성공했지만, 자신만의 표현적인 언어를 만들어내는(창조자 주기의 두 번째 단계) 데에는 여전히 도달하지 못한 상태였다.

파울루스는 앤 보가트와 안드레이 서번이 이끄는 컬럼비아대학의 연극 프로그램에 지원했다. 미국 연극계의 기둥인 보가트는 스즈키 다다시鈴木忠志와 함께 SITI(Saratoga International Theater Institute)를 공동 설립했다. 또한 스즈키 연기 훈련법의 창시자이기도 하다. 보가트는 SITI컴퍼니의 예술감독을 맡았으며, 메리 오벌리Mary Overlie의 연기에 대한 여섯 가지 관점을 스즈키 훈련법에 접목한 즉흥 앙상블 구축 기술을 가르쳤다. 1994년 가을 파울루스가 컬럼비아대학에 들어갔을 때, 보가트는 폴 실스에 이어 그녀의 두 번째 스승이 되었다. 즉흥적인 게임, 연기 훈련, 스즈키 훈련법에 대한 경험과 더불어 현대 연극에 집중함으로써 보가트는 파울루스가 어릴 적부터 매력을 느꼈던 신체적 표현을 강조하는 미학적 언어를 개발하도록 도와주었다.

컬럼비아에서 파울루스에게 영향을 준 또 다른 사람은 루마니아 출신의 연출가 안드레이 서번이었다. 그는 루마니아에서 성장했는데, 〈줄리어스 시저〉의 대담한 버전으로 화제를 모았다. 이 공연에서 관객은 다리 아래에 앉아 시저가 암살당하는 장면을 슬로모션으로 지켜봤다. 그 경험은 전쟁으로 폐허가 된 삶의 트라우마로부터 벗어나고 싶어 하는 루마니아 관객들을 충격에 빠뜨렸다. 파울루스가 연극에서 얻고자 했던 경험이 바로 이런 것이었다.

컬럼비아대학을 졸업한 뒤 파울루스는 웨이너와 결혼했고, 이후 두 사람은 새로운 도전을 시작했다. 그것은 바로 〈한여름 밤의 꿈〉을 현대적인 형태로 무대에 올리는 것이었다. 파울루스와 웨이너는 오늘날의 관객에게 혼란을 줄 수 있는 스토리라인을 과감하게 덜어냈다. 파울루스는 스튜디오54를 떠올렸다. 그곳은 마이클 잭슨, 앤디 워홀, 엘리자베스 테일러, 믹 재거 같은 당대의 스타들이 종종 들르던 뉴욕의 전설적인 디스코클럽이었다. 문을 닫은 지 20년이 흘렀지만, 그곳은 여전히 뉴요커들의 기억에 남아 있었다. 파울루스와 웨이너는 셰익스피어의 연극을 아테네 숲에서 뉴욕의 디스코클럽으로 옮겨놓고자 했다. 요정 왕 오베론은 나이트클럽 대표가 되었다. 그들은 유명한 디스코 음악을 사용함으로써 티타니아가 생각지도 못한 일을 하도록 만들었던 군중의 열정을 전달하고자 했다. 웨이너는 'Car Wash', 'We Are Family', 'You Sexy Thing', 'I Love the Nightlife' 등 1970년대 말에 사람들이 즐겨 들었던 노래를 조사했다. 그가 생각하기에 가사는 전혀 손댈 필요 없이 완벽하게 들어맞았다. 파울루스는 요정들을 위해 노출이 많고 금속 장식이 달린 디스코풍 의상을 마련했다. 그 공연은 뉴욕 로어이스트사이드로 왔고, 피아노스토어라는 상점극장에서 막을 올렸다(창조자 주기의 세 번째 단계).

1999년 8월 18일 〈동키쇼〉는 6주 계약으로 첼시에 있는 엘플라밍고 클럽에서 막을 올렸다. 그리고 1000회의 공연이 끝난 2002년 11월, 《플레이빌Playbill》은 이 작품을 문화적 현상이라고 극찬했다. 이후 공연은 수년 동안 매진을 이어갔다. 배우들은 단지 디스코음악에 맞춰 춤추기만 한 게 아니었다. 마법의 약물 요정 퍽은 롤러스케이트를 신고 날아다녔고, 라이샌더는 기둥에 올라가서 객석을 향해 몸을 굽혀 보였다.

디미트리는 관객 테이블에 올라가 춤을 췄다. 늙은 앤디 워홀처럼 분장한 오베론은 클럽을 마구 활보하면서 다가올 위험을 암시했고, 강력하고 위압적인 외모의 요정 여왕 티타니아는 한 요정의 품에서 다음 요정의 품으로 달려갔다. 쿵쿵대는 1970년대 디스코음악 속에서 한 시간 동안 액션이 펼쳐졌다.

그로부터 몇 년이 흘러 나는 내 학생인 아이린과 설리, 그리고 흥분한 관객과 함께 그 쇼를 관람했다. 〈동키쇼〉는 생생함과 독창성으로 관객의 마음을 흔들어놓았다. 2002년 1월 《아메리칸 시어터American Theatre》에 르노라 아이네즈 브라운Lenora Inez Brown은 이렇게 썼다. "그 공연은 연극의 한계를 허물었다."

《동키쇼》는 6년간 유럽 전역에서 관객들을 만났다. 파울루스가 아메리칸 레퍼토리 시어터 예술감독으로 취임한 2009년, 그 공연은 매사추세츠주 케임브리지로 무대를 옮겼다. 당시 파울루스는 1968년 히피 반문화운동을 무대로 옮겨놓은 브로드웨이 록 뮤지컬이자 토니상을 수상한 〈헤어〉의 40주년 재공연의 연출을 맡고 있었다. 파울루스의 〈헤어〉는 〈동키쇼〉와 똑같은 미학적 언어를 사용했다. 《타임》의 한 평론가는 이렇게 언급했다. "〈헤어〉는 그 어느 때보다 더 대담해졌다."

케임브리지에서도 〈동키쇼〉는 매진 행렬을 이어갔다. 런던에서 65년이라는 최장기간 상연된 추리극인 〈쥐덫〉과 30년 동안 이어진 뮤지컬 〈오페라의 유령〉이 장악한 세상에서, 〈동키쇼〉는 2009년부터 우리가 관람했던 2017년까지 매주 토요일 밤마다 무대에 올랐다.

〈동키쇼〉는 셰익스피어의 〈한여름 밤의 꿈〉을 단순화하고 요약하고 새롭게 해석했다. 이 작품은 원작에 충실하기보다는 현대적인 해석에 더욱 집중함으로써 오래된 작품을 새로운 관객에게 가져다주었다. 이 러한 측면에서 이 작품은 하버드 비즈니스스쿨 교수 클레이튼 크리스 텐슨이 그의 고전 《혁신기업의 딜레마》에서 언급했던 파괴적 혁신의 사례에 해당한다. 크리스텐슨이 지적했듯이, 휴대용 계산기는 비록 기 능이나 콘텐츠를 상대적으로 축소하기는 했지만, 데스크톱 계산기를 혁신했다. 싱클레어 케임브리지 같은 최초의 휴대용 계산기는 간단한 계산 작업을 수행하고, 제한된 수의 데이터 저장 작업을 가능하게 해 주었다. 유명한 데스크톱 계산기에 비해(당시 캐논과 텍사스 인스트루먼츠 는 수백 개의 트랜지스터를 포함한 계산기를 생산했다) 휴대용 계산기의 연 산 속도는 느렸다. 추상적인 기능을 포함하는 일부 작업은 실제로 부 정확했다. 비록 기존 계산기에 비해 성능은 떨어졌지만, 휴대용 계산 기는 핵심적인 계산 기능은 그대로 두고, 휴대성과 경제성에 대한 당 시의 요구를 수용함으로써 계산기 시장을 완전히 뒤집어놓았다. 크리 스텐슨의 주장에 따르면, 파괴적 혁신이란 새로운 요구를 인식하고 기 존 요구 사항을 충족시키면서 미래를 개척해나가는 일이다.

다이앤 파울루스는 이러한 형태의 혁신을 극장으로 가지고 왔다. 그 녀의 작품은 힙합에서 랩과 현대 미술에 이르기까지 현대 문화 전반 에 나타나는 필연적 결과다. 런던에 기반을 둔 아티스트 집단인 랜덤 인터내셔널Random International의 현대 예술 작품 〈레인룸Rain Room〉 역시 그러한 예다.

* * *

〈레인룸〉은 2012년 런던 바비칸센터의 빗방울로 가득한 반원 모양의 회랑에서 첫선을 보였다. 관객이 회랑을 걷거나 뛰어다니면 그 궤적을 따라 비가 멎는다. 그래서 사람들은 젖지 않는다. 전시가 시작되자마자 많은 관람객이 입장하기 위해 줄을 섰다. 레인룸에 들어선 사람들은 예상치 못한 행동을 했다. 그들은 거기서 춤을 추고 노래를 불렀다. 뛰어다니기도 했다. 연인에게 프러포즈를 하는 사람도 있었다. 레인룸은 물방울로 가득한 즉흥 극장으로 모습을 드러낸 현대 예술 작품처럼 보였다.

호기심 가득한 큐레이터 한스 울리히 오브리스트Hans Ulrich Obrist는 랜덤 인터내셔널을 설립한 아티스트 세 명을 초빙해 런던 서펜타인 갤러리Serpentine Gallery에서 강연을 열었다. 레인룸이 의미하는 것은 무엇인가? 지금까지 이러한 작품은 없었다. 데미언 허스트의 〈살아 있는 자의 마음속에 있는 죽음의 육체적 불가능성〉처럼, 영국의 다양한 예술 작품은 대중의 상상력을 사로잡아왔다. 그러나 〈육체적 불가능성〉은 하나의 오브제로서, 포름알데히드 속에서 썩어가는 상어다. 반면 〈레인룸〉은 신기루만큼 덧없다. 그것은 순수한 경험 그 자체다. 편집된 자연이다. 우리 시대의 산물이다.

2013년 〈레인룸〉이 뉴욕 현대미술관(MoMA)에 전시되었을 때, 관객의 줄은 런던보다 더 길었다. 어떤 이들은 24시간을 기다려 입장했다. 트위터와 인스타그램은 현기증과 피로를 호소하는 증언으로 넘쳐났다. 상하이에서도 똑같은 일이 벌어졌다. 다음으로, 몇 년 동안 가뭄이 지속되던 로스앤젤레스의 카운티 아트 뮤지엄에서는 새로운 형태의 소동이 일었다. 부모들은 태어나서 아직 비를 보지 못한 아기를 데리고 왔고, 떨어지는 빗속에서 아기의 작은 몸을 재빨리 움직여 비를 맞게 했다. 눈물을 흘리는 사람도 있었다.

일부 비평가는 〈레인룸〉이 그저 구경거리에 불과하다고 비판했다. 사실 그것은 즐길 거리다. 웃음거리다. 그럼에도 100만 명이 넘는 사람이 줄을 서서 〈레인룸〉을 관람했다.

〈레인룸〉의 아이디어는 〈동키쇼〉에서 나타난 파울루스의 혁신적인 아이디어와 놀랄 정도로 비슷했다. 2008년, 두 명의 독일인과 한 명의 런던 사람(하네스, 플로리언, 스튜어트)이 산업디자인 회사를 세웠다. 그 젊은 설립자들은 런던 외곽인 히스로 인근에 위치한 브루넬대학에서 처음으로 만나 비즈니스를 준비해왔다. 대학에서 그들은 유대관계, 그리고 공학적 엄격함과 디자인의 정확성을 조합해서 만든 미학적 언어를 개발했다. 이후 그들은 영국왕립예술학교(RCA)에서 표현적인 언어를 사용하고, 예술 전시회(마이애미와 발렌시아 등지에서)를 돌아다니며 깜짝 놀랄 만한 기술적인 설치 작품을 선보였다. 여기에는 존 레논처럼 유명한 인물의 얼굴을 잉크로 그려주는 페인트 롤러와 같은 작품이 포함되어 있었다.

랜덤 인터내셔널의 키 크고 자신감 넘치는 창조적 디렉터인 하네스 코흐Hannes Koch는 말하는 대로 생각하는 재주가 있다. 플로리언 오트크라스Florian Ortkrass는 감정을 잘 드러내지 않으며 신랄하면서도 대단히 똑똑하다. 그는 지혜롭고 미묘한 이야기를 들려줌으로써 하네스가 생각을 표현하도록 자극한다. 그러면 다시 플로리언이 뭔가 새로운 이야기를 꺼내서 주제에 대해 완전히 색다른 시선을 던진다. 〈레인룸〉의 아이디어가 떠오르기 시작할 무렵에 랜덤의 설립자로 있었고, 나중에 애플 디자인 팀으로 자리를 옮긴 스튜어트 우드Stuart Wood는 기술의 마법사이자, 공학을 아름다운 감각으로 만드는 예술가이자, 하네스와 플로리언이 새로운 아이디어를 발견하고 구축하는 산만한 과정을 조금은 못 미더운 눈으로 지켜보는 진지한 장인이다.

초창기에 그들은 스스로를 예술가라고 생각하지 않았다. 그들이 설립한 스타트업은 BBC와 같은 대기업을 대상으로 하는 특별한 기술 전시에 집중했다. 세 사람은 초기에 그들의 회사를 '랜덤'이라고 부르기로 결정했다. 독일어에는 없는 그 단어가 자유를 상징하는 것처럼 보였기 때문이다. 그들은 무엇이 되어야 할지에 대한 강한 확신이 없었다. 그 이름에는 사명이 들어 있지 않았다. 2008년 그들은 BBC의 의뢰로 거대한 방 크기의 프린터를 개발하는 프로젝트를 맡게 되었다. 그들은 프린트의 잉크가 마치 빗방울처럼 인쇄된 표면 위를 날아다니는 장면을 사람들이 직접 눈으로 볼 수 있게 함으로써 인쇄 과정을 시각적인 형태로 표현했다. 그들은 스튜디오에서 그 프린터에 대해 연구했다. 또한 스위스 바젤에서 열리는 아트 페어인 아트바젤Art Basel에서 〈청중Audience〉이라는 작품을 전시했다.

〈청중〉은 영국 안무가 웨인 맥그리거Wayne McGregor가 의뢰해 탄생한 작품이다. 그는 RCA에 전시된 페인트 롤러 작품을 보고는 자신의 무용수와 함께 뭔가를 만들 수 있지 않을까 생각했다. 랜덤 설립자들은 사람이 걸어가면 그를 중심으로 모여드는, 반사 거울을 장착한 작은 로봇을 개발했다. 이 로봇들은 마치 공원의 비둘기처럼 거울이 달린 머리를 사람 쪽으로 향한다. 〈청중〉은 런던에서 맥그리거 무용수들과 함께 모습을 드러냈다. 아트바젤에서는 카펜터스 워크숍 갤러리Carpenters Workshop Gallery에서 전시되었다. 물론 그게 실제로 팔릴 거라고 생각한 사람은 없었다.

전시회 첫째 날 아침, 하네스와 플로리언, 스튜어트는 산책을 즐기다가 점심때가 되어서야 돌아왔다. 그들은 〈청중〉이 두 점이나 팔렸다는 소식을 들었다.

큐레이터 내털리 코박스Natalie Kovacs는 이렇게 말했다. "이걸 비즈니스로 해도 되겠군요."

그러나 하네스는 확신이 없었다. 기술 제품에 들어가는 높은 비용과 더불어, 세 예술가의 연봉을 감당하는 것은 그의 표현에 따르면 "힘겨운 싸움"이었다. 어쨌든 그들은 작품이 팔렸다는 소식에 한껏 들떴고, 코박스의 말에 신이 났다. 그래도 대기업을 위한 설비를 디자인해서 돈을 벌어야 한다는 생각에는 변함이 없었다. 스튜디오로 돌아왔을 때, 그들은 천장에서 물이 떨어지면 바닥 색깔이 즉각 바뀌는 거대한 프린터를 가지고 이러저러한 연구를 했다. 하지만 그 연구가 생각대로 추진되지 않고 있다는 사실을 인정해야 했다. 인쇄물을 얻으려면 엄청나게 힘든 작업이 필요했다. 그건 그만한 가치가 없었다. 그들은 어떻게 노력에 걸맞은 결과물을 얻어낼 수 있을지 고민하기 시작했다.

첫 번째 아이디어를 내놓은 사람은 플로리언이었다. "사람들이 그 안에서 걸어 다니게 하면 어떨까? 그러면 무척 재미있을 거야. 빗방울이 그냥 땅에 떨어지는 게 아니라, 사람들이 비를 맞도록 하는 거지." 그는 물방울이 사람의 존재를 인지하는 시스템을 생각했다. 하네스와 스튜어트는 그 아이디어가 마음에 들긴 했지만, 그건 BBC와는 아무런 상관이 없었다. 그들은 후원자가 필요했다. 〈청중〉을 구매한 소장가들이 그 가치를 알아볼까? 그들은 프린터를 새로운 방식으로 프로그래밍했고, 이를 아트 컬렉터인 맥신Maxine과 스튜어트 프랭클Stuart Frankel에게 보여주었다. 빗방울이 떨어지는 방이라는 아이디어는 그 미국인 부부의 흥미를 자극했다. 그리고 2011년, 두 사람은 미시간주 블룸필드힐스에 있는 프랭클재단에서 전시하기 위해 첫 번째 〈레인룸〉 제작을 의뢰했다.

다이앤 파울루스가 연출가가 되어야겠다는 꿈을 발견했던 것처럼, 랜덤 인터내셔널 역시 발견을 통해 예술 집단이 되었다. 랜덤 설립자들은 파울루스와 마찬가지로 자신들만의 미학적 언어를 발견한 이후 지속적으로 작품을 창조하기 시작했다.

그들은 인간과 기계를 연결하는 인터페이스를 계속해서 연구했다. 그들의 기계는 사람이 특정한 행동을 할 때 살아 움직인다. 기계는 서로 지나칠 때 몸을 기울이고, 행동을 따라 하고, 서둘러 이리저리 빠져 나간다. 그러다 멈추어 서서 사람을 바라본다. 그러면 우리는 스스로를 새로운 시각으로 바라보게 된다.

다이앤 파울루스와 마찬가지로, 이 예술가들 역시 새롭고 의미 있는 것을 발견하는 단계에서 멈추지 않았다. 그들은 다른 사람들도 그것을 바라보게 해주었다.

집요함:
아이디어를 지키려는
본능

이스라엘 출신인 네리 옥스만은 MIT 미디어랩의 건축 및 디자인 교수다. 이 책에 소개한 다른 창조자와 마찬가지로, 그녀는 호기심 많고 공감 능력이 뛰어나고 직관적이고 순수하고 겸손하고 지적인 인물이다. 또한 자신의 비전을 추구하는 과정에 대단히 집요하다. 집요함은 미학적 창조의 마지막 일곱 번째 요소다.

파리의 패션쇼, 밀라노의 디자인 쇼, 도쿄의 전시회, 뉴욕과 샌프란시스코의 박물관에서 발견할 수 있는 옥스만의 작품은 옷, 쉼터, 가구 같은 물건의 디자인과 건축에서 자연적 기능의 가능성을 탐험한다. 자연의 형태를 모방하는 것은 건축과 디자인 분야의 오랜 전통이다. 디자이너들은 오래전부터 동굴, 나무, 언덕, 가죽이나 조개껍데기로 만든 옷, 말과 같은 탈것, 돌고래처럼 생긴 배에서 영감을 얻어 새로운 형태를 창조했다. 그들은 자연에서 지속적인 것을 연구함으로써 영속적인 물건들을 만들어냈다. 오늘날 혁신적인 디자이너와 건축가들은 현대 과학과 기술의 도움으로 자연의 기능을 모방하는 단계를 넘어서 생물처럼 에너지, 물, 폐기물을 처리하는 건물, 자율 주행 자동차, 그리고 자연처럼 생겼고 자연처럼 움직이는 다양한 것들을 만들어 내고 있다.

옥스만은 이러한 흐름의 선봉에 서 있다. 그녀는 자연적인 형태와 기능에 대한 순수한 모방을 넘어서, 새로운 기능적인 형태로 자연을 개선하는 방안을 모색하고 있다. 그녀는 자신의 작품을 통해 많은 이들이 꿈꾸는 미래를 지향하고 있다. 최근 작품으로는 사육한 누에를 가지고 만든 구조물, 자연이 할 수 없을 때 안정적이고 적응 가능한 거주지를 제공하는 인공 벌집, 산소 공급이나 소화 등 장기 기능에 도움을 주는, 마치 장기가 드러나 보이는 것 같은 의상이 있다.

옥스만은 히브리대학에서 의학을 공부했으며, 런던대학에서 건축을 배웠고, MIT 미디어랩에서 박사학위를 받았다. 검고 굵은 곱슬머리에 장난기 가득한 눈망울을 지닌 옥스만은 잡지 표지 모델에서 MIT 명예의 전당 입성에 이르기까지 많은 주목을 받았던 인물이다. 내성적인 성격이지만 창조의 과정에서만큼은 결코 물러서는 모습을 보이지 않았다. 그녀는 미학적 언어에 완벽하게 적응함으로써 배우고, 아름다움이라는 추상적인 개념에 흥미를 느꼈으며, 기존의 언어를 완전히 잊어버린 채 현대적인 경계를 탐험했다.

랜덤 인터내셔널 예술가들이 인간-기계 인터페이스를 모색하기 시작했을 무렵, 다공성porosity(내부에 많은 구멍을 가지고 있는 성질)과 현대

적 진화에 흥미를 느낀 옥스만은 인간-자연 인터페이스를 주제로 박
사 연구를 시작했다. 마슈라비야Mashrabiya는 중동 지역의 건물 2층의
정면에서 볼 수 있는 격자무늬 창살로, 정교하게 조각된 목재 격자를
통해 빛이 투과된다. 어릴 때 마슈라비야를 본 적이 있는 옥스만은 자
연에서 발견되는 프랙털 패턴에 기반을 둔 화면을 설계하려는 아이디
어를 갖고 있었다. 그녀는 디지털 구조물을 활용해 가공 아크릴로 만
든 스크린을 제작했다. 그녀가 '피보나치의 마슈라비야'라고 부르는
그 스크린은 이상적으로 빛을 조절하고 공기를 거른다. 피보나치의 마
슈라비야는 실용적인 목적으로 제작되지는 않았다. 이는 일종의 흥미
로운 가설이자 미래의 작품으로 이어질 연구 결과, 그리고 어릴 적 기
억, 많은 학위, 다양한 나라들에서 보냈던 삶, 신화와 시간의 한계에 대
한 그녀의 호기심 위에 그린 그림이다.

　박사 과정에서 옥스만은 다른 형태의 스크린으로 넘어갔다. 퐁피두
센터로부터 3D 프린터로 플라스틱 조형물을 제작해달라는 의뢰를 받
고서, 옥스만은 〈가상의 존재: 미지의 신화Imaginary Beings: Mythologies of the
Not Yet〉를 만들었다. 그것은 이스라엘의 3D 프린팅 기업인 스트라타
시스Stratasys가 생산한, 인간의 신체에 대한 열여덟 개의 작품이다. 이
들 작품은 머리에 부착하거나, 손목을 감싸거나, 혹은 어깨를 덮는 스
크린이다. 그 시리즈 중에는 그리스 신화에 등장하는 반인반수의 괴물
미노타우루스에서 영감을 얻은 헬멧이 있다. 이 작품은 충격을 흡수할
수 있도록, 그녀의 박사 논문 설계 방식에 따라 대단히 정교하게 제작

되었다. 옥스만은 의료 영상 기술을 활용해 표정의 특성을 지도로 만들고, 자신이 공간적 봉합spatial suture이라고 부른 부드러운 박판을 설계했다. 또 다른 헬멧으로, 그리스 신화에 나오는 머리 잘린 괴물 메두사도 있다. 이 작품 속에는 뇌의 인지 기능을 향상시키기 위한 전극이 탑재되어 있다.

옥스만의 작품 중 '프네우마Pneuma' 시리즈의 구조물은 가슴과 흉곽으로 내려간다. 이 작품은 호흡에 따라 팽창하고 수축하며, 호흡 조절에 도움을 주는 일종의 흉곽 코르셋이다. 프네우마 시리즈 중에는 그리스 신화에서 거미가 되어버린 베 짜는 여인 아라크네가 있다. 이 작품은 왕실에서 쓰던 화려한 코르셋이자, 인체 기능을 향상시킬 것으로 옥스만이 기대하는 폐-증강 구조물이다. 리바이어던, 탈로스, 카프카, 도플갱어 같은 작품은 시리즈의 방향을 예상하지 못한 쪽으로 이끈다. 전체 시리즈는 현재 파리 퐁피두센터에 영구 소장품으로 있다.

이것은 중요한가? 옥스만이 종종 받는 질문이다.

최근 MIT 미디어랩 후원자들이 방문한 이후로, 옥스만은 하버드의 내 수업에 강연차 참석했다. 몇 주 전 그녀는 밀라노 디자인 쇼에 참여해 3D 프린터로 제작한 대형 유리 작품을 출품했다. 그 직전에는 3D 적층 디자인 기술을 어떻게 건축물 제작 과정에 활용할 수 있을지를 논의하기 위해 도쿄를 방문했다. 그녀가 자신의 프로젝트에 대해 이야기하는 동안, 학생들은 매우 집중했다. 그녀는 학생들에게 자연이 한 일에 얽매일 필요가 없다고 말했다. 자연은 언제나 변화하면서 우리를 놀라게 한다. 오늘날 우리는 자연에 대해 더 깊이 생각할 수 있으며, 인간의 삶이 촉발한 유해한 변화에 자연이 잘 적응하도록 도움을 줄 수 있다. 그녀는 이야기 도중 현재 작업 중인 누에의 사진을 보여주었다. 옥스만은 로봇 팔로 만든 비단 섬유의 뼈대 위에 누에들을 흩어 놓았다. 그러자 누에들은 비단 섬유 사이의 빈 공간들을 채워 비단 건축물을 완성했다. 옥스만의 이야기는 누에 프로젝트에서 연구실 주변에 서식하는 벌을 활용한 프로젝트로 이어졌다. 그녀는 벌들이 어떻게 멸종 위기로부터 살아남도록 도움을 줄 수 있을지 그 방법을 알아내고자 했다.

호아킨이라고 하는 학생은 옥스만에게 그녀의 디자인 중 상업용 제품으로 제작할 만한 것이 있는지 물었다. 3D 프린팅은 규모와 시간 면에서 제약을 받지 않는가? 옥스만은 자리에서 일어섰다. 그것은 최근 MIT 미디어랩 산업 파트너들과 논의했던 주제였다. 자신의 작품을 중요하게 만든다는 것은 네리 옥스만에게 무슨 의미일까? 그렇다. 그녀는 그 학생에게 이렇게 대답했다. 자신의 연구를 곧바로 실용적인 제품으로 만들고자 했다면, 그녀는 얼마든지 그렇게 할 수 있었다. 실제로 3D 글라스 프린터로 램프를 만들고자 했던 MIT 컨소시엄의 산업 파트너가 있었다. 그녀는 그 제품이 그해 말에 판매될 것이라고 했다. 또 다른 투자자는 익스트림 스포츠를 위한 디자인 제품을 개발하는 회사를 설립하는 데 많은 관심이 있었다. 이는 모두 가능한 일이었다. 하지만 그녀는 자신의 디자인이 좀 더 거대한 차원에서 중요해지길 원했다. 예를 들어 그녀의 작품은 언젠가 우주에서 살 때 입을 만한 옷이 될 수 있다. 누에라는 매개체를 통해 변화하는 비단 건축물은 수많은 살아 있는 자극에 대응해 끊임없이 변화하는 미래 도시의 건축 형태가 될 수 있다. 또한 사람들이 생태 발자국에 많은 관심을 기울일 때, 3D 프린터로 아름답게 만든 식용 식품 포장재로 활용될 수 있을 것이다. 자신이 상상하는 지속 가능한 미래가 도래할 때까지 옥스만은 창조 작업을 멈추지 않을 것이다. 그 여정이 얼마나 오래 걸릴지는 중요하지 않다. 그녀는 정주하지 않고 끊임없이 여행을 다닌다. 그녀는 왜 그런 삶을 살아가고 있을까? 그것은 자신의 작품이 자신이 한 일보다 더 중요하고, 어떤 측면에서는 자기 자신이기 때문이다

* * *

미학적 집요함은 아이디어를 지키고자 하는 창조자의 본능이다. 최종적으로 완벽함에 도달할 때까지, 창조자는 아이디어에 대해 만족하지 못한다. 또한 창조자는 아이디어가 지속적으로 개선될 때 만족감을 느끼며, 이는 창조자에게 더욱 박차를 가할 동기를 부여한다.

집요한 창조자는 발견의 점진적 과정을 사랑한다. 창조 과정에서 창조자는 다음에 올 것에 대한 기대로 희열을 느낀다. 스티븐 킹은《유혹하는 글쓰기》에서 이렇게 말했다. "나를 채워주기 때문에 글을 쓴다. 물론 나는 글을 써서 주택 대출금을 갚고, 아이들을 대학에 보낼 수 있

었다. 그러나 그건 부차적인 이익에 불과하다. 나는 재미있기 때문에 글을 쓴다. 글쓰기는 그 자체로 신나는 일이다. 즐거움 때문에 하는 일은 언제까지라도 가능하다." 킹이 말한 '재미'와 즐거움, 혹은 헝가리의 심리학자 미하이 칙센트미하이가 언급한 '몰입'은 창조자 주기가 지속적이고 장기적으로 가져다주는 사색적인 혜택을 의미한다.

창조자 주기는 우리가 창조한 것을 통해 주변 세상을 변화시킬 뿐 아니라, 창조 과정을 통해 우리 몸의 변화를 촉발한다.

의식적인 집중은 고통에 대한 인내력을 높이고, 불안을 덜어주고, 우울감을 줄여주고, 여러 다양한 인지적·감정적 혜택을 가져다주는 것으로 드러나고 있다. 특히 창조 과정에 대한 집중(새로운 방정식을 도출하고, 새로운 노래를 작곡하고, 혹은 새로운 비디오게임을 개발할 때 나타나는)은 그 자체로 하나의 명상이다. 《너무 다른 사람들》의 저자인 신경과학자 리처드 데이비드슨을 비롯한 많은 학자는 명상 훈련이 뇌로 유입되는 감각 정보의 흐름과 마찬가지로 뇌에 실질적인 영향을 미칠 수 있다는 사실을 보여주었다. 명상은 전전두엽을 활성화하고, 감정적인 뇌의 활동성을 강화하며, 중요한 것을 창조하는 감정적·인지적 상태의 상당 부분에 영향을 미친다. 심리학자 엘렌 랭어가 주창한 마음챙김 명상은 존 듀이의 미학적 운동을 널리 전파하고 있으며, 미학적 집요함에 동기를 부여하는 원동력으로 작용하고 있다.

집요한 창조는 우리 자신을 변화시킨다. 명백하게도 우리 뇌는 서로 다르고, 삶의 경험은 서로 다른 직관의 영역, 위험 감수, 집중력 등을 형성한다. 우리 모두가 로버트 랭거나 다이앤 파울루스처럼 창조와 긴밀한 관계를 맺고 있는 것은 아니다. 원하는 만큼 자신을 표현할 수 있는 것도 아니다. 그러나 우리 뇌는 변화한다. 그리고 창조자 주기를 통해 이러한 변화를 이끄는 법을 배우는 것은 성공적인 창조자가 지닌 가장 특별한 지식이 된다.

과거에 신경과학자들은 우리 뇌는 변하지 않는다고 믿었다. 감각피질(뇌와 신체 간에 교환된 감각 정보를 처리하는 귀와 귀 사이의 피질)의 특정 부위에 전기 자극을 주면 뺨, 오른쪽 발, 눈썹 등 특정 부위에 감각이 전달된다는 사실이 밝혀졌다. 우리 뇌는 어린 시절이 지나면 발달을 멈추는 것으로 여겨졌다. 그러나 오늘날 과학자들은 감각피질이 진화한다는 사실을 발견했다. 가령 원숭이가 손가락을 오랫동안 사용하지 않을 때, 뇌에서 물리적인 변화가 나타난다. 즉 손가락 감각과 관련된 뇌 영역이 얼굴의 촉감을 인식하는 기능으로 전환될 수 있다. 1990년대 초 영장류에 대해 이뤄진 최초의 발견 이후로 많은 연구는 뇌 가소성이 인간에게도 똑같이 나타난다는 사실을 보여주고 있다.

시각피질은 성인의 뇌 부피에서 약 3분의 1을 차지한다. 시력을 잃은 사람의 뇌에서 시각피질은 청각과 촉각, 심지어 단어 처리까지 담당한다. 정상 시각을 가졌지만 단 5일 동안만 눈을 가린 피실험자에 대한 연구 결과는 뇌 가소성과 관련해 비슷한 변화를 보여준다. 이는 신속한 적응과 생존을 위한 뇌의 놀라운 능력을 말해준다. 오늘날 많은 연구 결과는 우리 뇌의 시냅스 네트워크가 불과 몇 시간 동안의 활동만으로도 재편성되며, 몇 년 동안 피아노를 치거나 명상을 하는 것처럼, 혹은 창조에 대한 집요한 추구처럼 지속적인 경험을 한 후에 지속적으로 변화한다는 사실을 보여준다.

네리 옥스만 같은 창조자는 그들이 만들고자 하는 것을 꿈꾼다(지금은 생각하기 힘든 방식과 형태로 유리를 생산하게 될 3D 프린터처럼). 그러나 아이디어의 기원에서부터 꿈의 실현에 이르기까지(프로토타입에서부터 크기가 큰 물건을 빠르고 멋지게 만들어내는 3D 글라스 프린터에 이르기까지) 아마도 수년의 시간이 필요할 것이다. 물론 약속된 혜택을 하루빨리 확인하려는 투자자에게 이러한 시간은 실패로 여겨질 수 있다. 하지만 옥스만 같은 창조자에게 그 경험은 정반대다. 집요한 추구의 시간은 옥스만을 변화시키고 장인으로 키워낸다.

옥스만은 창조자 주기의 단계를 거치면서 미학적 집요함을 강화했다. 역사적으로 두드러지는 집요한 창조자들처럼(에드거 앨런 포 같은 작가에서 밥 딜런 같은 음악가에 이르기까지), 옥스만은 아이디에이션 단계에서 창조와 개인적인 연결을 유지했다. 그녀는 여전히 직접 작품을 완성하면서, 마슈라비야 디자인에서처럼 자신의 역사와 개인적인 경험을 되살리고자 했다. 발전을 거듭하는 동안 그녀는 불안정하고 개인적인 것을 지속적이고 보편적인 것으로 연결함으로써 창조하고, 재창조한다. 이러한 방식으로 그녀는 자신의 작품을 전통적인 신화와 연결시킨다(가령 미노타우루스와 메두사). 마지막으로 그녀의 작업에

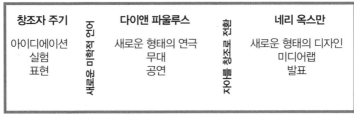

만든 것을 가지고 노는 법

창조자 주기	새로운 미학적 언어	**다이앤 파울루스**	자아를 창조로 전환	**네리 옥스만**
아이디에이션 실험 표현		새로운 형태의 연극 무대 공연		새로운 형태의 디자인 미디어랩 발표

미학적
주기

그림 7 중요한 것을 창조하는 마지막 단계에서 창조자는 완전한 미학적 언어와 조화를 이루는 표현을 발견한다. 창조자는 자신과의 대화를 계속해서 이어나간다. 창조의 마지막 단계는 대양을 가로질러 육지를 찾아 떠나는 항해와도 같다. 그 여정은 길고 힘들 뿐만 아니라 때로는 지겹기도 하고 영원히 끝나지 않을 것처럼 보이곤 한다.

는 끝이 없다. 지금까지 이룬 성공들을 디딤돌로 삼아 더 큰 성공에 도전하듯, 옥스만은 꿈의 실현에 따른 만족감을 계속해서 뒤로 미룬다(그림 7).

〈베스퍼Vespers〉는 옥스만이 런던 디자인박물관, 퐁피두센터, 호주 멜버른에 있는 빅토리아국립미술관에 전시하기 위해 만든 데드마스크 시리즈 중 하나다. 이 마스크는 죽음에서 시작되는 삶을 탐험하면서, 생명의 마지막 순간에 존재하는 재생 잠재력으로부터 새로운 가능성을 모색한다. 〈가상의 존재〉와 동일한 과정을 거쳐 제작된 옥스만의 데드마스크는 죽어가는 사람의 얼굴 표정을 포착하는 것뿐만 아니라, 색상과 형태의 측면에서 이를 재해석한다. 또한 죽어가는 사람의 마지막 숨결을 붙잡는 것은 물론, 뇌가 기능을 멈추고 심장이 박동을 멈출 때 그 숨결을 시작으로 앞으로 살아가게 될 세포를 추출하기 위한 것이다. 이 박테리아 세포는 자연적인 번식 과정을 통해 다른 세포를 계속해서 재생산해낸다(인간 몸속의 박테리아 세포는 체세포보다 열 배 더 많은 것으로 추정된다). 옥스만은 〈베스퍼〉와 더불어 〈가상의 존재〉 연구를 계속해서 이어나갔다. 옥스만은 세부적인 부분에 주의를 기울여 디지털, 합성, 생물학적 매체로 작업을 함으로써 삶이 어디서 왔다가 어디로 흘러가는지, 그리고 그 속에 무엇이 들어 있는지, 다시 말해 삶 그 자체를 표현하고 있다.

옥스만은 새로운 건축 방식을 도입했다. 그녀는 의뢰받은 첫 번째 작품을 일본에서 소규모 형태로 전시할 것이라고 말했다. 또한 도쿄 올림픽 주최 측과 함께 착용 가능한 자신의 작품을 활용해 운동선수가 몸을 움직이는 동안 영양을 공급하는 액체를 개발하는 작업에 대해 논의하고 있다. 그녀의 미래가, 우리의 미래와 함께 다가오고 있다.

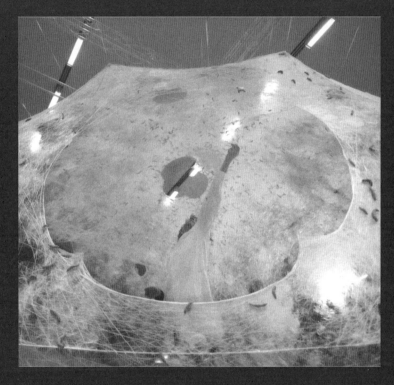

그림 8 〈실크 파빌리온Silk Pavillion〉, 네리 옥스만(2013). 누에 6500마리를 가설물의 바깥 테두리에 놓아두면, 누에들이 비단 섬유 사이의 공간을 메워 평평한 비단 조각을 잣는다.

그림 9 〈피보나치의 마슈라비야Fibonacci's Mashrabiya〉, 네리 옥스만(2009). 디지털 제작 기술을 활용해 마슈라비야 디자인의 고대 예술을 변용했다.

그림 10 〈라멜라로 만든 미노타우루스 머리Minotaur Head with Lamella〉, 네리 옥스만(2012). 충격을 흡수하는 안전 헬멧.

그림 11 〈베스퍼 시리즈2〉, 네리 옥스만(2016). 데드마스크 시리즈 중 하나로, 현재 호주 멜버른에 있는 빅토리아국립미술관에 영구 소장되어 있다.

그림 12 〈제미니Gemini〉, 네리 옥스만(2013). 르라보라투아(파리와 케임브리지) 전시를 위해 제작한 것으로, 현재 샌프란시스코 현대미술관에 영구 소장되어 있다.

* * *

오늘날 다른 유명한 창조자들은 자신들의 문화 실험실에서 식품, 의학, 그리고 식당 고객, 과학자, 환자, 휴대전화 사용자, 게이머, 관객들과의 커뮤니케이션의 미래를 부지런히 탐색하고 있다. 그들은 종종 집요하게 아이디어를 추구하며, 옥스만처럼 꾸준히 공적인 논의를 이어나가면서 언젠가 모두가 자신의 작업을 이해하길 기다린다. 이러한 단호함은 TED 같은 컨퍼런스에서 뉴욕 현대미술관 같은 미술관에 이르기까지 문화적 세상에 존재하는 옥스만의 모든 표현에 담겨 있다. 여기서 그녀가 창조한 순수한 미학적 가치는 레오나르도 다빈치의 그림이 단지 공학적 가능성에 대한 공상적인 투영만으로 수 세기 동안 존재했다는 점에 비추어볼 때 의미가 있다고 하겠다.

오늘날 많은 아티스트는 과학자가 미래의 대안을 모색하는 것처럼 창조를 한다. 이러한 아티스트로 영국 조각가 제이슨 디케리스 테일러 Jason deCaires Taylor를 꼽을 수 있다. 그는 세계 최초로 수중 미술관을 세웠다. 특정 장소에 설치하기 위해 제작된 그의 해양 조각품은 미래를 탐험하고, 그 미래에서 사람들은 육지의 생명과 마찬가지로 바다의 생명을 존중한다. 다음으로 덴마크계 아이슬란드인 예술가 올라푸르 엘리아손 Olafur Eliasson이 있다. 그는 최근 베를린을 중심으로 활동하고 있으며, 현대 미술계에서 유명 인물로 손꼽히고 있다. 2003년 테이트모던의 〈웨더 프로젝트 Weather Project〉에서 2008년 〈뉴욕시 폭포 New York

City Waterfalls〉에 이르기까지 그의 설치 작품은 미래를 탐험하고, 여기서 창조된 것은 인간과 자연을 서로 보살피는 관계로 되돌려놓는다. 엘리아손이 설립한 비영리단체 리틀선Little Sun은 전력망으로부터 멀리 떨어진 개발도상국에서 생활에 필요한 전기를 확보하기 위해 휴대용 태양열 배터리로 작동하는 휴대전화 충전기를 생산하고 있다. 또 다른 현대 미술가인 더그 에이킨Doug Aitken 역시 이러한 예술가-과학자 운동에 동참하고 있다.

에이킨의 미학적 집요함은 우리가 자연과 의식적인 관계 속에서 살아가는 미래를 모색한다. 그의 영상 속에서는 올빼미가 미국 서부 고속도로변의 음침한 모텔 침대 위에 있는 카메라를 응시한다. 브라질에 있는 건축물 안에서는 땅이 흔들리는 소리를 만들어낸다. 그리고 창조하고 공연을 펼치는 예술가로 가득한 암트랙 열차가 미국 대륙을 가로지르면서 놀라운 방식으로 사람들을 연결시켜준다. 남부 캘리포니아에서 자라고 이곳을 중심으로 활동하고 있는 에이킨의 작품은 원점으로부터 무작위로 발산하는 형태에 초점을 맞추고 있어, 결과를 향한 엄격한 추구와는 반대편에 서 있다. 생산보다는 연구에 더 가깝다. 이러한 점에서 에이킨 역시 네리 옥스만과 같은 방식으로 창조한다. 다만 옥스만이 우리와 우리가 아닌 모든 것 사이의 장벽을 탐험했다면, 에이킨은 무너져 내리는 장벽을 탐험한다.

예술학교를 마치고 몇 년 동안 맨해튼에서 지낸 에이킨은 베니스비치에 자리를 잡고 10년 동안 거기서 살았다. 2010년에 그는 새로운 비

전을 품었다. 집에 있는 가구들을 완전히 들어낸 뒤 부모님을 불러, 그
가 거실 중앙에 놓아둔 피크닉 테이블을 사이에 두고 벤치에 마주 보
고 앉게 했다. 그러고는 부모님이 아무런 말과 표정 없이 마주 보고 앉
아 있는 동안 집이 붕괴되는 장면을 필름에 담았다. 작업은 며칠에 걸
쳐 한 번에 몇 시간씩 진행되었다. 그동안 철거반은 부모님의 발밑에
있는 바닥만 남겨둔 채 벽과 천장과 거의 모든 것을 부숴버렸다. 그 결
과물로 탄생한 비디오아트 작품인 〈하우스〉는 거기에 담긴 의미심장
한 목적으로 인해 관객을 얼어붙게 만든다.

　나는 기존의 집을 허물고 그 자리에 새롭게 지은 베니스비치의 집에
서 에이킨과 처음으로 인터뷰했다. 그는 내게 집 구경을 시켜주었다.
그는 이렇게 말했다. "이 집은 제 다른 작품과 마찬가지로 하나의 예
술 작품입니다." 그러고는 채광이 다른 시간대에 따라 집이 어떻게 달
라지는지 설명했다. 우리는 옥상 테라스 출입구의 천장 채광창 아래
에 잠시 서 있었다. 내가 베니스비치로 온 이유는 이번에 신설된 현대
예술상에 대해, 그리고 그가 첫 수상자가 될 가능성에 대해 이야기를
나누기 위해서였다. 그 상의 공동 설립자인 브리짓 에번스Bridgitt Evans
는 바로 전날에 에이킨을 내게 소개해주었다. 이후 우리는 여러 곳에
서 만났다. 그러나 〈하우스〉의 사라진 경계 안에서 나눴던 그날의 이
야기는 결코 잊을 수 없는 출발점이었다. 나는 그에게 그가 했던 것,
다시 말해 부모님 주위로 집이 무너지는 것을 지켜보는 행위에 어떠
한 통렬함이 있었는지 물었다. 그는 아니라고 했다. 그는 열두 살 소년

시절에 차를 타고 아버지 옆에 앉아 시에라네바다산에 올랐던 이야기를 들려주었다. 그들은 차 안에서 칼 닐센Carl Nielsen의 교향곡 5번을 들었다. 아버지는 말했다. 눈을 감고 들어봐. 뭐가 보이니? 에이킨은 벨벳 언덕과 부서지는 바위를 떠올렸다. 그러자 아버지는 카세트테이프를 바꿨다. 이건 어떠니? 에이킨은 그가 지금껏 들었던 것보다 더 빠른 피아노 연주에 귀를 기울였다. 그 음악은 글렌 굴드Glenn Gould가 해석한 바흐였다. 그는 눈을 감았다. 이번엔 아무것도 보이지 않았고, 아버지에게 그렇게 얘기했다. 아버지는 그 특이한 피아노 선율을 들으면서 도로를 바라보았다. 그리고 아들에게 그가 이제 좋은 예술과 위대한 예술의 차이를 알게 되었다고 했다. 좋은 예술은 기술적으로 뛰어나다. 반면 위대한 예술은 결코 말로 표현할 수 없는 감각적 경험을 창조한다. 더그의 설명에 따르면, 〈하우스〉는 그런 예술이었다. 이를 만들거나 혹은 지금 본다고 해서 향수를 느끼거나, 혹은 어떤 방식으로든 자의식을 느끼지 않는다. 이를 창조하고 보는 것은 일종의 내러티브다. 에이킨이 보기에 예술이 시작된 곳과 예술이 나아갈 곳은 같은 지점이다. 그 길은 자기 자신으로, 그리고 보편적인 경험을 위한 탐색으로 이어진다.

창조의 세 번째 길은 아마도 강의실이나 회의실에서는 발견하기 힘들 것이다. 그러나 기회를 잡는다면 쉽게 따라갈 수 있다(그림 13 참조).

우리는 왜 그 일을 하는가? 그것은 뇌의 보상 시스템 때문이다.

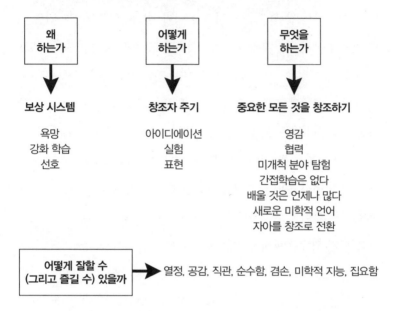

중요한 것을 창조하기(창조의 세 번째 길)

왜 하는가	어떻게 하는가	무엇을 하는가

보상 시스템

욕망
강화 학습
선호

창조자 주기

아이디에이션
실험
표현

중요한 모든 것을 창조하기

영감
협력
미개척 분야 탐험
간접학습은 없다
배울 것은 언제나 많다
새로운 미학적 언어
자아를 창조로 전환

**어떻게 잘할 수
(그리고 즐길 수) 있을까** ➤ 열정, 공감, 직관, 순수함, 겸손, 미학적 지능, 집요함

그림13 창조의 세 번째 길은 그 어려움에도 불구하고 우리가 가장 자연스럽게 향하게 되는 길이다. 뇌는 바로 이러한 방향으로 동기를 부여한다. 요리사든 건축가든 간에, 우리 모두는 본질적으로 동일한 방식으로 아이디에이션에서 표현에 이르는 과정을 반복한다. 궁극적으로 우리는 뇌가 계속해서 재촉하는 것을 한다. 그 과정에서 우리는 잘 해내고 즐길 수 있도록 도움을 주는, 중요한 것을 창조하는 것에 관한 일곱 가지 인지적·감정적 요소를 배운다.

어떻게 하는가? 상상하고. 실험하고, 표현한다.

무엇을 하는가? 식품, 약물 전달, 컴퓨터, 게임, 연극, 예술 등 중요한 것을 창조적으로 표현한다.

왜 즐거움을 느끼는가? 처음 접하는 일은 재미있다. 그리고 계속해서 반복하다 보면 더 능숙해진다. 이는 어린아이의 단순함과 아인슈타인의 복잡함에 똑같이 적용되는 말이다.

3부
—
상상을 현실로 만드는 여정

6장

풀뿌리 창조자
운동

CREATING THINGS THAT MATTER

강의를 시작했던 초반에 나는 매 학기마다 가장 먼저 학생들에게 '씨앗' 아이디어를 나눠주었다. 그러면 학생들은 이를 받아서 자신의 아이디어로 만들어나간다. 이 접근방식은 공학 디자인 수업(새로운 보철 장치를 만드는 법을 어디서 배울 수 있는가), 비즈니스 수업(기업을 설립하는 법을 어디서 배울 수 있는가), 혹은 창조적 글쓰기 수업(짧은 이야기를 쓰는 법을 어디서 배웠는가)에서 그랬던 것처럼 학생들이 창조의 첫 번째와 두 번째 길에서 멈추는 것을 막아주고, 전문적인 창조자 강의에 더욱 잘 어울리는 인재로 만들어준다.

　내 수업의 목표는 사람들이 생각하고 행동하는 방식을 바꾸게 될 뭔가를 창조하는 것을 상상하고, 거기에 이르기 위한 여정을 개척하는 것이다.

　처음 6년 동안 학생들은 몇 가지 거대한 아이디어를 개척했다. 하나는 전기가 들어오지 않는 지역의 주민들을 위해 젖은 먼지로 만든 배터리를 활용하는 것이었다. 그 프로젝트는 세계은행의 지원을 받았고 몇 년 동안 프로토타입 단계에 머무르다가 박사학위 프로젝트로 격상되었다. 또 다른 프로젝트로는 공을 찰 때마다 에너지를 만들어 저장해서 휴대전화를 충전할 수 있는 축구공이 있었다. 설계는 힘들지만 제작하기는 쉬운 이 단순한 아이디어는 나중에 세계적으로 인증받은 기업의 설립으로 이어졌다. 세 번째는 칼로리가 없는 초콜릿이었다. 이 아이디어는 직간접적으로 많은 학생이 수년 동안 참여했던 여러 다양한 비즈니스로 이어졌다.

하지만 이러한 아이디어는 예외적인 성공이었다. 이 수업에서 내가 주로 했던 일은 학생들이 창조자 주기의 첫 번째 단계에서 더 발전할 수 있도록, 다시 말해 열정적인 호기심으로 꿈을 꾸도록 도움을 주는 것이었다.

꿈꾸는 여정은 많은 학생에게 직관에 반하는 것처럼 보였다. 전통적인 교육은 학생들이 금융, 경영 컨설팅, 의료 등 기존 직종에 종사하도록 준비시켜준다. 그러나 이는 불확실하고 위험한, 목적지가 열린 여정에는 별 도움을 주지 못한다.

나는 2014년과 2015년에 강의 방향을 수정했다. 당시 나는 휴대용 전자매체 시대에서 성장한 학생들을 처음으로 맞이했다. 이들은 더 이상 씨앗 아이디어를 따라가는 일에 관심을 보이지 않았고, 그들 스스로 브레인스토밍을 시작했다. 그전에는 비즈니스 경험이 있는 학생은 한 강의에 몇 명에 불과했다. 그런데 갑작스럽게 영상이나 블로그, 때로는 학교 클럽이나 스타트업 창립자와 같이 다양한 형태의 '제작자' 경험을 가진 학생들이 내 강의실에 모였다. 덕분에 캠퍼스 외부 세상에서 중요한 것들을 일일이 가르칠 필요가 없게 되었다. 사실 학생들은 내가 가르치는 것만큼이나 많은 것을 내게 가르쳐주었다(그것은 2015년에는 사회적 연결이었고, 2016년에는 디지털에서 물질의 경험에 이르는 재결합이었으며, 2017년에는 행복을 향한 전자적 여정이었다).

휴대용 전자매체를 통해 자신을 드러내는 사회적 현상이 10년 가까이 이어졌고, 학생들은 바로 그러한 흐름의 최전선에서 자라났다. 나는 지금 이러한 풀뿌리 운동을 우리가 살아가길 희망하는 세상을 창조할 수 있는 최고의 기회라고 생각한다.

최초의 트윗 메시지는 2006년에 등장했다. 2007년에는 하루에 5000건의 트윗이 올라왔다. 2013년에 그 숫자는 5억 건으로 늘어났다. 물론 트윗은 고유한 문장이나 편지 혹은 뉴스 기사와 마찬가지로 창조된 것이다. 우리는 뭔가 새로운 것을 경험하고 인식하고 관찰하며, 그렇게 본 것을 표현하고 싶어 한다. 트윗의 영역은 소설보다 좁지만, 그럼에도 우리는 트윗을 할 때 새로운 것을 창조한다. 대부분의 트윗은 상업적인 의도로, 혹은 오래 지속되는 문화적 작품이 되려는 의도로 만들어지지 않는다. 사람들은 그저 자신을 드러내기 위해서 트윗 활동을 한다. 트윗 게시물은 분노를 드러내고, 피상적이고, 문법에 어긋나고, 혹은 심각한 상처를 주기도 한다. 한편으로는 희망적이고, 중대하고, 시적인 표현도 있다. 이러한 트윗은 그 가치를 떠나 개인이 생각하고 느끼는 것을 제한적인 형태로 드러낸다.

수억 명의 인구가 즉흥적인 현실 표현에 자발적으로 참여하는 과정은 우리 모두에게, 혹은 적어도 대부분의 사람에게 똑같은 형태로 일어났다. 최근 페이스북은 약 20억 명의 활발한 사용자를, 왓츠앱은 12억 명을, 유튜브는 10억 명, 인스타그램은 6억 명, 트위터는 3억 명 이상의 사용자를 거느리고 있다. 《엔터프레너Entrepreneur》 잡지에 따르면, 2014년을 기준으로 밀레니얼 세대는 사용자가 만든 콘텐츠를 소비하는 데 하루 평균 5.4시간을 사용한다. 아마도 에밀리 디킨슨조차 매일 그렇게 많은 글을 쓰지 못했을 것이다.

문화와 상업 속으로 침투한 트윗, 인스타그램 게시글, 그리고 온라인 사용자가 생산한 여러 다양한 형태의 콘텐츠를 넘어서 단지 만드는 즐거움으로 콘텐츠를 생산하는 비슷한 흐름이 점차 거세지고 있다. 트윗이나 블로그 게시글과 마찬가지로, 이러한 것들은 미학적으로 정제되어 있지 않거나, 거친 원형에 불과한 경우가 많다. 정교함을 찾아볼 수 없을 정도로 대충 만들어졌다. 그럼에도 이러한 창조물은 그들이 누구인지 잘 드러낸다.

오늘날 세상 사람들의 공통적인 경험이 존재한다면, 그것은 아마도 정치적 · 종교적 · 사회적 경험이 아니라, 순수하게 자신을 드러내기 위한 단순한 창조 행위일 것이다. 이러한 행위는 과연 중요한 것인가?

물론 분노로 가득한 트윗은 좋은 세상을 만드는 데 기여하지 않는다. 다른 사람의 삶에 지속적인 가치를 제공하지도 못한다. 가령 예술가 존 제라드John Gerrard가 연못 위에 기름을 뿌려 펄럭이는 깃발의 형상을 만들었을 때, 비록 아름다운 방식이기는 하나 사실 그것은 분노의 감정을 미학적 지능으로 표현한 작품이었다. 물론 대부분의 트윗은 제라드의 예술 행위가 지닌 표현적 아름다움과는 거리가 멀다. 그럼에도 중요한 것은 삶을 재치 있게 경험하고, 자신의 경험을 다른 사람과 공유하고, 표현적인 논의에 참여하려는 흐름이다. 모두를 위한 희망찬 미래를 만들어나가고자 한다면, 모두의 목소리를 소중하게 여겨야 할 것이다.

역사상 처음으로 많은 사람이 지속적인 방식으로, 그리고 단지 온라인이 아니라 내가 소개하려는 다양한 형태의 풀뿌리 창조자 운동을 기반으로 스스로를 표현하고 있다.

새로움을 즐기는 사람들

                      지난 10년 동안 사람들은 창조를 해야 한다는 의무감 없이, 그리고 지금껏 본 적 없는 거대한 규모로 뭔가를 만들어내기 시작했다. 그러한 것들로는 트윗, 블로그, 나무로 깎아 만든 물건, 3D 프린터 생산품, 혹은 스타트업, 즉흥 공연, 퀼트, 소형 주택, 로봇, 잡지, 책, 수직 형태의 정원, 새로운 종류의 식품, 바이오브릭BioBrick, 옷, 모든 형태의 지속 가능한 디자인 등이 있다. 동굴에 거주했던 조상들처럼, 오늘날 우리 모두는 자신의 흔적을 적극적으로 남기고 있다.

  풀뿌리 창조자 운동Grassroots Creator Movement(GCM)의 실질적 핵심이라 할 수 있는 메이커 운동maker movement(오픈소스 방식의 제조업 운동—옮긴이)은 트위터가 모습을 드러낼 무렵 시작되었다. 그보다 1년 앞선 2005년 1월에는 《메이크Make》라는 잡지가 창간되었다. 2006년에는 장인의 예술, 수공예, 기술을 주제로 한 박람회가 캘리포니아 샌마테오에서 열렸고, 최초의 메이커페어Maker Faire로 자리 잡았다. 첫해에

2만 5000명이었던 메이커페어 관람객은 2013년에는 12만 5000명으로 늘었다. 오늘날 메이커페어는 전 세계 다양한 도시에서 열리고 있으며, 전체 방문객 수는 약 230만 명으로 추산된다.

최초의 메이커페어와 함께, 최초의 개방적인 생산자 집단인 테크숍 TechShop이 모습을 드러냈다. 테크숍은 다양한 문화 실험실이 들어오고 나가는 영구적인 공간이다. 샌프란시스코에서 시작된 테크숍은 현재 미국은 물론 전 세계 곳곳에서 메이커 공간으로 자리 잡았다. 각 지역에 위치한 테크숍은 헬스클럽 멤버십 비용 정도만 내면 첨단 마이크로-매뉴팩처링 기술을 사용할 수 있도록 지원한다. 엣시, 인디고고, 틴디, 킥스타터, 드래곤 이노베이션 등 온라인 마이크로 매뉴팩처링 및 유통 포럼과 마찬가지로, 식품(푸드스트리트 혹은 파파스도너테리아), 허구적인 캐릭터(폴아웃 혹은 심스), 또는 공간(마틴 와튼버그Martin Wattenberg의 '아파트먼트')을 만들어내는 게임을 포함해 온라인 메이커 공간도 널리 퍼져나가고 있다.

백악관 메이커페어(거대한 기린 로봇에서 바나나를 두드려 음악을 만드는 기계에 이르기까지 백악관 건물 전체에 걸쳐 열렸던 전시회)가 있었던 2014년 6월, 미국 전역에서 150곳이 넘는 대학이 새로운 메이커 공간을 선보였다. 오토데스크, 인텔, 디즈니 같은 기업들 역시 생산자 도구와 더불어 수백만 명의 학생과 메이커에드Maker Ed 같은 비영리단체의 교과 과정 연구를 위한 환경을 마련해주었다. 오늘날 메이커/DIY 운동(트위터 및 유튜브 사용자를 모두 포괄하는 광범위한 GCM의 핵심인) 규모는 미국에서만 약 1억 3500만 명에 이른다.

풀뿌리 창조는 스타트업 문화를 촉진한다. 레스토랑부터 IT 회사, 금융 서비스 사업자에 이르기까지, 스타트업은 새로운 것을 창조하는 사업가의 머리에서 시작된다. 그들이 회사를 설립하는 주된 이유는 창조를 하고 싶어서다. 카우프만재단의 자료에 따르면, 1977년 이후로 미국에서 실제로 새로운 일자리를 창출한 것은 대부분 스타트업이었다. 이후로 케임브리지 혁신센터Cambridge Innovation Center와 같은 스타트업을 위한 특별한 메이커 공간이 모습을 드러냈다. 이 혁신센터는 전 세계 여러 도시에 지점을 두고 있으며, 미학적 창조 스펙트럼에서 실용적이고 상업적인 극단을 지향하는 초기 단계의 스타트업이나 테크숍 같은 대규모 메이커 공간을 대상으로 사무실과 회의실, 소셜네트워크 기회를 제공한다. 크라우드펀딩으로 설립된 가상현실 기업이자 페이스북에 20억 달러에 팔린 오큘러스Oculus는 상업적 GCM의 성공 사례다.

미학적 창조 스펙트럼의 문화적 극단에는 개인적인 경험, 문화적 논의, 창조적 과정에서 비롯되는 지속적인 작업이 있다. 제이디 스미스와 하진의 성공적인 현대 소설에서 유명 힙합 아티스트인 켄드릭 라마와 닥터드레의 음악에 이르기까지, 이러한 작업은 생각하고 살아가는 새로운 방식을 현대 미학적 관점에서 표현한다. 풀뿌리 영상이 사람들의 TV 시청 습관을 크게 바꿔놓으면서(최초의 유튜브 영상은 2005년 4월에 업로드되었다) TV는 기업과 개인 사이의 대화에서 개인 대 개인의 대화로 이동하고 있다. 넷플릭스나 훌루 같은 온디맨드 영상 콘텐츠 사업자의 영향력이 높아지고 있는 현실은 이러한 시청 습관의 변화를 반영한다.

GCM을 아이디어의 거대한 깔때기라고 생각해도 좋겠다(그림 14). 수백만 가지 아이디어가 깔때기 위로 쏟아진다. 그중 대부분은 개인적인 경험을 반영한 단기적이고 자발적인 표현에 불과하다. 일부는 학습을 강화하는 '일시적' 문화 실험실에서 반복과 실험의 과정을 거쳐 창조자의 마음속에서 성장한다(즉 깔때기 안으로 들어간다). 사람들은 결과물보다 창조적 과정 자체의 가치 때문에 문화 실험실로 모여든다. 그들은 메이커 기술, 팀 협력, 개방적 형태의 문제 해결 기술을 배우기 위해 창조의 미학적 측면으로 무장한 채 실험실로 들어간다. 켄 레딘 Ken Ledeen이 카트만두에서 일시적 문화 실험실을 경험하고 돌아왔을 때 그랬던 것처럼(이 이야기는 나중에 자세히 할 것이다) 사람들은 '일상적인' 삶으로 돌아왔을 때 더 긍정적인 기분을 느낀다. 창조를 시작하고 촉진하는 이들의 집단으로서 일시적인 GCM 문화 실험실이 담당하는 역할은 혁신 학습을 향한 여정에서 대단히 강력해서, 전적으로 이러한 기반 위에 세워진 학교들이 존재할 정도다. 2010년 매사추세츠주 케임브리지에서 MIT 학생 및 교수 집단이 설립한 누부NuVu가 그런 사례 중 하나다. 학년도 없고 과목이나 교과 과정도 일정도 없는 누부와 같은 실험적인 학교는 GCM의 일시적 문화 실험실이 어떻게 오늘날의 급변하는 세상에 적합한 새로운 학습 방식의 기반을 마련할 수 있는지 잘 보여준다. 궁극적으로 몇몇 아이디어(깔때기 아랫부분)는 깔때기

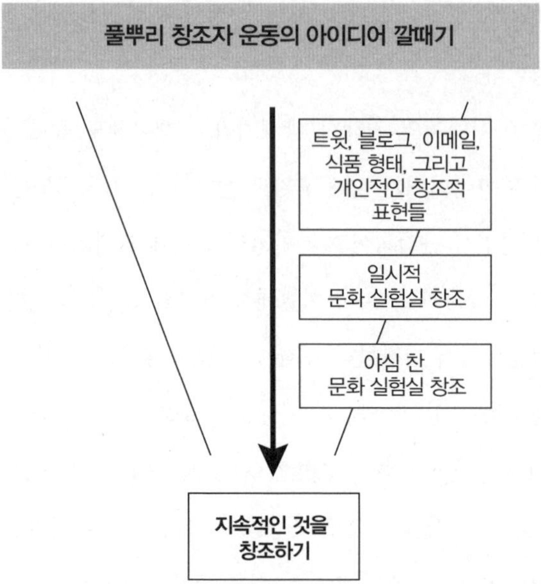

그림14 창조의 오랜 과정에 걸쳐 우리는 필연적으로 특정한 미개척 분야를 염두에 두게 된다(특정한 장소와 시간). 때로는 보편적인 과정을 짧게 경험하게 된다. 미래는 상상하기 힘들정도로 복잡한 인간의 협력에 의해 창조된다. 인간의 뇌는 종종 우주에서 가장 복잡한 시스템이라고 언급되지만, 집합적인 차원에서 인류의 뇌는 이보다 훨씬 더 복잡하다. 이러한 초두뇌supra-brain 협력은 풀뿌리 창조자 운동이 시작된 이후로 활발하게 성장하고 있다. 매일 수억 가지 지속적인 표현이 창조적인 아이디어를 자극하고, 그 아이디어는 가족이나 친구 및 협력자 집단 속에서 발전한다. 미학적 삶을 이끌어가는 열정적인 개인이 만들어낸 지속적인 창조물은 바로 이러한 아이디어에서 비롯된다.

가 상업적 · 문화적 · 사회적으로 지속적 가치를 지닌 창조물로 존재하기 전에, 창조자에게 지속적인 자원과 격려를 가져다주는 '야심 찬' 문화 실험실 속으로 들어간다.

일시적 문화 실험실

아버지에게는 조지라는 삼촌이 있었다. 조지는 할머니의 이복형제로, 증조할머니가 어느 날 밤 순회 서커스 공연을 보러 갔다가 임신해서 낳았다고 했다. 오하이오주 콜럼버스에서 운명의 사건으로 태어난 조지는 친척인 메리의 집으로 보내졌다. 메리는 조지가 유치원에 들어가던 다섯 살 때까지 그를 돌봤다. 그해 어느 날 유치원에서 돌아온 조지는 막대기에 매달린 가방 안에서 자신의 옷을 발견했다. 메리는 이제 책임을 다했다고 생각했던 것이다. 조지는 혼자서 학교를 걸어 다닐 나이가 되었고, 앞으로도 계속 그래야 할 것이었다. 하지만 달리 갈 곳이 없던 조지는 결국 자신이 태어난 순회 서커스단으로 돌아갔다.

할머니는 오랜 세월이 흐른 뒤에도 조지와 계속 연락을 주고받았다. 그리고 내 아버지가 다섯 살 되던 해에 조지 삼촌(잘생기고 세상 물정에 밝은 시카고의 성공적인 세일즈맨)은 자주 집에 놀러왔다. 조지는 서커스 공연에서 관객에게 놀라움과 흥분을 자극하고 감탄을 자아내는 기술을 아버지에게 가르쳐주었다. 아버지는 그의 가르침을 그대로 빨아들였다. 조지 덕분에 아버지의 집은 문화 실험실, 즉 창조자 주기가 진행되는 인큐베이터가 되었던 것이다. 거기에서 아버지는 새로운 기술을 꿈꿨고, 실험을 통해 완벽하게 다듬었다. 나중에는 자신의 창조적 결과물을 사랑하는 관객인 어머니와 할머니에게 보여주었다. 아버지는 훌륭한 어린 마술사였다. 그리고 그때의 배움은 세월이 흘러 훌륭한 교사의 자질로 이어졌다.

조지가 세상을 떠나고 오랜 세월이 흘러, 나는 그의 마술과 신비로운 모습에 궁금증을 갖게 되었다. 아버지는 살아 있는 토끼가 나오는 중국 신선로 냄비, 청중에게 건네주면 형태가 사라지는 마법 지팡이 등 옛날 마술 몇 가지를 할 줄 아셨다. 아버지는 가장 중요한 것은 거울 앞에 서서 연습하는 거라고 하셨다(앞으로 나 자신의 일시적 문화 실험실이 될 곳을 가리키면서). 다른 사람을 바라보듯 스스로를 보는 법을 배워야 했다. 자신을 속일 수 있을 때, 다른 사람을 위한 공연을 할 준비가 된 것이다. 중학생 시절에 나는 매주 몇 시간 동안 마술을 연습했다. 당연하게도 첫 관객은 부모님이었고, 가끔 두 누이가 될 때도 있었다. 이후에 나는 친구들에게도 마술을 보여주었고, 점차 동네 아이들을 대상으로 마술쇼를 벌이게 되었다.

관객 앞에서 마술을 할 때마다 나는 조금씩 변화를 주었다. 나는 청중을 관찰하고 그들이 원하는 마술을 하는 법을 배웠다. 신기하게도 사람들은 쉽게 속아 넘어갔다. 그것은 내가 똑같은 관객 앞에서 똑같은 마술을 반복한 적이 한 번도 없었기 때문이다. 반복은 소중하고 귀한 무언가를 함께 창조했다는 믿음, 다시 말해 무한한 가능성에 대한 순간적인 믿음을 저버리게 만든다.

나는 이런 식으로 실험을 계속했고, 조지가 순회 서커스에서 그랬던 것처럼, 그리고 어린 시절의 아버지가 조지와 함께 있을 때 그랬던 것처럼 내 마술 실력은 나날이 성장했다.

이러한 일시적 문화 실험실은 새로운 표현을 창조하기 위한 자연스러운 환경이다. 문화 실험실은 창조적 과정의 보상 주기를 뒷받침함으로써 세계적인 창조물을 만들어낸다. 풀뿌리 창조자 운동의 성장과 더불어, 이러한 실험실은 조직화된 미학적 창조자 학습 플랫폼을 점차 성공적으로 구축해나가고 있다.

풀뿌리 창조자 운동의 일시적 문화 실험실은 해비타트 포 휴머니티 Habitat for Humanity와 함께하는 과테말라의 주택 건축 팀, 혹은 식품 사업가들이 주말 동안 한자리에 모이는 이트 리트리트Eat Retreat 모임과 깊은 관련이 있다. 사람들은 교육적 · 직업적 · 개인적 발전을 위해 모임에 참석하고, 인간적인 혹은 문화적인 참여를 위한 열정을 함께 나눈다. 일정은 며칠에서 몇 주에 이르기까지 다양하며, 교육적 · 직업적 배경에 상관없이 참석이 가능하다. 이러한 모임에서 사람들은 열정적으로 프로젝트를 추진하고, 공감하고 협력하며, 자기 자신을 직관적으로 표현하고, 다양한 미학적 시도를 완성한다. 여기서 그들이 창조하는 것은 그들 자신은 물론, 실험실 외부 사람들에게도 중요한 것이 될 가능성을 품고 있다.

* * *

2014년 말 르라보라투아를 파리에서 케임브리지로 옮기고 나서 켄 레딘을 만났다. 그는 내가 처음으로 풀뿌리 창조자 운동을 경험하게 해준 인물이다.

성공한 CEO인 레딘은 몇 년 전부터 은퇴를 준비하고 있었다. 남편이자 아버지이자 할아버지인 그는 이미 만족스러운 삶을 살아가고 있었다. 그는 대학 때 만난 다양한 친구들로 구성된 인맥이 있었고, 그들을 종종 집으로 초대해 훌륭한 요리사인 아내와 함께 저녁식사를 하곤 했다. 때로는 몇 년 전 설립한 회사에도 출근했다. 물론 지금은 그 없이도 잘 돌아가고 있다. 시간이 남을 때면 레딘은 집 안에 마련한 목공실에 틀어박혀 지낸다. 목공실에서 일을 하다 보면 뭔가 비현실적인 느낌이 들곤 했는데, 레딘은 그게 뭔지 알아내고 싶었다.

1963년 레딘은 열일곱 살에 하버드대학에 입학했다. 그때까지 가족 중에 대학에 들어간 사람은 아무도 없었다. 그는 문학을 전공하면서 등록금을 마련하기 위해 컴퓨터 프로그래밍 기술을 배웠다. 대학을 졸업해서는 회사를 차렸다. 사실 그는 그때까지 IT 기업은 고사하고 비즈니스 분야에서 경력을 쌓겠다고 생각한 적이 없었다. 그는 투자자들이 그에게 분필을 쥐어주고는 칠판에 두 칸을 그려보라고 했던 일을 잊지 못한다. 그들은 그에게 한쪽이 차변, 다른 쪽이 대변이라고 알려주었다. 리더십을 익히기까지 꽤 오랜 시간이 걸렸지만, 회계 업무만큼은 금방 이해했다. 레딘은 IT 기업을 설립하기 위해 필요한 컴퓨터 과학이나 공학을 정식으로 공부하지 않았다. 하지만 셰익스피어, T. S. 엘리엇, 로버트 로웰의 작품은 익히 알고 있었다. 그는 설득력 있게 글 쓰는 법을 알았고, 처음부터 마음에 드는 글을 쓸 수는 없다는 사실도 잘 알았다. 이러한 모든 지식은 그가 생각했던 것보다 훨씬 더 많은 도움이 되었다. 그가 설립한 소프트웨어 개발회사인 네보 테크놀로지스 Nevo Technologies의 운영은 실질적으로 창조적인 삶을 살아가기 위한 과제였다. 그는 이렇게 말했다. "성공은 비전, 다시 말해 이야기를 구상하고, 조리 있게 말하고, 이를 실현하는 방법에 대한 이해에 달려 있습니다. 좋은 책을 쓰는 것과 마찬가지죠."

자녀들이 자라 집을 떠나자 레딘은 창고에 목공실을 차렸고, 거기서 가구를 만들기 시작했다. 목공 수업을 좀 듣기는 했지만, 레딘은 "치유를 위해" 대부분의 작품을 혼자서 만들었다. 때로 그는 세미나와 워크숍에 참석해 기술을 배우고 영감을 얻었다. 한번은 메인주에 사는 자크 베서리Jacques Vesery라는 목공 예술가를 만났다.

"자크의 작품을 보고 깜짝 놀랐죠. 여태껏 한 번도 본 적이 없는 것이었으니까요. 그래서 그를 찾아가 우리에게 보여준 것을 가르쳐줄 수 있는지 물었습니다. 그는 친절했지만 시간이 없다고 하더군요. 그래도 전 포기하지 않았어요. 절박한 마음에 하루 가르칠 때마다 파리에서 하루 묵을 수 있도록 아파트를 빌려주겠다고 제안했죠. 마지막으로 그의 아내에게도 파리의 휴가 이야기를 꺼냈고요."

두 사람은 결국 친구가 되었다.

겸손하고 재능 있고 친절한 자크 베서리는 풀뿌리 창조자 운동을 변화의 폭발적인 동력으로 삼은 리더였다. 그는 메인주의 숲 한가운데에 지은 아름다운 목조 주택에서 살고 있다. 현관문을 기준으로, 부엌과 비슷한 거리에 목공실이 있다. 인상적인 도구 세트가 목공소 벽을 따라 꼼꼼하게 진열되어 있었다. 벽에는 조각 작품들도 걸려 있었는데, 세부적인 부분에까지 신경을 쓴 작고 정교한 작품이었다. 그의 작업대 근처에는 정교한 조각 작업을 위해 개조해서 만든 치과 의자가 놓여 있었다.

베서리의 작품은 널리 인정받고 있다. 그는 예술가 집단에서도 꽤 유명하다. 따라서 '세계 목재의 날World Wood Day' 주최자들이 두 번째 국제 메이커 모임을 개최하기로 결정했을 때, 그의 이름을 거론한 것은 자연스러운 일이었다.

춘분인 3월 20일 혹은 21일에 연례행사로 진행되는 세계 목재의 날에는 전 세계 다양한 지역에서 나무로 만든 고대 예술을 기념하는 의식이 거행된다. 2013년 베서리는 중국에서 열린 세계 목재의 날 행사에 참여해서 목재 예술 작품을 만들었다. 그것은 대단히 즐거운 경험이었다. 거기서 그는 터키의 코프루라는 마을에서 이듬해 열릴 행사를 이끌어보라는 제안을 받았다.

그 행사에는 스물세 명의 목공 예술가들이 참석했다. 그들에게는 공통된 언어도, 계획도 없었다. 하지만 베서리는 주눅 들지 않았다. 그는 창조자 주기의 단계를 직관적으로 따랐다. 첫째 날에 첫 번째 단계를 완성하고자 했다. 그 단계의 목표는 모두가 함께 아이디어를 내서 그들이 정확하게 무엇을, 어떻게 만들지 정하는 것이었다. 베서리는 브레인스토밍을 제안하면서 모든 구성원이 아이디어를 공유하고 논의할 수 있게 했다. 예술가들은 자신의 아이디어를 설명하기 위해 모형을 제작했고, 개인적인 비전을 개선해나갔다. 하지만 오후가 되자 막다른 골목에 이르렀다. 사람들은 두 진영으로 나뉘었다. 그들의 목표는 다리를 만드는 일이었다. 어떤 이들은 전통적인 양식으로 다리를 만들어야 한다고 생각했고, 다른 이들은 더 현대적인 모양으로 만들어야 한다고 여겼다. 결국 결론을 내리지 못한 채 하루 일과를 마무리해야 했다.

사람들은 다음 날 다시 모였고, 오전 중에 현대적인 양식으로 만들기로 의견을 모았다. 베서리는 터키에 도착한 후에 직접 디자인한 하늘색 티셔츠 꾸러미를 들고 와서 그 순간을 기념했다. 웃음이 방 안을 가득 채웠다. 예술가들은 그 티셔츠를 입었고, 그러자 다양한 견해를 지닌 서로 다른 예술가의 집단이 하나의 창조 집단으로 거듭났다. 이 순간부터 그 팀은 협력하기 시작했고, 개별 구성원들의 재능의 합보다 더 거대한 존재가 되었으며, 그들 모두 공동의 목표에 대해 흥미를 느꼈다(2주간의 협력을 담은 세계 목재의 날 영상 속에서 유럽, 북미와 남미, 아프리카와 아시아에서 온 아티스트들은 '가족', '따스함', '고유한', '기적' 같은 표현을 동원해 각자의 경험을 설명했다). 나무로 만든 다리는 점차 형태를 드러냈다. 하지만 설치 이틀 전, 예술가들은 장소를 잘못 선택했다는 사실을 발견했다. 코프루에서 다리를 설치할 장소를 변경해야만 했던 마지막 위기의 순간에도 베서리는 리더십을 발휘했다. 눈이 내리고 손가락이 얼어붙는 날씨 속에서도 그들은 편안한 웃음을 주고받았고, 그렇게 예술가들의 협력은 완성되었다.

내가 학생들과 비슷한 경험을 하고 몇 년의 세월이 흘러, 베서리는 내게 이렇게 말했다. "리더십은 사람들에게 무엇을 해야 하는지 말하는 것이 아니라, 공동의 의사결정에 도달할 수 있도록 도움을 주는 것입니다."

내가 레딘을 만난 직후, 그는 세계 목재의 날 웹사이트에서 관련 자료를 보고 다음 해에 참석하기로 결심했다. 자신이 유명한 목공 예술가는 아니지만, 베서리에게서 많은 도움을 받을 수 있을 것이라고 믿었다. 그리고 실제로 도움을 받았다. 처음으로 내 수업을 들었던 2016년, 레딘은 세계 목재의 날 행사에 참석하기 위해 카트만두로 날아갔다.

네팔에 도착한 뒤 레딘은 베서리 외에도 아일랜드, 아이슬란드, 요르단, 호주 출신의 네 명의 예술가로 구성된 팀과 함께 차를 타고 곧장 박타푸르 마을로 이동했다. 그 팀은 마을 주변을 탐사했고, 자원과 도구, 그리고 작업이 가능한 장소를 물색했다. 그러나 상황은 여의치 않았다. 2015년에 일어났던 지진의 결과는 참혹했다. 게다가 그에 따른 인도 정부의 봉쇄 정책은 상황을 더욱 어렵게 만들었다. 식수 사정은 열악했고, 먹을거리가 오염되었으며, 공기 질은 최악이었다. 카트만두는 지구상에서 가장 오염이 심각한 도시 중 하나였다. 도착한 지 셋째 날, 그들은 모두 마스크를 쓰고 일해야 했다. 작업장과 호텔에서 전기를 쓸 수 있는 시간은 하루 12시간에 불과했다. 갑자기 정전되는 일이 자주 발생했다.

레딘은 미개척 영역에 들어와 있었다. 그와 팀원들은 새롭고 가치 있는 뭔가를 창조하는 과제뿐 아니라, 일상적인 생존 과제에도 직면해야 했다. 돌아와서 처음으로 만났을 때 레딘은 이렇게 설명했다. "가장 중요한 문제는 작업할 수 있는 공간을 찾는 일이었습니다. 우리는 박타푸르에 있는 던바스퀘어에서 조금 떨어진 학교 마당을 작업장으로 쓰기로 결정했습니다. 학교 관계자들은 우리가 마당을 사용할 수 있게 허락해주었죠. 사실 그곳은 잡석 더미였습니다. 우리는 그 공간을 사용하는 대가로 그곳을 말끔하게 정리하고, 우리가 예술 작품을 만드는 과정을 아이들이 자유롭게 볼 수 있게 했습니다."

이후 후발대가 도착해 던바스퀘어 인근의 작은 호텔과 게스트하우스에 나누어 묵었다. 작년에 터키에서 그랬던 것처럼, 베서리는 모든 사람이 무엇을 만들지 결정하고, 한 가지 아이디어와 디자인을 선택해서 이를 기반으로 작업을 해야 한다고 설명했다. "핵심은 작품이 완성되었을 때 특정 부분을 가리키며 이렇게 말하지 않는 것입니다. '내 거야, 내가 만든 거라고.' 자크가 설명했듯이, 여러분이 조각을 한다면 다른 누군가는 그림을 그릴 것입니다. 여러분이 조각 작업을 마치고 빠져나가면, 다른 누군가가 와서 완성할 것입니다. 아마도 작품은 그 과정에서 달라질 것입니다. 우리는 그러한 방식으로 총 사흘 동안 디자인 작업을 완성할 것입니다."

그곳 아이들에게는 여가 활동에 대한 선택권이 거의 없었다. 운동장에 있는 유일한 놀이 기구는 조그마한 철제 미끄럼틀이었다. 그 팀은 운동장 설치물을 만들기로 결정했다. 아이들이 거기에 올라가 놀 수 있어야 했다. 베서리는 사람들을 네 개의 작은 팀으로 나누고, 인쇄물을 나눠준 뒤 작업을 시작했다. "둘째 날이 끝날 무렵, 서로 다른 아이디어들이 흡수, 소화, 재구성되면서 하나의 비전이 모습을 드러냈습니다. 그 과정이 전체 작업에서 가장 흥미로운 대목이라는 생각에 이견이 없었습니다. 이를 시작으로 우리는 모든 아이디어가 논의 대상이라는 사실을 강조했습니다. 물론 나쁜 아이디어가 없는 것은 아니었죠. 사실 많았습니다. 그래도 처음에 나쁜 아이디어로 시작했다가 세 번째, 혹은 네 번째에 최고의 아이디어가 떠오르곤 했죠."

그들은 아이들의 손바닥이 찍힌 벽돌을 주재료로 그물과 대나무 종, 계단, 그리고 아이들이 기어오를 수 있도록 여러 개의 삼각형 프레임을 활용해 조형물을 만들기로 결정했다. 레딘은 이렇게 말했다. "본격적인 작업에 들어가기에 앞서 다섯 명의 네팔 조각가들은 한 시간 동안 작업 도구에 축복을 내리는 의식을 거행했습니다. 그들은 염소를 잡아 피를 그 위에 뿌려야 한다고 했죠. 하지만 서구의 관습에 대한 존

중으로 그 의식만큼은 생략하기로 했습니다. 다음날, 저는 걸어가다 대들보에 부딪혀 두피가 찢어지는 사고를 당했습니다. 그러자 한 네팔 조각가가 염소를 희생양으로 바쳤다면 그런 일은 없었을 것이라고 하더군요."

마침내 그들은 운동장에 설치할 두 개의 조각품을 완성했고, 카트만두에서 의식을 거행하고 난 뒤 고향으로 돌아갔다.

2016년 여름 레딘의 이야기를 듣는 동안 나는 창조를 위한 장기간의 노력 없이도 창조의 미학적 측면을 학습할 수 있는 그의 협력적인 창조자 경험에 점차 흥미를 느끼게 되었다. 단 몇 주일 만에, 그는 평생이 걸릴 수도 있는 창조적 꿈을 성취한 매혹적인 경험의 결정체를 완성했다.

* * *

일시적 문화 실험실에서 창조자는 창조자 주기를 따르면서도 동시에 분명한 단기적인 목적을 갖고 있다.

'아이디에이션' 단계에서 창조자는 일반적인 목적과 참여의 법칙을 받아들인다. 2016년 카트만두 사례에서, 그 목적은 네팔 아카데미를 위해 상호작용하는 목재 조형물을 만드는 일이었으며, 핵심 사안은 첫 3일 동안 그룹에 의해 결정되었다. 두 리더인 자크와 실리언은 아이디에이션 단계를 주도했고, 그 과정에서 모두가 규칙을 지키도록 돕고

정해진 마감 시한 안에 원하는 결과를 만들어내도록 자극했다.

시간 제약은 미학적 창조와 정반대되는 것으로 보일 수 있다. 우리는 책을 쓰거나 혹은 집을 짓는 것을 평생의 과제로 삼을 수 있다. 그러한 창조물은 우리가 어떤 존재인지, 혹은 어떤 존재가 되길 원하는지를 드러낸다. 책 또는 집이 완성되었을 때, 우리는 어떻게든 끝이 나고, 현실로 이뤄지는 순간 꿈은 사라지는 것이라고 생각한다. 꿈이 주는 힘의 측면에서 바라볼 때, 우리는 아름다움이 현실에서 모습을 드러낼 때까지 그 꿈을 실현하기 위해 모든 노력을 기울인다. 그러나 그럴 때조차 제약은 있다. 경험 많은 창조자는 스스로 제약을 부과하는 법을 배우지만, 이러한 제약은 때로 다른 이들에 의해 주어지기도 한다. 창조자는 이상적인 집의 창문 디자인을 완성하길 원한다. 그는 창문의 종류를 결정하고, 햇볕이 충분히 들어올 수 있도록 설계한다. 창조자에게 주어진 시간 제약은 창조자 주기의 출발점과 도착점을 정한다. 그리고 이러한 틀은 계속해서 작업해나갈 수 있는 더 많은 에너지를 창조자에게 선사한다. 일시적 문화 실험실은 시간 제약이 있는 창조 과정에 이러한 긴장감을 부여한다. 그리고 창조자 주기의 단계를 집중 조명함으로써 오랜 경험으로부터 오는 자신감을 가져다준다.

이러한 상황에서 아이디에이션은 3장에서 살펴보았던 것처럼 창조자의 열정과 공감을 자극한다. 경험이 거의 혹은 전혀 없다고 해도 창조자는 꿈을 꾸고, 다른 사람과 함께 실험하고, 공동의 꿈을 표현할 기회를 가질 수 있다. 함께 꿈을 공유하고, 실패의 위험을 감수하고, 좋은 결과를 경험할 기회를 누린다. 그 결과 열정적인 호기심과 공감이 강화된다.

베서리의 신중한 리더십을 통해 이러한 기술을 성공적으로 활용했다는 점에서, 세계 목재의 날 행사는 강력한 정서적 경험을 선사했다. 또한 모두가 엄격한 제약과 참여의 법칙에 대한 합의에 이르게 했다. 먹고 자고 숨 쉬는 기본적인 욕구조차 충족시키기 힘든 박타푸르의 열악한 상황은 팀원들의 상호의존성을 강화했고, 그들의 학습 경험을 높여주었다. 다른 일시적 문화 실험실 역시 이와 같은 역할을 한다.

루럴 스튜디오Rural Studio는 오번대학에서 1993년에 시작된 장기 프로그램이다. 이 프로그램에서는 서부 앨라배마 지역의 주요 안건을 처리하기 위한 저비용 프로젝트를 학생들이 구상하고 설계하고 실행에 옮기도록 디자인과 건축을 가르친다. 지난 25년 동안 진행된 프로젝트에는 헛간에서 오두막에 이르기까지 다양한 대상을 다루고, 안전하고 기능적일 뿐 아니라 미학적으로도 매력적인 증축 가능한 2만 달러짜리 주택을 짓기 위한 장기적인 과제도 포함되어 있었다.

루럴 스튜디오 팀은 일반적으로 서너 명의 학생으로 이뤄진다. 그들은 한 학기 동안 함께 일하고, 전통적인 창조의 세 단계를 따르게 된다. 루럴 스튜디오 역시 제한된 시간과 규칙에 따라, 그리고 도전적인 환경 속에서 구성원들이 협력하고 아이디어를 통합하도록 격려한다.

풀뿌리 창조자 운동 내에서 많은 협력적인 문화 실험실은 루럴 스튜디오와 맥락을 같이한다. 이들 실험실은 오하이오주립대학의 디자인

포 나인티Design for 90와 같은 교육 프로젝트에서부터 필라델피아 커뮤니티 디자인 캘래버레이티브Community Design Collaborative 혹은 해비타트 포 휴머니티 인터내셔널Habitat for Humanity International, 그리고 싱가포르의 숍하우스 앤 코Shophouse & Co 같은 디자인 기업을 포괄하는 공동체에 이르기까지 다양한 형태로 모습을 드러내고 있다. 자원봉사자, 학생, 그리고 전문가들은 교육적 혹은 인도주의적 목표를 위해 서로 협력한다. 그들은 레딘이 그랬던 것처럼 경험을 완성하고, 다시 반복하길 원한다. 성공은 과정에 보상을 줄 뿐만 아니라, 다시 한번 도전할 열정에 불을 붙이고 소중한 관계를 구축한다. 일시적 문화 실험실의 아이디에이션 단계는 대단히 강력해서 일부 실험실은 이 단계에 가장 집중한다.

가령 매년 오라일리 미디어O'Reilly Media의 주최로 초대받은 250명의 과학자와 기술자, 발명가들이 참석하는 모임인 사이언스 FOO 캠프(FOO는 Friends of O'Reilly의 약자)가 그렇다. 사이언스 FOO 캠프는 캘리포니아에 있는 구글 캠퍼스에서 진행된다. 그 목적은 창조가 아니라 아이디어를 공유하고, 열정을 북돋우고, 새로운 협력을 조직하는 것이다.

'실험' 단계에서 창조자는 워크숍, 주방 혹은 온라인 협력 사이트에서 물건을 만든다. 리더는 팀이 합의된 목적과 일정을 중심으로 지속적인 협력을 하도록 독려한다.

4장에서 확인했던 것처럼, 실험적인 제작 단계는 직관, 순수함, 겸손의 훈련과 실천에 보상을 준다. 창조자는 어제의 결과에 오늘의 안건을 추가함으로써 자신의 미래를 의식적으로 구축해나간다. 창조자는 자신이 실패할 수 있다는 사실과 그 대가를 이해한다. 이러한 사실은 명료한 사고와 협력적인 논의를 강화한다. 시기가 적절할 때, 창조자는 발견을 공유하고, 다른 사람이 그들의 작품을 어떻게 인식하느냐에 따라 그들이 창조하고 있는 것을 변화시킨다(레딘이 지적했듯이, "나쁜 아이디어가 없어서가 아니라, 너무 많아서!").

많은 일시적 문화 실험실이 이와 비슷한 규약을 따르고 있다. 이트 리트리트는 요리사, 요리 작가, 기업가, 농부 등 요리를 사랑하는 사람들의 4일간에 걸친 모임이다. 여기서 사람들은 캠프파이어를 하면서 자신의 아이디어를 말하고, 먹고 마실 것을 만든다. 이트 리트리트 참가자들은 함께 창조하면서 더 나은 요리를 위한 새로운 기술을 배운다. 그러나 하나의 팀으로서 새로운 요리를 계속해서 하는 것(단기 일정으로 끊임없이 창조하고 실험하기) 또한 순수함, 직관, 겸손에 대해 보상하는 강력한 경험을 양산한다. 이트 리트리트 모임에 두 번 참석한 레이철 애덤스Rachel Adams라는 요리 블로거는 이렇게 말했다. "요리를 하는 방식, 음식에 접근하는 방식, 그리고 셀 수 없을 정도의 다양한 방식으로 음식을 먹는 법을 바꿔놓았습니다."

'표현' 단계는 미학적 지능과 완벽을 향한 집요한 열정에 보상을 준다. 2016년 세계 목재의 날 행사는 창조자들에게 카트만두의 아이들을 위해 네팔 아카데미에서 그들이 제작했던 것을 전시할 기회를 주었다.

창조자들은 그들 자신의 문화와, 그들이 작업했던 아시아 지역으로부터 경험한 미학적 언어를 배웠다. 그 과정에서 창조자들은 창조물과의 개인적인 연결고리를 만들었다. 그리고 그들의 작품을 전시하는 과정에서 공적인 논의를 시작했다.

표현은 다양한 형태로 나타날 수 있다. 예를 들어 협력적 소설 쓰기에서는 세 명 이상의 작가가 참여해 공동의 스토리를 창작한다. 인터넷과 다중 사용자 롤플레잉 게임의 성장과 더불어 증가하고 있는 공동창작 소설의 기원은 르네상스로 거슬러 올라간다. 그 시대에 극본과 이야기를 쓰는 과정에서 공동창작은 예외가 아니라 관행에 더 가까웠다. 특히 르네상스 영국극장Renaissance English theater(1562~1642년 동안 영국에서 연극을 상연했던 극장―옮긴이)은 공동 소설 쓰기로 유명했다. 〈끝이 좋으면 다 좋아〉와 같은 셰익스피어 작품들처럼, 희곡 〈토머스 모어 경Sir Thomas More〉은 윌리엄 셰익스피어와 앤서니 먼데이Anthony Munday의 합작품이었다(최근 연구는 〈맥베스〉에 기여했을지 모르는 토머스 미들턴 Thomas Middleton과의 협력을 언급하고 있다). 공동창작 소설은 2008년 작가 데이브 에거스Dave Eggers가 만든 826내셔널826 National(6~18세 학생을 대상으로 미국 8개 지역에서 창조적인 작문 기술을 가르치는 비영리단체―옮긴이)의 경우에서처럼 학습과 공동체 참여를 위해, 혹은 계속해서 진화하는 소설을 창조하기 위해 사용될 수 있다. 오늘날 공동창작 소설이 상업적 작품 창조를 목표로 삼는 경우는 거의 없다. 그것은 주로 협력 과정의 예측 불가능성과 현재 상업 시장의 가차 없는 특성 때문이다.

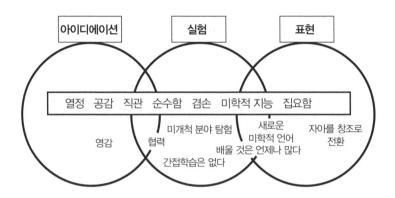

그림15 일시적 문화 실험실은 자발적인 생산에 관한 특별한 모형이다. 또한 작업 현장을 항상 새롭게 만드는 근간이다.

포럼 혹은 공동창작 소설을 위한 문화 실험실은《에픽 레전드 오브 더하이어라크Epic Legends of the Hierarchs》(제리 홀킨스Jerry Holkins의 판타지 소설로, 많은 게임의 시나리오로 활용되었다―옮긴이) 같은 세계관 창조를 위한 온라인 사이트, '던전앤드래곤'과 같은 다중 사용자 롤플레잉 게임, 그리고 구글독스와 같은 온라인 협력 편집 플랫폼에서 활발하게 이루어지고 있다.

협력적 창조는 주변 세상을 새롭게 구축하는 과정에서 대단히 중요하다. 기자의 피라미드부터 구글 검색 엔진에 이르기까지, 창조물을 만들고 실현하는 과정에서 인간의 협력은 규모와 범위, 내구성을 결정하는 핵심 요소였다. 우리는 내가 여기서 설명한 것과는 다른 방식으로 영화, 옷, 음식, 자동차, 책, 그리고 수많은 다양한 상업적 · 문화적 상품을 생산한다. 풀뿌리 창조자 운동의 경우, 사람들은 월급을 받거나 회사 마감일을 지키기 위해 함께 뭉치는 것이 아니다. 그들은 스스로 원하기 때문에, 그리고 그것이 그들에게 행복감을 주기 때문에 아름다운 것을 창조하기 위해 모이는 것이다. 그들은 종종 보상을 기대하지 않고 자발적으로 참여한다. 오지에 가고, 인도주의적 사명을 실천하기 위해 봉사활동을 하고, 창조적 기술을 개발한다. 많은 유익한 결과들도 역시 존재한다(그림 15). 도움을 주고 가르치고 영감을 주는 많은 이들과 함께 협력하는 동안, 사람들은 우정과 의미 있는 공동체를 형성하고, 오늘날 불확실성이 점점 커지는 근로 환경에서도 앞으로 나아가는 법을 배운다.

*　　*　　*

1970년대 말 미국에서 웰니스연구소Wellness Institute가 등장한 이후로 생겨난 비영리단체 중 하나인 글로벌 웰니스연구소의 보고에 따르면, 전 세계 32억 명 근로자 중 약 38퍼센트가 직장에서 극심한 스트레스를 받고 있고, 성인 근로자 52퍼센트가 과체중이나 비만이며, 76퍼센트가 심리적으로 어려움을 겪고 있다고 한다. 미국 경제에서 장시간 근무(실직에 대한 불안감 때문에 필요 이상으로 직장에서 많은 시간을 보내는 것)로 인해 발생하는 비용은 연간 1조 5000억 달러에 이른다. 이는 약 1500억 달러의 비용을 초래하는 것으로 추산되는 결근과는 비교가 되지 않을 정도로 그 폐해가 심각하다.

열정 없이, 마지못해, 그리고 성과를 올릴 수 없는 상태로 출근하는 근로자의 위기는 GCM(풀뿌리 창조자 운동) 문화와 대조를 이룬다. GCM 속에서 창조자는 돈을 지불하고서라도 생산적인 일을 할 기회를 잡으려 한다. 이로 인해 몇몇 글로벌 기업은 영감을 얻기 위해 GCM에 주목하고 있다. 2017년 봄, IBM은 대기업 중 최초로 코워킹 스페이스 기업인 위워크가 운용하는 뉴욕시에 있는 건물로 직원들을 옮겨가게 했다. 위워크와 같은 부동산 기업, 혹은 뉴잉글랜드의 스타트업인 워크바Workbar는 GCM의 일시적 문화 실험실로부터 교훈을 이끌어냈다. 그들은 아이디에이션, 실험, 표현을 촉진하는 모든 것을 강화하고 창조적 과정을 가로막는 방해물을 제거하고자 했다. 협력적인 작업 현장은 누구든 기능적인 사무실을 활용할 수 있도록 허용한다. 오늘날 다양한 지역의 작업 공간은 GCM이 강력하게 집중된 환경 속에 존재한다. 대표적인 곳으로 샌프란시스코, 홍콩, 뉴욕, 런던, 암스테르담, 보스턴 등이 있으며, 이들 지역은 개인 작가부터 기업가 집단에 이르기까지 다양한 분야와 배경을 지닌 풀뿌리 창조자들의 인상적인 네트워크를 형성하고 있다. 그들의 비즈니스는 공통점이 하나도 없을지 모르지만, 창조자와 기업가는 협력적인 작업 공간 안에서 창조자 주기를 중요하게 생각하는 많은 사람들로부터 도움을 받는다. 협력 공간은 투명한 분리, 공용 공간과 설비, 그리고 주간 해피아워처럼 다양한 사회적 · 네트워크적 활동, 요가와 같은 집단의 신체적 · 정신적 활동은 물론, 아이디에이션, 실험, 표현을 강화하는 논의와 같은 정보 교환을 위한 즉흥적 만남의 기회를 높이는 것을 목표로 삼는다.

창조의 세 번째 길은 하버드 강의실에서 IBM 작업 공간에 이르기까지 인기가 점차 높아지고 있는 일시적 문화 실험실에 모습을 드러내는 것이다. 그러나 이러한 놀랍고 흥미로운 발전만으로는 우리가 생각하고 살아가는 방식을 지속적으로 바꾸어나갈 창조물을 만들어낼 수 없다. 이를 위해서는 창조자 과정의 '활성화'가 필요하다. 활성화는 일시적 문화 실험실을 오늘날 앞서가는 창조자에게 익숙한 환경과 유사한, 장기적 관점의 창조를 위한 지속적인 공간으로 바꿔나간다.

7장

불꽃이 점화되는 순간

CREATING THINGS THAT MATTER

죽은 식물로 뒤덮인 황폐한 들판처럼, 오랫동안 변하지 않은 것들은 자연과 위태로운 평형을 유지하고 있다. 새로이 떨어진 잎이 쌓이고 비가 내리지 않는 날들이 이어지다가 어느 시점에서 불길이 들판 전체를 휩쓸고 가면 잎을 비롯한 식물의 다양한 부위가 칼륨이나 칼슘, 인 같은 영양소로 전환하고, 새로운 미생물들의 번성을 위해 토양 속 뿌리를 자유롭게 해방시킨다. 불꽃은 과학자들이 말하는 '활성화 activation 에너지'를 공급한다. 우리가 알고 있는 이탈리아 르네상스 시대에 그랬던 것처럼, 르네상스 활성화는 이와 비슷한 방식으로 작동한다.

1453년 동로마제국의 수도였으나 100년이 넘는 세월 동안 침체를 겪었던 콘스탄티노플(지금의 이스탄불)의 몰락은 오스만제국의 군사적 침공과 더불어 유럽 사회를 위협했다. 유럽 제품은 시장을 잃었고, 향신료처럼 동쪽에서 온 제품의 가격은 급등했다. 생존을 위해, 그리고 이전의 생활방식을 유지하기 위해 이탈리아인(그리고 다른 유럽인들)

은 세상에 더 많은 관심을 기울이고, 동쪽으로 향하는 해상 무역 경로를 발견하고, 새로운 산업을 구축해야 했다. 필리포 브루넬레스키Filippo Brunelleschi의 공학 및 설계 혁신, 갈릴레오와 코페르니쿠스의 과학적 발견처럼 변화를 위한 신선한 아이디어가 과학과 공학 분야에서 떠올랐다. 예술 분야에서도 혁신은 나타났다. 여기서 미켈란젤로와 다빈치의 작품은 삶과 죽음에 대한 사람들의 인식을 바꿔놓았다. 이러한 창조는 중요한 지원(혹은 활성화)으로부터 일어났다. 이는 중요한 것을 창조하기 위한 근본적인 과정으로서 브루넬레스키의 사례에서 뚜렷하게 확인할 수 있다.

브루넬레스키는 종종 르네상스 최초의 공학자라고 불린다. 독학을 한 그는 공학 분야를 개척했으며, 수학자, 예술가, 건축가로도 업적을 쌓았다. 그가 개발한 직선 원근법의 원리는 19세기를 거치며 공간에 대한 회화적 표현의 기반이 되었다. 1415년경에 이뤄진 그의 발견은 1609년 갈릴레오가 새로운 광학 망원경으로 달을 바라볼 때 자신이 관찰한 것을 이해하도록 도움을 줌으로써 현대 과학 시대의 서막을 알렸다. 결국 브루넬레스키는 수차례의 설계 실험을 거쳐 자신의 가장 유명한 작품인 피렌체의 산타마리아 델 피오레 대성당(두오모)을 완성했다. 그 실험에는 바르톨로메오 바르바도리Bartolomeo Barbadori, 안드레아 파치Andrea Pazzi, 그리고 이탈리아 르네상스의 궁극적인 원동력이었던 코시모 데 메디치 등 피렌체의 후원자들의 건축 의뢰가 포함되었다. 교황과, 로마 가톨릭교회의 모든 자금을 관리했던 은행가 메디치는 브루넬레스키가 파산했을 때 대성당을 완공할 수 있도록 자금을 지원했다.

우리는 메디치 가문처럼 부유한 후원자가 이탈리아 르네상스를 이끌었다고 쉽게 결론을 내린다. 하지만 이러한 관점은 활성화가 실제로 어떻게 이뤄지는가에 대한 핵심적인 진실을 놓치고 있다. 브루넬레스키의 천재성은 다음 세 가지 기준이 충족되었기 때문에 활성화될 수 있었다.

첫째, 미학적 창조를 향한 평생에 걸친 열정이었다. 둘째, 여러 후원자(그들을 촉진자라고 부르자)가 창조의 과정 동안 계속해서 반복적으로 지원을 제공했다. 셋째, 피렌체라는 도시 그 자체였다. 당시 피렌체는 가능성의 문화로 가득했으며, 예술가 도나텔로(브루넬레스키의 가까운 친구)부터 미켈란젤로와 다빈치에 이르는 뛰어난 창조자들에게 힘이 되어주었다. 피렌체는 지난 장에서 언급한 '일시적' 문화 실험실이 아니라, 3~5장에서 언급했던 지속적이고 '야심 찬' 문화 실험실이었다.

르네상스 활성화는 결국 불처럼 기능했다. 이를 위해서는 마른 불쏘시개 같은 열정 가득한 미학적 창조자가 필요했다. 촉진자는 '불꽃'처럼 기능하고, 야심 찬 문화 실험실은 '산소' 같은 역할을 한다. 마른나무가 불꽃을 만나는 순간, 불길이 인다.

브루넬레스키의
문화 실험실

        피렌체공화국의 후원자들은 브루
넬레스키보다 덜 위험을 감수하는 창조자에게 돈을 투자할 수도 있었
을 것이다. 또는 이미 완성된 우아한 14세기 도시 건축술을 개선하는
방안을 선택할 수도 있었을 것이다. 그랬다면 브루넬레스키가 개발한
독창적인 방식은 빛을 볼 기회가 없었겠지만 말이다. 알건 모르건 간
에, 그들은 르네상스의 가장 야심 찬 공학적 · 건축적 꿈인 두오모 성
당을 구현하기 위해 브루넬레스키의 능력에 내기를 걸었던 것이다. 그
들이 보상을 받은 것은 탁월한 아름다움을 경험할 수 있는 기회, 그리
고 변화에 휩쓸리는 것이 아니라 변화를 주도함으로써 역사 속으로
뛰어들 수 있는 기회였다.

    피렌체 성당은 사실 13세기에 아르놀포 디 캄비오Arnolfo di Cambio에
의해 고대 성당의 잔해 위에 설계되었고, 조토Giotto에서 조반니 디 암
브로조Giovanni d'Ambrogio에 이르는 예술가들의 감독 아래 14세기 내내
건축되었다. 마지막 남은 과제는 성당 위에 거대한 돔 지붕을 올리는

일이었다. 그 지붕의 크기는 고대 로마의 판테온보다 더 커야만 했다. 어느 누구도 그 돔을 어떻게 만들어야 할지 알지 못했다. 통찰력 넘치는 브루넬레스키는 자신의 아이디어를 입증하기 위해 달걀 끝을 살짝 깨서 탁자 위에 세워 보임으로써 돔 건축을 맡게 되었다. 그는 당시 학문의 흐름에서 벗어나 있던 공학과 수학의 위력을 기반으로 400만 개 이상의 벽돌을 쌓아서 이를 완성했다(아쉽게도 그는 설계도나 밑그림을 전혀 남기지 않았다).

미학적 창조자, 계몽된 촉진자, 그리고 야심 찬 문화 실험실(피렌체를 비롯해 유럽의 여러 다른 도시에 있는)의 조합은 결국 학교, 고아원, 인쇄소, 그리고 시스티나성당으로 이어졌다.

오늘날 우리의 르네상스 역시 비슷한 방식으로 활성화되고 있다. 현대의 미학적 창조자들은 단지 브루넬레스키와 같은 천재들뿐 아니라 어디에나 존재하는 풀뿌리 창조자들이며, 그 촉진자는 메디치 가문이 아니라 어디에나 존재하는 풀뿌리 촉진자들이다.

실제로 풀뿌리 르네상스가 아닌 다른 방식으로 광범위하게 공유된 재건이 일어날 것이라고 상상하기는 힘들다. 1400년대로 되돌아가서 보자면, 유럽인 대부분의 미래는 과거와 본질적으로 비슷하게 보였다(구텐베르크, 다빈치, 브루넬레스키의 업적에도 불구하고). 가톨릭교회 같은 기관은 도전에 직면했고, 사회를 지탱하고 있던 믿음은 흔들리기 시작했다. 그러나 사람들이 먹고, 건강을 관리하고, 한 마을에서 다른 마을로 여행하는 방식, 그리고 삶의 일반적인 특성은 아주 오랫동안 거의 변하지 않았다. 반면 우리의 상황은 다르다. 우리는 빠르게 진화하는 사회적 관습과 업무 현장의 새로운 특성에 반영되어 있듯이, 증강현실에서 로봇과 인공지능에 이르기까지, 그리고 많은 간접적인 방식으로 우리 삶에 새롭게 들어온 것들 속에서 인간이 처한 상황이 급변하는 장면을 목격하고 있다.

르네상스적 삶을 이루는 것은 미래에 발명할 것이 아니라 과거로부터 물려받은 것의 특성이다. 우리의 경우, 이는 창조의 첫 번째와 두 번째 길로부터 흘러온 혁신의 흐름을 뜻한다. 그러나 미래가 우리의 희망대로 흘러가려면 어디서 먹을거리를 구할 것인지부터 어떻게 기후 변화에 대처할 것인지에 이르는 범지구적인 지속 가능성 과제를 해결해야 하고, 계속해서 학습하고 발견하는 개척자로서 빠르게 변화하는 환경 속에서 어떻게 번영할 것인지 배워야 한다.

풀뿌리 활성화는 오늘날 곳곳에서 일어나고 있다. 풀뿌리 촉진자들은 창조자에게 자금을 지원하는 것보다 더욱 의미 있게 관여해야 한다. 여기서 관여란 부모, 친구, 사랑하는 사람이 그들의 자녀와 친구, 부모에게 개인적인 꿈을 실현할 수 있도록 도움을 주기 위해 관심과 시간, 물질적 자원을 제공하는 것을 말한다. 우리의 친구나 자녀가 꿈을 실현하도록 돕는 것은 한편으로 이러한 꿈을 공유하는 것이며, 동시에 그들의 꿈을 강화하는 경험을 함께 공유하는 것이다.

날카로운 관찰자인 내 아들 라파엘은 중학생 시절에 영화를 만들겠다는 꿈을 갖고 있었다. 아내와 나는 아들에게 카메라를 사주었고, 다양한 영화 프로젝트를 통해 생각할 수 있도록 도움을 주었다. 때로 우리는 그 프로젝트에서 연기까지 했다. 열여섯 살이 되었을 때, 라파엘은 인간의 몸이 어떻게 작동하는지에 대해 관심을 갖게 되었다. 아들은 너무 빨리 키가 자라는 바람에 무릎에 문제가 생겼고, 그때부터 신체장애가 있는 사람을 돕는 기구를 만들겠다는 열정을 품었다. 아들이 꿈을 키워가는 동안 그를 지원하는 것은 어려운 일이 아니었다. 부모로서, 아이가 열정을 발견하는 모습을 지켜보는 것은 당연하게도 흥미진진한 일이었다.

풀뿌리 참여는 바로 이런 식으로 작동한다.

엔젤 투자는 풀뿌리 참여의 결과물일 수 있다. 브로드웨이 극장 프로덕션의 후원에 뿌리를 두고 있는 엔젤 투자는 풀뿌리 창조자 운동의 성장과 더불어, 한정된 기간에 걸쳐 이익을 추구하는 예측 가능한 투자 원칙을 따르는 벤처투자만큼이나 많은 자금을 미국 시장으로 끌어 모으는 단계로까지 꾸준히 성장했다. 엔젤 투자자는 오늘날 크라우드소싱 후원 웹사이트를 통한 월 1달러 기부자부터 학생과 기업가, 예술가, 요리사, 디자이너, 과학자, 엔지니어, 그리고 자원봉사자에게 돈과 시간을 투자하는 이들에 이르기까지 다양하다.

브라이언 코헨이 자신의 유명한 저서 《엔젤 투자자는 어떤 창업가에 투자하는가》에서 언급했듯이, 엔젤 투자는 두 가지 이유로 최근 몇 년 동안 크게 증가하고 있다. 즉 창조에 필요한 비용과 시간은 지속적으로 감소하는 반면, 자원의 가용성은 계속해서 증가하고 있다. 코헨은 엔젤 투자자들이 약속하는 자원 중에 어느 것도 '친밀함'보다 성공에 중요한 것은 없다고 지적한다. 코헨에 따르면, 성공적인 엔젤 투자에서 창조자와 촉진자는 "가까이 머물러야 하며, 그것은 단지 관계의 구애 단계 동안에만 해당하지 않는다. 설립자와 엔젤은 조언을 주고받는 관계를 형성함으로써 상호 이익을 얻을 수 있다."

거의 친밀감이 없는 엔젤 투자의 형태로는 크라우드펀딩이 있다. 최초의 크라우드펀딩 웹사이트인 아티스트셰어는 2003년에 등장했고, 인디고고가 2008년에, 킥스타터가 2009년에 모습을 드러냈다. 그러나 앞서 소개했던 창조자들은 크라우드펀딩에 거의 의지하지 않았다. 혹시 그랬다고 하더라도 크라우드펀딩에서 코헨이 언급한 친밀함을 제공하는 다른 형태의 후원으로 곧장 넘어갔다.

친밀한 관계가 없는 엔젤 투자는 불꽃을 키워줄 산소가 없는 불꽃의 에너지와 같다. 크라우드펀딩이 풀뿌리 창조자 운동 후원의 중요한 자원이라는 사실은(2015년 전 세계 크라우드펀딩 투자 규모는 약 340억 달러였던 데 비해, 같은 해 전 세계 벤처캐피털 투자 규모는 1410억 달러였다) 안타깝게도 풀뿌리 창조자 운동의 많은 사례가 장기적인 혁신적 창조와 별로 상관이 없다는 이야기를 들려주고 있다. 크라우드소싱 자금은 분명하게도 중요한 창조물로 이어질 수 있다. 이와 관련해 좋은 사례는 미국과 프랑스에서 내전이 모두 끝나고 나서 기획된 자유의 여신상이다. 무언가를 만들려면 일반적으로 돈이 필요하다. 하지만 자유의 여신상과 같은 특별한 상황을 제외하고, 풀뿌리 크라우드펀딩이 다음에 살펴

보게 될 보다 긴밀한 관계로 이어진 풀뿌리 활성화보다 미학적 차원
의 학습을 강화할 가능성은 낮다.

일시적 창조가
야심 찬 창조로 도약하는 과정

　　　　　　　　　　　　테리 맥과이어Terry McGuire는 다트
머스 공학 학위, 하버드 MBA 학위가 있으며, 스타트업을 수년간 운영
한 경험이 있다. 1996년 폴라리스 벤처 파트너스Polaris Venture Partners를
설립한 그 이듬해, 맥과이어는 흡입형 인슐린에 관한 내《사이언스》
논문을 읽었고, 학계를 떠나 비즈니스를 시작할 가능성에 대해 나와
이야기를 나누고 싶어 했다. 나는 그의 관심에 우쭐해졌고, 조금은 긴
장되기도 했다. 나는 학계의 삶에 만족하고 있었고, 거기서 미래를 보
고 있었다. 그래서 갈등을 했다. 대학에서 나와 아이디어를 '실현'한다
는 생각은 나를 흥분시켰다. 그러나 안정된 자리를 떠나 성공과 실패
를 놓고 도전한다는 생각은 무척 어리석어 보였다.

　맥과이어는 당시 내가 있던 펜실베이니아주립대학으로 나를 만나러
왔다. 그는 편안하고 현명하고 친절하고 안정감을 주는 사람이었다.
우리는 교내 아이스크림 가게에서 만나서 콘을 사들고는 야외 테이블
에 자리를 잡았다.

자리에 앉자마자 맥과이어는 이렇게 물었다. "그렇다면 비즈니스 모델은 뭡니까?" 그 질문은 다분히 의도적인 것이었다. 내겐 아직 실마리조차 없다는 사실을 그도 알고 있었다. 마음이 심란했다. 그가 나를 유인하고자 했다면, 그는 이상한 길을 선택한 셈이다.

"보통은 약을 갖고 있거나, 아니면 장비를 갖고 있습니다. 그런데 당신은 둘 다 없군요." 그는 뜸을 들이면서 침울한 현실을 잠시 가라앉혔다. 그러고는 말했다. "그렇지만 당신에겐 입자가 있습니다. 아무에게도 없는 다공성 입자 말이죠. 그 비즈니스는 아마도 이렇게 될 겁니다. 지금 당신은 인간을 우주로 보내는 비즈니스를 하고 있습니다. 그러면 뭐가 필요할까요? 유능한 우주비행사가 필요합니다. 그게 바로 약품입니다. 다음으로 우주선이 필요하겠죠. 그건 약품을 공급하는 장비가 될 겁니다. 또한 로켓도 필요합니다. 당신은 지금 최고의 로켓을 개발한 겁니다."

나는 이렇게 대답했다. "인슐린이 우주비행사로군요. 그 밖에 다른 것들도 보낼 수 있을 겁니다. 그리고 우주선은 중요하지 않습니다. 우리는 거의 모든 우주선이 움직이도록 만들 수 있으니까요."

그는 기대에 찬 눈빛으로 나를 바라보며 이렇게 물었다. "그 로켓을 충분히 많이 만들 수 있을까요?"

나는 아이스크림 가게로 들어가는 문을 가리켰다. "보이시죠? 저기서는 많은 우유를 만들어내고 있습니다. 분유를 만들기 위해 사용하는 장비로 가서 다공성 약품 입자를 만들 수 있는지 확인할 수 있습니다.

그것도 킬로미터 단위로 말이죠."

나는 완전히 집중해 있었다. 정말로 학교를 떠나서 사업을 시작하길 원하는지 확신할 수 없었지만, 맥과이어는 내게 익숙한 창조적 과정과 내가 관심을 갖고 있는 아이디어를 거론함으로써 내 흥미를 자극했다. 몇 달 후 나는 학생들의 도움을 받아서 입자를 거대한 규모로 만들어 내는 방법을 발견했다. 그리고 우리는 비즈니스를 시작했다.

맥과이어는 훌륭한 자문이었다. 그는 내가 스타트업을 통해 제약 비즈니스를 어떻게 바라봐야 하는지, 어떻게 협력관계를 형성하는지, 그리고 어떻게 투자자를 설득해야 하는지 이해하는 데 도움을 주었다.

우리 기업의 매각과 기술 거품의 붕괴에 이어, 바이오테크 스타트업 세계에서도 호시절은 지나갔다. 산업의 초점은 블록버스터 제품에 맞춰져 있었다. 다른 한편으로 빌 앤드 멀린다 게이츠 재단의 전례 없는 글로벌 헬스 케어에 대한 관심으로 인해, 그리고 1990년대 말 부의 증가에 따른 불평등 심화에 대한 언론의 관심으로 인해, 의료 분야 연구원들은 시장의 힘이 미치지 못하는 지역에서 증가하는 감염 질병의 관리에 점차 민감해졌다. 이러한 국제적인 의료 서비스 분야에서, 경제적 성과에 대한 압박에서 벗어나 변화를 이끌어가는 여정을 선택하도록 맥과이어가 내게 영감을 불어넣어준 것은 아닐까 하는 생각이 들었다.

토니 히키Tony Hickey는 당시 노스캐롤라이나대학 약학과 교수였다. 그는 나처럼 분무식 약물 전달 과학을 연구하고 있었다. 내가 참석했던 국제 컨퍼런스에서, 그는 개발도상국에서의 결핵 치료를 위한 흡입형 항생제에 대해 연설했다. 그는 경제적 동기가 없는 보건 문제를 해결하기 위해 노력하고 있었다. 인류의 건강 증진에 중요한 연구였지만, 상업적 혁신 모델과는 관련이 없었다. 그 역시 혁신을 추구하고 있었지만, 다른 길을 따라가고 있었다. 그는 신중함과 관대함으로 내 마음속에 스며들어 있던 꿈을 일깨웠다.

빌과 멀린다 게이츠가 세계 보건 분야에서 그랜드 챌린지 프로그램을 출범하기로 결정하면서 전 세계에 열세 가지 주요 의료 과제에 대한 해결을 촉구했을 때, 나는 흡입형 인슐린과 관련해 내가 개발했던 기술을 개발도상국 지역에 활용하는 아이디어를 제안했다. 그 기술은 3년 전 제약회사 앨커미스가 사들인 바 있다. 나는 앨커미스 CEO에게 특허권이 적용되지 않는 개발도상국에서 그 기술을 사용할 수 있는지 물었다. 그러나 상황은 복잡했고, 쉽지 않을 것으로 보였다. 그렇게 되면 가격이 더 낮은 경쟁 제품이 등장해서 선진국 시장의 기반을 무너뜨릴 수 있었기 때문이다. 그래도 히키의 사례에 용기를 얻은 나는 어쨌든 밀고 나가기로 했다. 그 무렵 나는 결핵 약품과 백신을 개발도상국 지역에 보급하기 위해, 하버드 학부생들로 구성된 한 집단을 대상으로 비영리단체를 세우는 방안을 모색하도록 독려하던 차였다. 그 학생들은 남아프리카공화국으로 여행 가는 방안을 마련했고, 거기서 그들은 유명한 결핵 과학자이자 남아프리카공화국 위그노 교도의 후계자인 버나드 푸리에Bernard Fourie를 만났다. 결국 나도 남아프리카공화국으로 가서 푸리에를 만났다. 그리고 몇 년 후 푸리에는 프리토리아에 있는 우리의 비영리단체인 MEND(Medicine in Need)를 이끌게 되었다.

MEND에서 과학을 연구하는 동안 나는 결핵 전문가 앤 골드필드 Anne Goldfield를 만났고, 그녀는 내게《타임》의 사진가 제임스 나흐트웨이 James Nachtwey를 소개해주었다. 앤은 나흐트웨이의 방문이 캄보디아에 있는 자신의 결핵 병원의 운영을 어떻게 바꾸어놓았는지 말해주었다. 세계적으로 앞서가는 전쟁 사진가의 카메라를 통해 환자를 바라보는 경험은 그녀가 더 나은 의사가 될 수 있도록 도움을 주었다. 나흐트웨이와 골드필드는 미래의 의료 서비스는 과학과 기술에 더 많이 의존하게 될 것이라는 사실을 보여주었다. 이는 또한 예술과 인류애에 관한 것이기도 했다. 내가 파리에 르라보라투아를 열었을 때, 앤 골드필드가 죽음을 앞둔 환자와 만나는 장면을 담은 제임스 나흐트웨이의 사진을 첫 전시회에 걸었다.

그로부터 10년 후 인슐린을 폐로 전달하는 특수 입자를 개발하기 위해 시작된 연구는 후각 수용체에 작용하는 냄새 신호를 사용하고, 신경 상태와 신진대사를 조절하는 디지털 의료 플랫폼으로 완성되었다. 이는 지속적이고 다양한 풀뿌리 참여가 있었기에 가능했다.

대부분의 지속적인 개척 경험은 이처럼 협력의 단계를 통해 발전한다. 풀뿌리 창조자 운동의 일시적인 경험으로부터 변화에 영향을 미치는 장기적인 창조적 경험을 구축하고자 할 때는 다른 이들의 참여가 필요하다. 창조의 첫 번째와 두 번째 길을 따라가면서 혁신할 때, 우리는 우리가 만들어내는 학습, 상업, 문화, 사회를 위한 구체적인 가치를 확인할 수 있다. 세 번째 길을 따를 때, 우리는 흥미진진하고 도발적이며 어떤 측면에서는 아름다운 것을 지속적으로 추구하게 된다. 이를 위해서는 집중과 열정이 필요하며, 그래서 우리는 충분한 지원을 갈망한다. 이탈리아 르네상스 후원자들이 그랬던 것처럼, 촉진자들은 이러한 지원을 제공한다.

* * *

오늘날 누구나 촉진자가 될 수 있다. 나는 나 자신의 창조적인 삶에서 많은 촉진자와 관계를 맺고 있다. 그중에서도 가장 친밀한 관계를 유지하고 있는 사람은 아마도 이탈리아 이민자의 손자로서 사교적인 의사이자 서부 미시간 지역의 의료 분야 리더인 짐 버지타Jim Buzzitta일 것이다.

버지타는 커뮤니티칼리지에서 유기화학을 가르쳤던 내 아버지의 제자 중 한 사람이었다. 나는 열두세 살 때 그를 몇 번 만났지만, 이후 연락이 끊기고 말았다. 아버지가 패혈성 감염에 걸렸던 2013년, 내 첫 번째 에어푸드 제품의 미국 출시를 앞두고 위기가 닥쳤다. 상원의원 척 슈머Chuck Schumer는 기자 회견에서 FDA가 그 제품을 면밀히 들여다봐야 한다고 주장했다. 결국 FDA 기준을 모두 충족하기는 했지만, 공식적인 대응을 하는 일은 내게 생소했고, 또한 스트레스였다. 아버지는 폐엽을 제거하고, 가슴에 구멍을 뚫고, 폐암 전이의 조짐을 보이면서 중환자실로 들어갔다. 파리에서 ABC 뉴스와 스카이프로 인터뷰가 끝나자마자 나는 비행기를 타고 마이애미로 갔다. 거기서 다시 렌터카를 몰고 아버지가 있는 세인트오거스틴으로 향했다. 아버지의 몸이 감염 공포를 이겨내는 동안 나는 옆에서 밤새 간호를 했다. 다음 날 몸조차 제대로 가누지 못하고 있을 때, 버지타가 미시간에서 비행기를 타고 날아왔다.

우리는 아버지 병상에서 몇 시간 함께 머물다가 병원 근처를 산책했다. 나는 감정을 추스르면서, 아버지의 치료와 어머니의 걱정과 불안을 살피기 위해 플로리다로 왔다. 버지타는 학생으로서 아버지를 알았던 세월과, 평생에 걸쳐 얻은 통찰력에 관한 이야기를 들려주며 내게 힘을 주었다. 아버지가 조금씩 호전되기 시작했을 때, 버지타는 아들 잭과 함께 파리에 한 번 오겠다고 했다. 실제로 그는 파리로 왔고, 우리는 당시 내 디지털 건강 플랫폼의 씨앗이 되었던 것을 가지고 함께 연구를 시작했다.

나는 종종 비즈니스 때문에 프랑스에 있는 가족을 떠나 미국에서 오랫동안 머무르곤 했다. 그때마다 혼자였고 외로웠다. 나는 MIT 근처에 있는 레스토랑에서 낯선 이와 친구들, 때로는 25년 전 학생 시절에 알게 됐던 사람들에 둘러싸여 일을 했다. 나는 지금은 뉴잉글랜드 전역의 레스토랑과 매장에서 판매되는, 공기를 통해 흡입하는 초콜릿과

캐러멜 포장으로 감싼 바닐라 아이스크림을 문화 작품으로 파리에서 전시했다. 내가 창조한 것들이 점점 많아지면서, 나 자신이 다른 사람처럼 느껴졌다. 당시 아내는 파리 도심에서 신장생리학 연구실을 이끌고 있었다. 그녀는 거기서 5년간 일을 하기로 계약을 맺었다. 우리는 아내가 계약 기간을 다 채우고 나면 가끔 미국을 오가면서 파리에서 여생을 보내는 삶을 상상했다. 하지만 내 발명이 상품화되어 팔리기 시작하면서, 모든 자원이 대서양 건너편으로부터, 그리고 엔젤 투자자 친구인 버나드 사브리어Bernard Sabrier를 통해 스위스로부터 왔다. 의료 서비스에 실질적인 영향을 미칠 새로운 것을 개척하기 위해서는 (그리고 그 과정에서 투자금을 날리지 않기 위해서는) 미국에 있는 내 촉진자 네트워크와 물리적으로 가까이 있어야 했다. 그 바람에 아내와 4년 동안이나 수천 킬로미터를 떨어져서 지내야 했다.

내가 케임브리지에 르라보라투아를 설립하고 몇 달이 지난 2015년 봄, 아내의 원래 계획은 막내가 고등학교를 졸업하고 연구실 계약 기간이 끝나면 보스턴으로 오겠다는 것이었다. 그러나 아내는 결혼 후 몇 년 동안 경력을 포기하고 임시직으로 일하다가 마침내 파리에서 믿기 힘든 기회를 잡은 상태였다. 지금의 자리를 포기한다면, 아마도 그런 기회는 다시 찾아오지 않을 것이었다. 아내의 포기는 부당한 일이었다. 나는 어쩌면 가족과 떨어져서 몇 년 동안 홀로 살 수 있지 않을까 생각했다. 혼란스러웠다. 꿈을 팔기 위해 의도치 않게 내 개인적인 삶까지 팔아야 한다는 생각이 들었다.

2015년 봄 내 생일에, 나는 가족을 파리에 남겨둔 채 당시 많은 시간을 보내곤 했던, 보스턴 항구에 있는 배에 홀로 있었다. 서글픈 생각이 들었다. 그건 내게 대단히 드문 일이었다. 고등학교에 다니는 세 아이들을 떠나 있다는 죄책감과 슬픈 마음이 들었다. 그날 나는 결국 감정을 이기지 못하고 짐 버지타에게 전화를 걸었다. 그는 "언제나 가족"이라는 말을 강조했다. 이 말은 나를 우울하게 했다. 그는 이혼을 겪었지만, 나는 잘 이겨낼 것이라고 말해주었다. 완벽한 것은 없지만, 우리는 자신의 삶을 예전보다 더 좋게 만들어갈 수 있다고 했다. 그 말을 듣자 지난 20년의 세월에 대한 기억이 한꺼번에 몰려왔다. 나는 내 개인적인 삶과 직업적인 삶을 심리적으로 분리할 수 없었다. 이후 몇 달 동안 나는 버지타에게 매주 연락했다.

2015년 가을에 큰아들 제롬이 보스턴으로 와서 고등학교 2학년 과정을 시작했다. 아내와 다른 두 아들도 다음 여름에는 함께 지내기로 했다. 그러나 오렐리도 나도 확신하지는 못했다. 우리는 그렇게 한 달 한 달을 버텼다. 버지타는 낮이든 밤이든 내 전화를 받아주었고, 가끔 나를 보러 왔다. 그동안 제롬과 함께하는 삶은 나를 바꾸기 시작했다. 우리는 저녁시간을 함께 보냈다. 거실에서 함께 책을 읽고, 미식축구 중계를 보면서, 예전보다(혹은 그 이후보다) 훨씬 더 가까워졌다. 내 삶은 균형을 되찾았다. 나는 제롬에게 내 감정을 솔직하게 털어놓았고, 아들 역시 내게 솔직한 이야기를 들려주었다. 한번은 함께 비행기를 타고 버지타를 보러 갔다. 거기서 제롬은 버지타의 아들 잭과 하루를 보냈다. 나는 버지타와의 관계를 통해 내게 정말로 중요한 것이 무엇인지, 그리고 오렐리에게 정말로 중요한 것이 무엇인지 깨달을 정신적 여유를 되찾을 수 있었다. 막내가 미국으로 오고 제롬이 대학에 들어가는 동안, 우리 부부는 서로를 새롭게 발견하게 되었다.

버지타는 나를 창조자가 되도록 일깨웠을 뿐 아니라, 아들로, 남편으로, 아버지로 성장해가는 내 삶에서 줄곧 나와 함께했다. 그는 문자 메시지 마지막에 종종 이런 말을 남겼다. "사랑합니다."

미학적 창조는 있는 그대로의 개인적 경험에서 우러나오는 것이다. 이는 이해하기도, 합리화하기도 힘들다. 그 과정의 도전과제와 결과의 가치는 간과하기 쉽다. 촉진자는 이러한 상황을 바꾼다. 그들은 창조자가 자신의 프로젝트에 이러이러한 장점이 있다고 주장하기 오래전부터 관심을 갖는다.

촉진자는 창조자에게 꿈을 추구할 용기를 준다. 그렇게 할 때, 일시적 문화 실험실은 야심 찬 문화 실험실이 된다. 엘불리가 페란 아드리아에게, 오리진이 리처드 개리엇에게, 아메리칸 레퍼토리 시어터가 다이앤 파울루스에게 도움을 주었던 것처럼, 촉진자는 창조자가 꿈을 실현하기 위해 투자의 방향을 안내하도록 도움을 주는 비즈니스 모델을 개발한다. 그리고 창조자가 무한 반복이 가능한 창조자 주기 안에서 배움을 얻도록 함으로써 직접적인 문화적 가치를 전한다.

우리에겐
피렌체가 필요하다

야심 찬 문화 실험실은 창조의 세
번째 길을 양성한다. 일시적 문화 실험실이 그러하듯, 야심 찬 실험실
은 아이디에이션, 실험, 표현을 촉진하는 것은 물론, 더 중요한 기능도
수행한다. 다름 아닌 창조자에게 중요한 것을 평가하고, 이를 다른 모
든 이에게 중요한 것과 연결하는 일이다.

여기서 브루넬레스키의 피렌체는 다시 한번 도움이 되는 사례를 보
여준다. 젊은 브루넬레스키는 로마제국의 유적을 연구하던 친구 도나
텔로와 함께 로마에서 몇 년을 보낸 뒤, 고대 로마의 건축 기술을 되
살려보겠다는 열정을 품었다. 고향 피렌체로 돌아온 후 브루넬레스키
는 고대 로마 시대 이후로 그 특성과 차원을 상상하지 못했던 산타마
리아 델 피오레 대성당의 돔 지붕 완성을 주제로 아르테 델라 라나Arte
della Lana가 주최한 경연에서 우승을 차지했다. 브루넬레스키에게 중
요한 것은 피렌체에도 중요한 것이었다. 그 이후로 수십 년 동안 그는
주문과 지원을 받아 두오모를 창조하는 과정에서 자신의 열정을 지속

적으로 표현했고, 이는 결국 전 세계에 중요한 것임이 드러났다. 그 과정에서 피렌체는 브루넬레스키라는 양초가 필요로 했던 산소 역할을 했다.

야심 찬 문화 실험실은 '변환', 다시 말해 실험실에서 창조한 것의 사회로의 이동을 강화한다. 이때 실험실은 조직적 구조, 자금, 실험실 외부의 상업적 · 문화적 센터와의 연결을 제공하는 역할을 한다. 실험실은 기업이나 비영리단체, 대학 연구실, 정부기관 등 어떤 조직도 될 수 있으며, 명백한 이타주의를 기반으로 한다.

미국의 초대 정부 역시 일종의 야심 찬 문화 실험실이었다. 그 정부는 영국에 대한 혁명적 승리를 통한 독립선언에서 파리조약에 이르기까지 민주주의 정부에 대한 꿈을 키워왔던 창조자들이 이끌었다. 이들 창조자는 과거의 모델과 현대의 통치 이론, 그리고 궁극적으로 최초의 식민지 운영에 대한 경험을 통해 아이디어를 다듬었다. 그들은 이념을 미국 헌법 안에 일종의 예술 작품처럼 집어넣었다. 조지 워싱턴을 초대 대통령으로 선출했다는 사실만으론 지속적으로 성공적인 민주주의를 보장할 수 없었다. 궁극적으로 중요한 창조물, 다시 말해 미국 민주주의가 그 형태를 어느 정도 완성하기까지는 워싱턴의 임기를 넘어 더 오랜 세월이 걸렸다. 알렉산더 해밀턴의 《연방주의자 논집Federalist Papers》에서 링컨의 게티즈버그 연설에 이르기까지, 그리고 그 이후로도 오랫동안 미국의 민주주의 정부가 살아남을 수 있었던 것은 끊임없이 진화했기 때문이다.

야심 찬 문화 실험실 역시 이와 같다. 대부분의 기업, 비영리단체, 정부 기관과 달리 야심 찬 문화 실험실은 꿈의 생존을 보장하기 위해 그들의 사명을 수정할 자유가 있다.

르라보라투아는 대중에게 공개된, 특정한 형태의 야심 찬 문화 실험실이다. 그 실험실은 2007년에, 최초의 트윗 직후에, 그리고 유럽에서 두 개의 다른 공적인 문화 실험실과 동시에 처음 모습을 드러냈다. 세 곳의 문화 실험실 모두 탐험 의지, 대중, 그리고 예술과 디자인을 통한 과학과 더불어 문을 열었다. 켄 아놀드Ken Arnold는 런던에서 웰컴 컬렉션을 열었고, 이를 통해 현대 미술과 의학 사이의 관계를 고찰하고 대중적 논의를 자극했다. 더블린에서는 마이클 존 고먼Michael John Gorman이 사이언스 갤러리를 열었고, 이를 기반으로 예술과 디자인을 활용함으로써 나노기술과 조직공학 같은 미개척 연구 분야를 탐험했다. 사이언스 갤러리와 웰컴 컬렉션은 전 세계 도시로 활동 범위를 넓혀갔고, 르라보라투아는 미국으로 옮겨갔다.

나는 발견이 이뤄지는 전통적인 과학 연구실을 기반으로 르라보라투아의 모델을 구축했다. 기술과 제품, 그리고 문화 작품은 이러한 발견을 통해 지속적인 가치를 가져올 수 있는 분야로 이동하게 된다. 과학 실험실에서 연구원들은 촉진자 공동체(동료, 기업, 재단, 정부)로부터 아이디어와 후원을 얻는다. 연구원과 촉진자들은 함께 탐험하고, 동료들과 더불어 출판하고, 실용적으로 보이는 아이디어를 출원하고, 특허받은 아이디어를 기술과 비즈니스로 발전시켜줄 기업에 제공한다. 이

러한 모델 없이는 우리의 세상을 이해할 수 없다. 그러나 과학 실험실
모델은 잘 정의된 문제와 기회의 집합과 더불어 작동한다. 이는 '왜 사
람들은 서로에게 끔찍한 일을 저지르는가?'와 같은 광범위한 질문을
탐험하기 위해 기능하지는 않는다(과학 실험실은 이 질문을 의학적·사회
적·정치적 요소로 세분화하고, 약품과 기술, 정책 등을 만들어낸다). 전통적인
실험실은 탐험 과정에서 대중과 깊은 관계를 맺지 않는다. 르라보라투
아를 설립하는 과정에서, 나는 청중이 아니라 참여자로서 대중과 관계
를 맺고, 애매모호하면서도 중요한 질문에 접근하고, 지속적인 사회적
가치가 있는 것을 생산함으로써 과학 연구실 모델을 따르는 실험실에
관심을 기울였다.

르라보라투아는 나의 피렌체가 되었다.

우리 모두는 창조자로서 피렌체가 필요하다. 피렌체는 사실 오늘날
풀뿌리 창조자 운동 내부에서 가장 필요로 하는 것이다. 부족한 것은
창조자, 자원, 혹은 둘을 연결하려는 선의가 아니다. 가장 필요한 것은
산소 혹은 문화다. 이는 전 세계 사람들에게 그들에게 중요한 것이 다
른 많은 이들에게도 중요하다는 자신감과, 그들의 야심이 실질적으로
유익한 방향으로 향하게 하는 지침을 전하는 역할을 한다.

고대부터 도시, 종교, 국가는 오랫동안 개인에게 변화의 문화를 가
져다주었다. 예를 들어 오늘날 미국 사회는 실리콘밸리(IT 산업), 보스
턴(생명공학), 할리우드(영화), 뉴욕(브로드웨이 극장)을 중심으로 대규모
의 야심 찬 문화 실험실을 가동하고 있다. 이러한 모든 강력한 창조적

변화의 인큐베이터는 분명 가치 있는 것이지만, 풀뿌리 창조자 운동의 시대에 특히 우리에게 필요한 것은 야심 찬 풀뿌리 문화 실험실이다.

우리는 이제 미개척 분야의 과학 실험실에 더 많은 주다 포크먼을, 실험적인 극장에 더 많은 폴 실스를, 그리고 거실에 더 많은 조지 삼촌을 필요로 한다.

예전에 피렌체가 그랬듯이, 더 오래전에 고대 페르시아가 그랬듯이, 오늘날 실리콘밸리가 세상을 바꾸고 있다. 그러나 내일의 도전과제는 기회와 마찬가지로 점점 지역적, 체계적-개인적이 되어가고 있다. 이 도전과제는 우리와 우리를 둘러싼 빠르게 변화하는 환경 사이의 풀뿌리 상호교환을 드러내고 있다. 우리는 수십억 개의 트윗이 벌이는 끊임없는 소란 속에서 이러한 풀뿌리 상호교환의 존재를 엿볼 수 있다.

8장

새로운
미학적 경험을
만들기

CREATING THINGS THAT MATTER

2017년 어느 뜨거운 여름날 오후, 나는 과학 연구의 세계적 의미에 대해 이야기를 나누기 위해 뉴욕에 있는 유엔 사무총장 사무실을 방문했다. 당시 사무총장 안토니우 구테흐스의 자문으로 일하고 있던 내 처남 마크 자캉이 나를 폴 앨런Paul Allen 프런티어그룹 회장, 톰 스칼락Tom Skalak과 함께 초대해 사무처장 파브리치오 혹실드Fabrizio Hochschild와 그의 전략 참모인 스즈키 아야카를 만나게 해주었다. 노련한 국제 정치가이자 전 세계 분쟁 지역에서 많은 경험을 쌓은 평화유지 전문가인 혹실드는 유엔의 전반적인 분위기를 설명하면서 논의를 시작했다.

　그는 상황이 절망적으로 보인다고 했다. 세상은 사회적, 정치적, 생태학적으로 위기에 처해 있고, 유엔은 시리아와 예멘, 그리고 기억에서 사라진 키프로스에서 벌어지고 있는 갈등에 봉착해 있다. 유엔의 열일곱 가지 지속가능발전목표(빈곤과 기아를 끝내고, 행복을 높이고, 모두에게 교육을 제공하고, 모든 곳에서 성 평등을 이룩하는 등)는 불가능하리만치 멀어 보였다. 유엔이 제한된 자원 안에서 어떤 노력을 기울이건 간에 인류는 허우적거렸고, 유전자 조작, 인공지능, 새로운 세대의 로봇에 관한 보고서들은 마치 과학이 인간성 전체를 조작하고 있는 것처럼 보이게 만들고 있었다. 미래를 위해 우리는 무엇을 해야 할까?

혹실드는 논의에 앞서 질문을 던졌다. 나는 팔짱을 낀 채 그의 이야기가 계속되길 기다렸다. 그러자 스칼락이 끼어들었다.

유전자 조작과 인공지능은 폴 앨런 재단이 지원한, 미개척 분야를 향한 탐험이었다. 스칼락은 일부 사람들이 그런 과학 프로그램을 위협으로 인식할 것이라는 점을 인정했다. 하지만 그가 보기에 그건 전혀 사실이 아니었다. 스칼락은 계속해서 말했다. "오늘날 인간 경험의 미개척 분야에서 일어나고 있는 일은 흥미롭습니다. 우리는 전례 없는 지적 자유와 발견의 시대에 살고 있습니다. 하지만 탐험이 가져다줄 미래를 두려워해서는 미래를 발견할 수 없습니다. 어떤 개척자도 유익한 발견을 해낼 것이라고 장담할 수 없습니다. 그러나 발견의 위험이 개척의 원동력을 압도한다면, 우리의 미래는 이미 어둡습니다." 스칼락은 잠시 뜸을 들인 후 생각이 났다는 듯 이렇게 덧붙였다. "분명히 우리 모두에겐 물과 음식이 필요합니다. 그러나 희망이 없다면, 아무것도 없는 겁니다."

우리는 그해 가을 열릴 예정인 제1회 세계 개척자 포럼World Frontiers Forum 때문에 유엔을 방문했다. 포럼의 아이디어는 내가 로버트 랭거와, 하버드 의과대학 매사추세츠 병원의 명예 과장이자 하버드 의과대학 개인의료 분야의 개척자인 데니스 오시엘로Dennis Ausiello와 함께 나누었던 논의에서 비롯되었다. 당시 르라보라투아는 10주년 기념일을 앞두고 있었다. 우리는 전 세계 리더를 초청해서 미래의 열다섯 가지 미개척 분야를 한자리에서 경험해볼 생각이었다. 예를 들어 식품의 미래를 상상하기는 어렵다. 생물학과 교통, 에너지, 기후 변화의 미래 역시 마찬가지다. 논의 과정에서 개척자 없이 특정 분야의 미래를 상상하기란 거의 불가능한 일이다.

나는 지금까지 세계 개척자 포럼이 지속 가능한 미래의 꿈에 관한 것이라 생각해왔다. 그러나 스칼락의 말을 들으면서, 그보다는 우리가 오늘날 제시할 수 있는 희망과 근본적으로 관련이 있다는 생각이 들었다. 핀치투줌에 대한 대니 힐리스의 꿈, 혹은 물질 생태계에 대한 네리 옥스만의 꿈이 그랬던 것처럼, 꿈이 현실에서 변화를 만들어내기 위해서는 수십 년의 세월이 필요하다. 희망이 없다면, 꿈은 기회가 없다. 희망은 즉각적이고 통합적인 반면, 꿈은 끈기가 필요하다.

어느 시점에서 스즈키는 이렇게 물었다. "미래를 논의하기 위해서는 누가 회의에 참석해야 할까요? 우리는 정부 대표가 사람들의 생각을 대변할 수 있다고 믿어왔습니다. 그러나 이제는 아니에요. 각국 정부는 변화를 이끌지 못하고 있어요. 오히려 변화를 이끄는 것은 전 세계 곳곳의 사람들입니다."

나는 '방 안에 모두'가 들어가지 않고서는 미래를 함께 열어갈 수 없다는 생각에 흥미를 느꼈다. 그런데 모든 이들을 회의실로 불러 모은 다음에는 무엇에 대해 논의해야 하는가? 로보틱스? 합성 생물학? 나는 대략적인 합의라도 이룰 수 있는 적절한 논의 주제를 떠올리기 힘들다고 생각했다. 정보와 논리보다 더 많은 것이 사람들을 갈라놓고 있었다. 각자의 경험과 믿음이 그것이었다. 디지털 정보의 홍수는 사람들 사이의 간극을 좁히는 정보의 효용을 오히려 위축시키고 있다. 이로 인해 함께 미래를 그려보는 일은 더욱 힘든 과제가 되었다. 개척적인 창조자('미지의' 미래 속 희망)를 움직이게 만드는 것은 바다에서 거센 폭풍을 헤친 후 별이 반짝이는 고요한 밤을 만나듯이 미개척 분야에서 드물게 나타나는 감동적인 경험이다. 개척적 경험의 흥분은 놀라움과 얽혀 있다. '무지' 속 희망은 창조의 미학적 차원을 배우고 연마하는 세월로부터 온다. 이제 우리는 방 안에서 어떻게든 '이러한 사실'을 공유해야 했다.

불확실한 미래 앞에서 희망은 결국 미래를 만들어내는 창조물보다 더 중요하다.

많은 것이 우리의 일상생활 속에 희망을 가져다준다. 일부는 우리 가까이에 있으며, TV를 켜거나 친구를 만나는 것처럼 쉽게 구할 수 있다. 다른 일부는 멀리 떨어져 있으며, 학위를 따는 꿈처럼 많은 사전 준비가 필요하다. 주변 상황이 변할 때, 혹은 어떤 이유에서건 미래에 대한 희망의 원천을 잃어버릴 때, 삶은 '미지'의 세상처럼 느껴진다. 이러한 상황이 벌어지면, 우리는 때로 다행스럽게도 가까이에 있는 희망의 원천은 꽉 붙잡고 알 수 없는 미래는 잊어버린다. 다른 한편으로, 나서서 주도권을 잡고, 다른 사람의 흥미를 자극하고, 그들이 멈춰 서서 우리를 인식하게 만들고, 또한 그들을 일깨우는 신중한 방식으로 새로운 경험을 표현할 수 있다(좋은 질문을 던지고, 노래를 작곡하고, 회사를 차리고). 개척적인 경험을 공유하면서, 우리는 미래에 대한 논의를 시작한다. 오늘날 우리에게 필요한 것은 바로 이러한 논의다.

스즈키가 은유적으로 말한 미래를 이해하기 위한 '방'은 단 하나의 방이 아니라, 여러 개의 방의 집합을 뜻한다. 더 직접적으로 말하자면, 이러한 방은 우리가 비슷한 방식으로 움직이게 하는, 함께 공유하는 놀라운 경험을 의미한다. 이들 중 많은 것은 인간의 창조성과 별로 관련이 없다. 눈보라, 시장 붕괴, 전쟁이 그렇다. 해리엇 비처 스토의《엉클 톰스 캐빈》을 읽거나, 혹은 '라마르세예즈'처럼 국가國歌를 듣는 것과 같은 형태의 경험은 창조적 과정 그 자체의 결과물이다. 이런 경험은 미래의 창조에 관한 문화적 논의를 촉진하는 창조자 주기가 계속 반복되면서 만들어내는 미학적 작품이다.

통합적 경험이
선사하는 것

                      마시모 보투라Massimo Bottura는 세계적으로 앞서가는 요리사다. 이탈리아 모데나에 위치한 그의 레스토랑 오스테리아 프란체스카나Osteria Francescana는 지난 5년간 산펠레그리노San Pellegrino의 베스트 50 레스토랑 목록에서 1, 2위를 다퉜다. 모데나는 이탈리아 파르마 지역의 작은 마을로 자동차(페라리, 람보르기니, 마세라티 등)와 지역 특산품(발사믹 식초, 파르미자노-레지아노 치즈)으로 유명하다.

  모데나에서 태어나고 미국인 아내 라라와 함께 살고 있는 보투라는 1992년에 프랑스의 유명 요리사 알랭 뒤카스Alain Ducasse의 의뢰로 실험적인 파르메산 치즈 요리를 만들었다. 보투라의 아이디어는 세 가지 고유한 식감(바삭하고, 부드럽고, 기포가 있는)을 가진 파르메산 치즈를 고객들이 경험하게 하는 것이었다. 그 요리를 자신의 레스토랑에서 처음 소개한 보투라는 파르메산 치즈 공장을 운영하는 움베르토 파니니 Umberto Panini라는 손님을 맞이하게 되었다. 파니니는 보투라에게 파르메산의 세 가지 식감은 단지 세 가지 온도만을 의미하지 않는다고 설명했다. 그것은 또한 파르메산 치즈의 세 가지 서로 다른 숙성 기간을 의미하는 것이기도 하다(50개월 된 파르메산 치즈는 12개월, 혹은 40개월 된 치즈와 완전히 다른 식감과 맛을 낸다). 보투라는 숙성 기간이 서로 다른 치즈를 가지고 실험을 시작했다. 그의 요리는 이후 20년 동안 세 가지 질감에서 네 가지로, 그리고 다섯 가지로 진화했다.

2011년에 나는 오스테리아 프란체스카나에서 식사를 할 기회가 있었다. 내 가족은 그날 보투라의 가족과 함께 시간을 보냈다. 그리고 푸드디자이너 마크 브레티요Marc Bretillot와 함께 르라보라투아에서 개발한 특수 유리병을 가지고 '풍미 클라우드flavor cloud'를 만들기 전에 시작했던 실험을 계속해서 이어나가기 위해 할 수 있는 일을 논의했다. 그 유리병은 (아랫부분에 장착된 초음파 생성기를 가동함으로써) 거의 모든 액체(마티니에서 토마토수프까지)를 가지고 맛볼 수 있는 클라우드를 만들어낼 수 있다. 자연스럽게 보투라는 그 유리병으로 파르메산 클라우드를 만들기 시작했다. 그날 저녁 라라가 아이들을 보고 있는 동안, 나는 오렐리와 함께 오스테리아 프란체스카나로 가서 보투라를 만났다. 그는 우리에게 30초 정도 이야기를 했고(그날의 공동 작업은 끝났고, 그는 분명히 딴 데 정신이 팔려 있었다), 우리는 저녁을 먹기 위해 자리에 앉았다.

그 유명한 치즈 요리는 아주 빨리 나왔다. 마치 흰색 캔버스에 노르스름한 색으로 붓질을 한 것 같은 모양새였다. 우리는 뜨거운 절반의 수플레(24개월 된 파르메산)와 함께 50개월 된 파르메산이 혼합된 클라우드를 우아하게 입 안으로 들이마시면서 식사를 시작했다. 다음으로 우리는 얇은 과자 형태로 준비된 40개월 된 치즈 조각과 30개월 된 파르메산으로 만든 따뜻한 크림소스, 그리고 식힌 거품 형태로 접시 위에 솜씨 좋게 올려놓은 36개월 된 파르메산을 숟가락 위에 올렸다. 그 요리는 단 하나의 재료만으로 저녁식사를 압도했다.

모데나의 독특한 작은 마을에서 성장한 마시모 보투라의 깊이 있는 개인적 경험의 미학적 표현은 파르메산 치즈의 복잡한 숙성 기술의 가르침도, 배를 부르게 만드는 것도 아니었다. 그것은 요리에 대한 우리의 인식을 바꿔놓은 감각적인 경험이었다. 그리고 그 경험은 단지 우리만을 위한 것이 아니었다! 같은 해 "다섯 가지 숙성 기간의 파르메산"은 10년을 대표하는 이탈리아 요리라는 명예를 얻었다.

공유된 미학적 경험은 의식적인 예술적 과정과 별로 상관이 없는, 인간 창조성의 결과물일 때가 있다. 1969년 여름, 인류가 처음으로 달에 착륙했던 장면을 TV로 시청하던 기억이 난다. 그때 나는 여덟 살이었다. 나는 거실에서 부모님과 누이들과 함께 무릎을 꿇고 앉아서 닐 암스트롱이 달 표면 위에 발을 사뿐히 내려놓는 장면을 지켜봤다. 그런데 TV 화면을 보면서 약간 혼란을 느꼈다. 아폴로 11호의 착륙은 그 무렵 내가 좋아했던 배트맨 TV 시리즈만큼 시각적으로 선명하지(그리고 흥미진진하지도) 않았던 것이다. 분명한 건 나는 아주 어렸고, 언제나 밖에 나가 놀고 싶어서 안달이었다는 사실이다. 비록 불완전하기는 했지만, TV라는 매체는 내게 인류 최초의 달 착륙 경험을 안겨다주었다. 첫 발걸음의 감정적 위력은 시간이 흐르면서 내 안에서 점점 커져갔다. 초등학교 시절 동안, 그리고 커서 무엇이 되고픈지 이야기하던 중학교 시절 동안, 많은 아이들은 암스트롱이 달을 걷는 것을 지켜보던 그날의 기억을 떠올리며 우주비행사가 되고 싶다고 말했다. 학교 선생님들은 소련과 미국의 냉전에 대해 설명할 때, 혹은 태양계의 역학에 대해 학생들의 관심을 유발하고자 할 때, 종종 아폴로 11호 캡슐 사진을 보여주었다. 우리 세대는 이 같은 공유된 기억을 갖고 성장했다. 그리고 그 기억은 새롭고 획기적인 마이클 잭슨의 문워크가 나왔을 때 열광했던 것처럼(실제로 그 춤은 수십 년 동안 유행했다), 우리 모두가 비슷한 방식으로 사건을 해석하도록 했다. 변화된 상태를 지속하기 위해서, 우리는 다섯 가지 숙성 기간의 파르메산을 다시 한번 즐겨야 하거나 또 한 번의 달 착륙을 목격해야 하는 것은 아니다. 우리의 열정은 이제 지상으로 내려왔다. 하지만 인간이 노력을 집중한다면 거의 모든 일이 가능하다는 것을 보여주는 공동의 경험을 공유했고, 그러한 야심은 우리의 의지보다 더 먼 곳으로 우리를 나아가게 만든다.

이 같은 신선한 문화 경험은 공통된 믿음과 욕망, 두려움, 다시 말해 '우주 경쟁 시대' 혹은 다른 맥락에서 '인상주의 시대'나 '전후 시대'에 대해 언급할 때 암묵적으로 인정하는 현실을 중심으로 사람들이 뭉치도록 만들었다. 우리 시대를 일컫는 타이틀은 비슷한 방식으로 감정을 자극하고, 화나게 만들고, 기운을 북돋우고, 혼란에 빠뜨리고, 어떤 의

미로든 놀라움을 가져다주는 집단적 경험을 의미한다. 우리는 이러한 경험을 하고 난 후 우리를 둘러싼 세상에 더 많은 관심을 기울인다. 우리는 다음에 올 것을 더 쉽게 발견하게 된다. 그리고 냉철하게 말한다고 해도, 불확실한 미래를 항해하는 능력에 더 큰 희망을 갖게 된다.

이러한 통합적 경험은 과학과 마찬가지로 예술이나 레스토랑에서 미학적 창조의 숭고한 소명이다. 통합적 경험이 갖는 미래적 의미를 조망하기 위해, 우리는 세계 개척자 포럼이라는 아이디어를 내놓았던 것이다.

* * *

2017년 가을 우리는 르라보라투아와 카페 아트사이언스, 하버드 비즈니스스쿨에서 처음으로 포럼을 열었다. 당시 문화적 · 정치적 경계를 넘나드는 논의는 우리의 첫 포럼이 열리기 18개월 전부터 미국 사회에서 사라진 듯했다. 그러나 개척자들은 우리가 실제로 함께 어울리고, 공통의 언어를 발견하고, 내일의 희망찬 아이디어를 공유하는 공간을 갈망하고 있었다. 세계 개척자 포럼은 다양한 분야에서 개척자 정신으로 무장한 전 세계 리더들을 끌어 모으고, 이러한 정신을 예술과 과학의 새로운 연구를 통한 흥미로운 대중 경험으로 널리 알리는 것을 목표로 삼았다.

처음 열린 포럼에서, 전 MIT 총장이자 생물학자인 수전 혹필드Susan

Hockfield는 '컨버전스(융합, 통합)'의 개념에 대해 이야기했다. 생물학이나 공학과 같은 분야는 지구 인구의 기본적인 생존 요구를 충족시키기 위한 노력을 통해 상호 혼합되고 있다. 혹필드는 세포막에서 볼 수 있는 수분 통로water channel(신체기관 내에서 수분의 흡수에 관여하는 통로—옮긴이)의 분자 구조에 대해, 그리고 이러한 수분 통로의 원리를 이용해 규모와 비용 면에서 경제적 가능성을 기대하며 정수 사업을 추진하고 있는 코펜하겐의 아쿠아포린Aquaporin이라는 회사를 방문한 일에 대해 이야기했다. 자폐증 환자들을 위해 활동하는 템플 그랜딘Temple Grandin은 자폐증 학습자로 자라온 자신의 경험을 이야기하면서, 독특한 방식으로 세상을 바라보는 이들을 위해 운동장을 평평하게 만드는 사회적 노력의 중요성에 대해 설명했다.

다음으로 의사이자 코네티컷대학의 재생의학 분야 개척자인 카토 로렌신Cato Laurencin은 전쟁터에서 군사용 수술 톱이 사라진 미래에 대한 비전을 함께 나눴다(그는 미국 남북전쟁과 이라크전쟁 사이 130년 동안 거의 변하지 않은 수술용 톱의 사진을 보여주었다). 로렌신은 재생의학과 공학의 힘으로 심각한 부상이 자연적으로 치유되고, 손상된 수족이 원래 형태로 회복되는 미래를 예견했다. 뉴욕시 무용수였던 웬디 웰런Wendy Whelan은 안무가 브라이언 브룩스Brian Brooks와 함께 고유한 춤을 선보였다. 우리와 함께한 유엔의 파브리치오 혹실드는 사이버 보안, 심각해지는 세계적인 기아 사태, 미래에 대한 보편적인 불안감을 주제로 이야기했다. 유엔과 같은 조직이 가능성의 공간으로서 미개척 영역을 경험한다면, 그리고 과학자들이 가장 불행한 이들의 현실을 더 잘 알게 된다면, 미래의 위협은 감소할 것이다.

오바마 행정부 당시 백악관 요리사를 지낸 식품 사업가 샘 카스Sam Kass는 지구 온난화가 식습관에 가져온 극적인 변화에 대해 설명했다. 카스의 이야기를 경청하면서, 사람들은 그가 언급했고, 카페 아트사이언스 요리사 캐롤리나 커틴Carolina Curtin과 함께 상상했던 최후의 만찬에 대해 생각했다. 이 만찬의 코스에는 굴, 초콜릿, 와인과 같은 자연적인 음식이 포함되어 있다. 그러나 지구 온도가 2도 상승하면 이런 음식은 더 이상 먹기 힘들 것이다.

그 포럼은 대니 힐리스의 롱나우 시계의 전시가 진행되는 가운데 열렸다. 큐레이터를 담당한 런던 서펜타인 갤러리의 한스 울리히 오브리스트는 그 전시회를 "오늘날 가장 중요한 예술 프로젝트 중 하나"로 꼽았다. 그 프로젝트는 프런티어 아트 프라이즈Frontier Art Prize의 결과로서, 매력적이고 획기적인 대중 예술의 형태를 반영하는 것이다.

2주 후 파리 피카소미술관에서 열린 국제현대예술축전(FIAC) 개막식 날 저녁, 우리는 더그 에이킨에게 프런티어 아트 프라이즈를 수여했다. 시상식 전에 오브리스트를 비롯한 심사위원들과 예술계 인사들이 참석한 가운데 컨퍼런스가 열렸다. 그 자리에서 에이킨은 카타리나 섬 인근의 수중 건축 설치물에 대해 이야기했다. 이어서 유네스코의 세계 해양유적지 사업을 이끌고 있는 페니 두브레Fanny Douvere가 연단에 섰다. 그는 점점 심각해지는 기후 변화에 관한 엄청난 과학적 데이터에 따른 '마비 효과numbing effect'에 대해 경고했다. 그가 이야기하는 동안 청중은 에이킨의 수중 건축물 영상을 감상했다. 화면에 물개가 등장해 구조물 중 하나를 이리저리 둘러보자 객석에서 웃음이 터져 나오기도 했다. 두브레는 기후 변화가 해양에 미치는 영향에 관한 과학적인 이야기를 예술을 통해 더 효과적으로 설명할 수 있을지 궁금해했다.

에이킨은 예술이 사람들의 생각과 삶을 바꿔놓을 만큼 충분히 강력하고 신선한 경험을 선사한다고 말했다. 그가 보기에 디지털 몰입의 30년 세월과 점점 증가하는 데이터 규모는 인간의 감각이 허용하는 속도를 넘지 않는 물질적 경험에 대한 갈망을 키우고 있다. 다시 말해 예술가들이 언제나 인간이 처한 상황에 가져다주었던 놀랍고, 생동감 넘치고, 미묘한 감각적 경험과 같은 것 말이다.

관대함,
지속 가능한 창조의 열쇠

　　　　　　　　　　　새로운 미학적 경험을 창조한다는
것은 두 배로 관대해진다는 의미다. 다른 이에게 가치를 제공할 뿐 아
니라, 예전에 존재하지 않았던 새로운 가치를 만들어내기 때문이다.

가치를 전달하고 공유하기 위해서는 수십 년에 걸친 도전과 실패가
필요하다. 이러한 노력은 일반적으로 애초에 약속한 것보다는 가치가
낮은 것(원고, 원형, 미완성의 작곡)에 대한 공유로 이어지게 된다. 그렇기
때문에 창조자는 애초에 약속했던 지속적인 가치를 절대 만들어내지
못할 수도 있다는 위험을 감수해야 한다. 기성 작가, 과학자, 작곡가,
그리고 다른 경험 많은 창조자는 불완전한 것에 관심을 기울여줄 스
승과 촉진자를 모색한다. 예를 들어 로버트 랭거가 바이오 침식 중합
약물 입자를 개발했던 몇 년의 기간 동안 주다 포크먼은 그에게 많은
관심을 기울였고, 다이앤 파울루스가 즉흥연극에 대한 열정을 이루기
위해 보냈던 세월 동안 폴 실스는 그녀에게 관심을 집중했다. 스승과
촉진자는 이러한 관심을 통해 창조된 작품이 결국에는 다른 사람들이

원하는 것, 다시 말해 세계를 위한 선물이 되도록 도움을 준다.

크리스천 스미스Christian Smith와 힐러리 데이비드슨Hilary Davidson은 그들의 책《관대함의 역설The Paradox of Generosity》에서 관대함, 즉 다른 이에게 도움이 될 만한 것을 이타적으로 베푸는 것이 역설적이게도 자신의 삶의 행복을 높여준다는 사실을 보여주었다. 스미스와 데이비드슨은 관대함의 습관에 관한 미국 전역에 걸친 연구를 통해 소득의 10퍼센트 이상을 기부하는 일, 자원봉사 활동, 이웃과 친구를 지속적으로 돕는 일 등 몇 가지 기본적인 형태의 선행에 초점을 맞추고 있다. 그들은 관대함이 행복과 신체적 건강, 삶의 목표, 우울증 예방, 개인적 성장에 대한 관심에 어떤 영향을 미치는지 들여다봤다. 정기적으로 선행을 베푸는 사람은 그렇지 않은 사람에 비해 다양한 측면에서 자기 자신에 대해 더욱 긍정적으로 느낀다.

이타주의는 뇌의 보상 회로를 자극한다. 더 나아가 심리학 연구 결과는 관대함이 개인의 능력을 강화하고, 긍정적인 사회적 역할을 부여하고, 자아도취를 억제하고, 풍요로움을 느끼고, 사회적 네트워크를 확대하고, 학습과 신체활동의 기회를 높인다는 사실을 보여주고 있다. 이러한 모든 혜택은 보편적으로 가치 있는 일을 성취하기 위해 다른 사람과 협력할 때 우리에게 주어지게 된다. 그리고 중요한 것의 창조로 이어지는 활동의 오랜 과정 동안 이어지고 심화된다.

그런데 다른 사람에게 뭔가를 주는 행위(돈, 시간, 혹은 창조물)는 우리가 생각하는 이익을 실제로 다른 사람에게 제공하는 것일까? 내가 이 책에서 설명한 표현적 삶의 전 기간은 그 과정에서 만나게 되는 사람들(협력자, 촉진자, 초기 청중)에게 도움을 주는 과제의 성공 여부에 좌우된다. 창조는 흥미진진한 일이지만, 그 지속 가능성은 진정한 관대함에 달렸다. 우리는 창조한 것이 언젠가 빈곤과 질병을 없애줄 것이라고 꿈꿀 수 있지만, 그 꿈을 실현하기 위한 여정이 다른 이들에게 아무런 혜택을 주지 못한다면, 그리고 사람들의 생각과 삶을 전혀 바꿀 수 없다면, 그 꿈에 결코 이르지 못할 것이다.

창조에 이르는
실험적 여정

아프리카에서 결핵 퇴치를 위한 흡입형 약품과 백신을 연구하는 동안, 나는 식품의 미래에 대해 관심을 갖게 되었다. 상대적 풍요가 아프리카로 유입되면서, 미국 사회를 병들게 했던 신진대사 및 신경질환과 관련된 건강 문제가 감염 질병의 위협과 더불어 증가했다. 내가 활동했던 요하네스버그나 케이프타운과 같은 도시의 외곽에 플라스틱 폐기물과 음식물 쓰레기가 쌓이기 시작했다. 나는 의학과 기술이 약품과 백신의 공급에 가져다준 혁신을 식품 분야에 그대로 적용할 수 있다고 생각했다. 의료 서비스의 근본적인 혁신을 가로막았던 엄청난 규모의 개발비와 규제라는 장애물의 위험 없이 말이다.

르라보라투아를 운영한 첫해에 우리는 요리사 티에리 막스Thierry Marx, 과학자 제롬 바베트Jérôme Babette와 함께 페란 아드리아에 의해 유명해진, 식품을 캡슐로 감싸는 방법인 구형화spherification 기술과 관련해 실험을 했다. 나는 흡입형 인슐린을 개발하는 과정에서 발견한 기술을 활용해 음식을 호흡으로 들이마시는 것이 가능한지 궁금했다. 그리하여 수개월에 걸쳐 학생들과 함께 초콜릿을 들이마시는 기술인 르위프Le Whif를 개발했다. 우리는 이 기술을 통해 칼로리 섭취 없이 초콜릿 맛에 대한 경험을 제공할 수 있게 되었다. 다음으로 우리는 알약 대신 비타민 C나 B12 같은 영양분을 똑같은 방식으로 공급함으로써 효능을 강화하는 법을 보여주었다(조사에 따르면 약 40퍼센트의 사람들이 알약을 싫어하며, 이는 곧 그들이 필수적인 영양제나 약품을 종종 제대로 섭취하지 않는다는 것을 의미한다). 나는 '에어푸드' 개발과 관련해 푸드디자이너인 마크 브레티요와 협력했고, 우리는 그 기술에 르위프라는 이름을 붙였다. 커피에서 솜사탕에 이르기까지 풍미 클라우드를 만들어냄으로써, 우리는 르위프를 통한 에어푸드의 감각적 가능성을 분명하게 보여주었다.

르위프를 개발하고 몇 년 후, 우리는 파리에서 플레이버 클라우드 위크엔드Flavor Cloud Weekend 행사를 열었다. 거기서 호주 아티카Attica의 벤 셔리Ben Shewry, 당시 시카고 모토Moto의 소유주였던 호마루 칸투Homaru Cantu와 함께 마시모 보투라를 처음 만났다. 보투라는 오리 요리에 오렌지를 얹은 클라우드를, 셔리는 초밥 클라우드를 내놓았다(생강, 간장, 참치, 고추냉이의 서로 다른 클라우드에 잔을 통과시킨다). 칸투는 레몬과 같은 신맛을 레모네이드와 같은 단맛으로 바꿔주는 '기적의 베리miracle berry'를 활용한 클라우드를 내놓았다.

에어푸드는 간단하고 순간적이면서 보기 드문 미학적 경험이었다.

나는 빛과 소리처럼 냄새도 감각적 신호로서 관심을 기울이기 시작했다. 그리고 어떻게 디지털 네트워크를 통해 정서적인 경험을 전달할 수 있을지 상상했다.

나는 프랑스 디자이너 프랑수아 아장부르François Azambourg와 함께 르 라보라투아에서 또 다른 푸드디자인 실험을 했다. 아프리카에서 맡았던 식품 포장재 쓰레기의 냄새를 떠올리면서, 먹을 수 있는 포장 재질을 활용해 포장 음식을 천연 과일처럼 만들 수 있지 않을까 생각했다. 그 실험은 몇 년 후 케임브리지에서 문을 연 카페 아트사이언스의 전신이라 할 수 있는 실험적인 레스토랑의 탄생으로 이어졌다. 파리에 있는 '푸드랩FoodLab'은 내가 실험적인 음식을 일상 속에서 실현하기 위해 내디딘 첫걸음이었다. 나는 사람들과 함께하는 그러한 실험이 실제로 지속 가능한지 의문을 품었다. 대중과 오랫동안 함께하면서 사람들과 더불어 실험을 하고 공동으로 학습할수록, 지속적 가치를 지닌 음식 의식儀式에 도달할 가능성이 높아진다. 파리 푸드랩에서 우리는 기발한 음식 형태를 중심으로 요리를 내놓았다. 이는 먹을 수 있는 껍질이나 포장 재질로 만든 위키푸드WikiFood라고 하는 것이었다. 2013년에 위키푸드는 보스턴 지역의 홀푸드 매장에서 스토니필드Stoneyfield라는 브랜드로 판매되었다. 2015년에는 여덟 가지 주요 음식 알레르기 항원이 들어 있지 않은 위키푸드 아이스크림이 퍼펙틀리프리Perfectly Free라는 브랜드를 달고 스타마켓을 비롯해 보스턴 지역의 다양한 매장에서 선을 보였다. 2016년에 동부 해안 지역을 따라 판매가 확장되었고, 위키푸드는 현재 인크레더블 푸드Incredible Foods라는 이름으로 불린다. 2016년 봄에 시범 출시된(본격적인 판매는 2018년 겨울) 우리의 아이스크림 및 퍼펙틀리프리 과일 제품은 포장재까지 모두 먹을 수 있게 만들어졌기 때문에 매장에서는 이를 플라스틱 용기에 따로 담을 필요 없이 일반적인 과일이나 채소처럼 판매할 수 있었다. 소비자는 자연 식품과 마찬가지로 씻어서 먹을 수 있으므로 플라스틱 쓰레기가 발생하지 않는다.

2012년 우리는 커피 향기를 주고받을 수 있다는 아이디어를 가지고 파리 르라보라투아에서 전시회를 열었다. 이는 우리가 아이튠스나 헤드셋을 가지고 소리 신호를 생성하는 방식으로 디지털 제어를 통해 냄새 신호를 생성하는 플랫폼인 오노츠oNotes의 탄생으로 이어졌다. 우리의 향기 '아이튠스'는 오노츠라는 이름의 앱으로, 향기 '헤드셋'은 시라노Cyrano라는 이름의 냄새 신호 방출 장치로 모습을 드러냈다.

후각 신경은 뇌, 특히 장기 기억이 저장된 해마와 직접적으로 연결된 유일한 감각 신경이다. 후각만큼 우리의 생리와 감정, 그리고 기억에 깊이 영향을 미치는 감각은 없다. 후각을 디지털 경험으로 통합함으로써 디지털 환경과 정서적 관계를 형성할 수 있고, 이를 통해 개인의 생리적 상태를 확인하고 또한 이에 영향을 미칠 수 있다.

오노츠 앱 사용자는 마치 향기의 '음원'처럼 후각 노트olfactory notes (oNotes)라고 하는 냄새의 순서를 디지털 방식으로 제어할 수 있다. 오노츠를 가지고 시라노를 만들었을 때, 우리는 사람들이 주로 출퇴근길

에 차 안에서 마음을 가라앉히거나 기분을 전환할 용도로 사용할 것
이라고 상상했다. 하지만 우리의 예상은 빗나갔다. 실험 첫해에 우리
는 사람들이 이동할 때보다는 머물러 있을 때, 오전보다는 오후 시간
대에, 주말보다는 주중에 그 플랫폼을 더 많이 활용한다는 사실을 발
견했다. 사람들은 디지털 향수를 통해 업무 성과를 개선할 수 있다는
사실을 발견했다. 그들은 대부분 '일을 하는 동안'(집에서, 사무실에서, 차
안에서) 행복감을 높이기 위해(회복하고, 마음을 가라앉히고, 기분 전환—가
령 선탠로션의 향기로 '바다'의 정취를 느끼면서—을 위해) 이를 활용했다.
그것은 새로운 소비자 행동을 보여주는 것이었지만, 여전히 생소해 보
일 수 있었다. 그 플랫폼은 2017년 미래를 그린 영화 〈블레이드 러너
2049〉의 가을 홍보에서 우리가 개발한 플레이버 클라우드 유리병과
함께 널리 알려졌다.

　이 모든 시도는 오노츠 플랫폼의 근로자 행복 실험으로 이어졌다.
우리는 그 실험을 2017년에 걸쳐 시카고에 있는 지멘스에서 시작했다.
이를 추진하는 동안 세계 개척자 포럼의 공동 설립자이자 하버드 의
과대학 교수인 데니스 오시엘로는 내게 신진대사 건강에 대한 세분화
와 더불어 단일한 감각적 개입으로서 코와 입을 통한 냄새의 전달에
대해 더 깊이 들여다보라고 조언했다. 생물학과 의학 분야의 연구 결
과는 혈관을 통해 순환하는 혈액과 비슷한 생물학적 신호의 매개체로
서 공기에 주목하고 있으며, 또한 새로운 형태의 소비자 경험을 활용
함으로써 식욕을 억제하고 음식 중독을 완화할 수 있는 가능성을 보

여준다.

공기는 냄새 분자를 비강을 통해 전달하고, 냄새의 감각을 생성한다. 숨을 내쉴 때, 특히 샌드위치나 탄산음료처럼 냄새를 풍기는 음식물을 입 안에 넣을 때, 공기는 다시 한번 냄새 분자를 코를 통해 전달한다. 우리 뇌는 흡입한 냄새를 후각 정보로 처리하고, 숨을 내쉴 때 냄새를 풍미로서 방출한다. 풍미에는 맛이나 촉감(씹는 과정에서)과 같은 다양한 감각이 포함되어 있다. 우리가 사물을 바라볼 때 생성되는 시각 이미지와 흡사하게, 우리 뇌에서 생성되는 풍미 이미지는 음식에 대한 기호를 결정하는 과정에 영향을 미친다. 또한 이러한 이미지는 목이 마르고 비타민 C가 필요할 때 오렌지를 찾게 되는 것처럼 본능적인 욕구를 강화한다. 이러한 과정은 인류 역사에 걸쳐 우리 몸이 상대적으로 변화가 거의 없는 자연환경에서 획득한 자연적인 신진대사 조절 경로를 반영한다. 음식에서 도시, 커뮤니케이션을 위한 화면에 이르기까지, 오늘날의 인위적인 환경은 인간이 익히 알고 있는 것과는 너무도 크게 차이가 난다. 그러다 보니 우리의 몸은 근본적으로 통제에서 벗어나게 되었다. 오늘날 목이 마른 10대는 물 한 잔보다 탄산음료 한 병을 더 원하며, 가공 식품에 대한 욕망은 물론이고 몸에 해로운 식품에 대한 중독도 심해지고 있다. 르라보라투아에서 분사한 스타트업 오노츠는 식품 경험의 미래에 관심을 보이는 보스턴과 뉴욕의 의학자들과 함께 연구 프로그램을 개발하고 있다. 내가 디지털 의료 서비스, 정보 기술, 식품 분야의 혁신을 하나로 통합하는 과정에서 여러 해에 걸쳐 직관적으로 탐험하고 있는 것은 바로 이러한 먹을거리의 미래다.

언젠가 우리는 사람들이 더 현명하게 먹을 수 있도록 도움을 주는 냄새 경험을 설계할 수 있을 것이다. 몸에 부착하는 디지털 건강 장비가 개인의 신체에 대한 유용한 정보를 축적하면서 우리의 생명 활동이 자연적인 세상에서 신진대사 기능을 제어하도록 진화한 것처럼, 이러한 정보를 활용해 냄새 신호를 비롯한 다양한 감각 신호를 생성하는 것이 가능해질 것이다. 다양한 형태의 에어푸드에 대한 순수한 풍미 경험을 포함해 식품 형태는 인간의 생명 활동에 기반을 두고 인간을 위해 만들어질 것이다. 즉 개인별로 생산되고 환경을 해치지 않으면서 우리에게 도움을 주는 일종의 '맞춤형 식품'이 등장할 것이다.

오늘날 전 세계의 많은 과학자와 디자이너, 요리사, 기업가들이 실험적인, 그리고 함께 공유하는 식품의 미래를 향한 여정을 따라가고 있다. 그 과정에서 창조자와 촉진자의 수많은 관대한 행위가 나타나고 있다. 팻 브라운Pat Brown(스탠퍼드대학의 생물학자 출신으로 식물 기반의 육류 대체 식품을 개발한 임파서블푸드 설립자), 제프리 폰 말트잔Geoffrey Von Maltzahn(미생물공학 작물을 개발한 인디고 설립자), 르네 레제피(세계적인 요리사로, 곤충 기반의 단백질 식품의 요리 가능성을 모색하는 코펜하겐의 식당 노마의 요리사이자 공동 소유주)와 같은 개척자는 레스토랑, 매장, 농장에서 앞으로 밟아나가야 할 실험적인 여정을 보여주고 있으며, 오늘날 음식 관련 행동을 통해 배우고, 그러한 행동을 함께 만들어나가고 있다.

언젠가는 아마도 식품 포장에서 플라스틱 재질을 단계적으로 없애고, 식품 공급을 유지하는 방법을 배우고, 인간의 신진대사를 변화된 감각 환경에 새롭게 적응시킬 수 있을 것이다. 그러나 거기에 도달하기까지, 우리와 다른 많은 이들은 식품의 미래를 탐험하는 동안 사람들에게 다양한 경험을 제공함으로써 그러한 일이 실제로 이뤄질 수 있다는 희망을 널리 퍼뜨려야 한다. 식품의 미래를 개척하는 일은 사람들이 앞으로 조금 다르게 먹는 법을 배운다고 해도, 그들이 오늘날 실제로 경험하고 즐기는 소비자 의식儀式을 기반으로 구축되지 않으면 불가능하다.

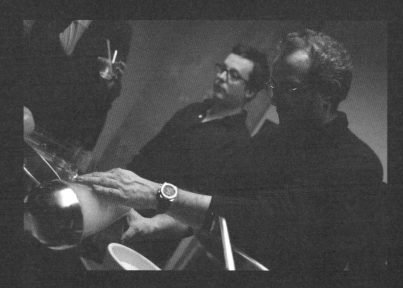

그림 16 2011년 르라보라투아에서 열린 플레이버 클라우드 위크엔드 행사에서 오렌지 클라우드를 만들고 있는 요리사 마시모 보투라.

그림 17 파리 1구에 있는 르라보라투아.

그림 18 케임브리지 켄들스퀘어에 있는 르라보라투아.

그림 19 케임브리지에 있는 르라보라투아 갤러리 입구.

그림 20 위키푸드 혹은 인크레더블푸드. 먹을 수 있는 키위 껍질 안에 바닐라 요거트를 담은 포도 모양의 요리.

그림 21 프랑스 디자이너 마크 브레티요와 함께 개발한 풍미 유리병 르와프.

그림 22 오노츠 앱으로 제어할 수 있는 디지털 향기 플레이어 시라노.

캠퍼스를 문화 실험실로
만드는 법

르라보라투아 오픈 첫해에 우리는 보스턴과 파리에서 고등학생을 대상으로 예술과 과학의 '꿈 학습' 프로그램을 열었다. 이는 나와 아내가 첫 번째 회사를 매각하고 나서 세운 클라우드재단Cloud Foundation 사업의 연장선에서 이뤄진 것이었다(이 교육 기관은 이후 몇 년 동안 런던과 싱가포르 등 여러 도시에 지부를 설립했다). 우리는 보스턴에서 가을마다 방과 후 행사를 열었고, 인근에 거주하는 학생들이 와서 프로그램을 살펴볼 수 있도록 했다.

한번은 에어로스미스의 기타리스트인 브래드 휫퍼드Brad Whitford를 초대해 학생들에게 강연을 해달라고 요청했다. 나는 보스턴 코먼 옆에 위치한 거대한 로우스극장의 무대에서 그를 소개했다. 학생들은 큰 박수로 그를 맞이했고, 나는 무대에서 내려왔다. 휫퍼드는 엽서 크기의 카드에다 이야기할 내용을 적어왔다. 그는 오른손에 마이크를, 왼손에 카드를 들고서 연설을 시작했다. 미국의 혁신적인 록밴드의 기타리스트가 되는 것은 일종의 예술가-과학자가 되는 것과 같다고 그는 말했다. 이는 또한 사업가가 되는 것이기도 했다. 결국 록밴드 역시 스타트업인 셈이다. 어느 순간 그는 강단 책상에 카드를 내려놓고서는 학생들을 바라봤다. 그러고는 이렇게 말했다. "알다시피 저는 그저 즐기고 있을 뿐입니다." 모두가 웃었다. 학생들은 삶에서 추구해야 할 가장 완벽하게 자연스러운 길이 무엇인지에 대한 합리화에서 한 걸음 물러설 수 있어서 안도했다는 듯 박수로 화답했다. 그 혁신적인 기타리스트는 그저 즐겼던 것이다!

횟퍼드의 연설은 강한 인상을 남겼다. 그의 이야기에는 놀랍게도 기이한 경험이 있었다. 그는 지나치리만치 진지해 보였다. 그는 수천 명의 팬들 앞에서 기타를 연주하는 일을 마다하고 기꺼이 우리와 함께해주었다. 목요일 오후 그 록스타는 로우스극장에서 고등학생 관객들을 향해 자신의 삶이 의미 있는 이유에 대해 늘어놓았다. 우리는 그의 이야기를 믿었고, 그래서 그가 단지 즐겼다는 이야기를 했을 때 엄청난 안도감을 느꼈다. 갑작스럽게 우리는 모두 그와 함께 즐기게 되었다!

우리는 개척적인 창조의 흥분과 단순한 즐거움을 좀처럼 잘 나누지 못한다. 미개척 분야로 나아갈 때마다, 머릿속으로 발견의 위험과 기회 사이에서 균형을 잡고, 그 위험이 감수할 만한 가치가 있는지 따져봐야 하는 것은 아니다. 개척은 즐겁기 때문에 희망찬 것이다. 도전은 우리에게 동기를 부여한다. 교과서나 우리보다 앞선 스승이 없다고 해도 우리는 살아남는 법을 스스로 깨달을 수 있고, 에어로스미스처럼 개인보다 더 중요한 가치를 발견할 수 있을 것이다.

이러한 길을 배우기 위해서는 특정 분야와 문화를 넘어선 논의와 협력적인 창조가 필요하다. 또한 우리를 단절시키고 있는 조직과 시스템의 전통적인 한계를 뚫고 나아가려는 노력이 필요하다.

오늘날 미국 전역의 많은 캠퍼스에서 일어나고 있듯이, 우리 대학에서도 제도적인 한계를 실험적이고 미학적으로 허물 수 있는 가능성을 모색하고 있다. 우리 교수진은 캠퍼스를 기반으로 풀뿌리 창조자 운동에 함께하는 창조자와 촉진자를 초대하고, 학생들이 캠퍼스를 떠나 일시적 문화 실험실에서 활동하도록 함으로써, 그들이 발견하고 개척하는 과정에서 즐거움을 얻는 법을 배우도록 도움을 주고 있다.

2017년 11월 이 책의 원고를 마무리하고 있을 즈음, 아주 특별한 프로젝트가 하버드 비즈니스스쿨 학장 니틴 노리아Nitin Nohria와의 논의에서 시작되었다.

사실 그 프로젝트는 내가 케임브리지를 떠나 파리로 간 2005년부터 이미 시작되었다. 나는 돌아올 것을 염두에 두고 캠퍼스를 떠났다. 그러나 2007년 파리에서 르라보라투아를 열었을 때, 다시 돌아가기 힘들 것이라는 직감이 들었고, 결국 학교 연구실을 중단하기로 결정했다. 이후로 수년 동안 대학과의 관계는 강의로, 그리고 봄마다 미국으로 돌아가서 함께 학기를 보내는 학생들로 제한되었다. 내게는 해야 하고 배워야 할 게 너무도 많았다. 나는 우리가 실행하고 창조한 것들이 얼마나 중요한 것인지는 물론, 우리의 방식(미학적 창조) 또한 얼마나 중요한 것인지 확인하고 싶었다. 이러한 궁금증은 결국 세계 개척자 포럼의 탄생으로 이어졌다. 나는 니틴 노리아의 집무실을 방문해서 그 포럼을 통해 대학의 어느 부분에 새로운 가치를 가져다줄 수 있을지 의견을 구했다.

노리아는 하버드 비즈니스스쿨 학장으로서의 일상과 업무에 대한 이야기부터 시작했다. 그러고는 예상치 않게 놀라운 만남과 예술 작품에 관한 이야기에서 포럼 주제로, 특히 그가 강한 인상을 받았던 부분으로 넘어갔다. 그는 오늘날 비즈니스스쿨의 학장이 된다는 것과, 그러한 학장의 일상에서 일반적이지 않은 경험을 연결시키려는 듯 보였다.

노리아는 학습의 미래에 대해 이야기를 나누고 싶어 했다. 하지만 나는 세계 개척자 포럼의 미래에 대해 논의하길 원했다.

포럼 전시회에서, 뉴욕에서 활동하는 예술가 데이비드 마이컬렉David Michalek이 제작한 영상은 어린아이에서 85세 주류 판매점 사장에 이르기까지 다양한 인간의 극단적으로 느린 움직임을 담았다. 5초간의 움직임이 3미터 높이의 스크린 여섯 개에서 10분 단위로 연속 상영되었다. 롱나우 시계에 사용될 벨 음악을 만든 영국 작곡가 브라이언 이노의 곡에서 종소리가 부드럽게 울렸다. 노리아는 이렇게 물었다. "이 시계가 실제로 만들어지고 있나요? 제가 올바로 이해한 건가요?" 나는 그렇다고 했다. 우리는 1~2분 정도 롱나우 시계에 대해 이야기를 나누었다. 노리아는 이렇게 대화를 마무리 지었다. "오늘날 우리가 잃어버린 것은 논의가 아닙니다. 경험이지요. 우리 학생들은 이처럼 신선한 경험을 쌓아야 하며, 이를 통해 창조적인 경력을 향해 나아가야 합니다."

노리아와 함께한 이후의 시간은 캠퍼스 경험에 관한 브레인스토밍이었다. 노리아는 다음 포럼을 위한 새로운 경험을 창조해달라고 부탁했다. 또한 그는 내가 교과 과정에서 개발한 창조적 과정을 보고 싶어 했다. 우리의 새로운 캠퍼스 경험을 위해서는 몇몇 교수와 여러 학생이 참여해야 했고, 다음 가을에 전시하고 논의할 몇 가지 형태의 새롭게 창조된 것들이 필요했다. 나는 대학에서, 예술 및 디자인스쿨에서, 혹은 그 어디에서라도 우리의 개념을 이해한 누구와도 함께할 수 있었다. 그는 대화가 끝나갈 무렵에 이렇게 덧붙였다. "한 번이 가능하다면, 열 번도 할 수 있을 겁니다. 이를 위해 예산을 마련해줄 수 있습니다."

우리의 대화로부터 '접촉'이라는 주제를 중심으로 캠퍼스에서 많은 이들이 참여하는 협력적인 프로젝트가 탄생했다.

자연에 대한(실질적으로 지구상 모든 것에 대한) 인간 접촉의 결과는 생명의 특성을 점차 바꿔놓는 자국을 남긴다. '터치Touch' 프로젝트는 거대한 미지의 해양 영역으로부터 인간의 발견과 탐험, 그리고 자원 탐사가 초래한 해양 생명의 파괴에 집중했다. 그 프로젝트는 로보틱스 분야의 전문가이자 로봇 곤충의 혁신적인 디자인으로 유명한 공학 교수 롭 우드Rob Wood를 초대해서 학생들과 함께 해양생물학자 데이비드 그루버David Gruber가 해양 탐사에서 실제로 활용하게 될 유연하고 새로운 로봇 도구를 개발하도록 했다. 몇 년 전 그 프로젝트는 국립학술원에서 주말 행사를 열고는 과학자, 예술가, 디자이너, 공학자 등 각계 인사들을 초청해 딥블루Deep Blue를 주제로 혁신적인 프로젝트에 대해 논의하도록 했다. 그때 나는 VIA아트펀드의 대표이자 프런티어 아트 프라이즈의 공동 설립자인 브리짓 에번스Bridgitt Evans와 함께 초대 수상 후보와 관련해 에이킨과 이야기를 나누었다. 2017년 수상자로 선정된 에이킨은 해수면 상승으로 인해 급속히 가라앉고 있는 몰디브 남부의 한 섬에서 모래(분해된 산호)를 재료로 설치물을 만들고 있었다. 방문객들은 몰디브의 아이와 근로자들이 제작한 설치물에서 계단을 타고 내려와서 수중 건축물로 헤엄쳐서 갈 수 있다. 이는 1년 전 에이킨이 카타리나 섬에서 짧은 기간 동안 전시하면서 원형을 제작했던 것이다. 몰디브 프로젝트는 인간 문명의 미개척 분야에서 획기적인 예술 작품으로, 지금은 우드와 그루버의 작품과 더불어 사람들이 개척적인 과학을 만나볼 수 있는 장소가 되었다.

우리는 해양생태계의 지속 가능성을 주제로 한 저녁 행사에서 우드와 그루버에게 그 프로젝트에 관한 이야기를 꺼내도록 함으로써 2018년 세계 개척자 포럼에서 '터치'를 주제로 전시회를 열자는 제안을 했다.

그 행사는 하버드 학생 니컬러스 디지오반니Nicholas Digiovanni에게서 나온 아이디어였다. 그는 그해 가을에 캠퍼스에서 가장 유명한 메이커 수업 중 하나를 수강했다. 요리 과학 수업은 공학 및 응용과학 대학원 교수진인 데이비드 와이츠David Weitz와 마이클 브레너Michael Brenner, 피아 소렌슨Pia Sorensen이 맡았다. 그들은 전 세계 최고의 요리사들을 캠퍼스로 초청했고, 이들 요리사는 학생들에게 실험실로 가서 다양한 획기적인 요리를 창조하는 법을 배우고 이를 뒷받침하는 과학을 연구하도록 영감을 불어넣었다. 그 과정에서 디지오반니는 맨해튼의 블루힐 레스토랑과 스톤반즈 레스토랑의 요리사 댄 바버Dan Barber의 요리를 접하게 되었다. 바버의 비전에서 영감을 받은 디지오반니는 카페 아트사이언스에서 지속 가능성을 주제로 저녁 모임을 주최하겠다는 아이디어를 들고 나를 찾아왔다. 디지오반니의 관심사는 음식 찌꺼기였다. 이야기를 나누고 난 뒤, 우리는 그의 저녁 모임 아이디어를 세계 개척자 포럼에서 '터치'의 미학적 경험으로 통합하기로 결정했다.

운동선수 톰 브래디와 브라질 모델 지젤 번천의 개인 요리사였던 앨런 캠벨Allen Campbell은 텐진 삼보Tenzin Samdo 및 카페 아트사이언스 팀과 함께 해양 음식물 쓰레기를 주제로 음식에 대한 연구를 했다. 당시 전 세계에서 가장 훌륭한 레스토랑 20위 안에 들었던 멕시코시티의 레스토랑 푸욜Pujol의 요리사 엔리크 올베라Enrique Olvera는 2018년 세계 개척자 포럼에서 식품 개척자로서, 유엔 멕시코 대사이자 해양 지속 가능성의 옹호자인 후안 호세 이그나시오 고메스 카마초Juan José Ignacio Gómez Camacho와 함께 창조적인 실험에 합류했다.

해양 플라스틱 쓰레기와 생선 폐기물은 19세기 말 이후로 자행된 해양 생태계 파괴를 드러내고 있다. 2005년 세계자연보전기금 추산에 따르면, 저인망 그물 사용으로 해양에서 잡히는 "의도하지 않은 어획물"에는 하루 1000마리 이상의 고래 및 돌고래가 포함되어 있다고 한다. 이 문제에 대한 관심을 불러일으키고 이로부터 뭔가를 배우기 위해, 우리는 하버드 디자인대학원 조교수 앤드루 위트Andrew Witt에게 공동 연구를 제안했다. 위트가 몇 년 전 파리 루이비통박물관에 있는 프랭크 게리 스튜디오에서 일할 때, 그를 만난 적이 있었다. 그 이후로 위트는 폐기물을 조사하고 분류하기 위해, 그리고 인접 표면에 최적으로 연결된 폐기물 구조를 수학적으로 설계하기 위해 새로운 규약을 마련했다. 나는 학생들에게 위트의 연구에 영감을 받은 요리 작품을 만들어보게 했다. 켄 레딘과 자크 베서리가 이끄는 일시적 문화 실험실 경험의 과정에서 개발되었고, 세계 목재의 날 협력적인 경험에서 영감을 받아 만들어진 결과물은 다름 아닌 사다리꼴 나무 탁자였다. 베서리와의 긴밀한 협력으로 제작된 그 탁자의 넓이는 가장자리에 놓인 조그마한 흰 접시의 26배다(새우 한 마리를 얻기 위해 스물여섯 마리가 불필요하게 사라진다). 이 26:1 테이블은 세계 개척자 포럼의 해양 생물 지속 가능성 만찬 행사에서 사용되었다.

우리는 또한 《빈곤과의 전쟁에서 범죄와의 전쟁까지From the War on Poverty to the War on Crime》의 저자인 엘리자베스 힌튼Elizabeth Hinton에게도 프로젝트에 동참해달라고 요청했다. 힌튼은 교도소 수감자들이 인터넷을 통해 자신의 대학 강의를 들을 수 있도록 돕고자 했다. 그러나 그녀는 수감자들이 수강을 하도록 격려하는 문제뿐 아니라, 전통적인 대학을 기반으로 새로운 무언가를 시도하는 과정에서 필연적으로 나타나는 장애물에 직면했다. 우리는 문과대학에서 그러한 프로젝트의 끝없는 가능성을 향해 문을 활짝 열어놓음으로써 '터치'가 도움이 될 것으로 기대했다. 힌튼은 총기 사고를 자주 경험한 공동체 내부에서 '터치' 프로젝트의 복잡한 문제를 다루는 단편영화를 제작해서 자신의 포럼 연설 때 상영하는 방안을 제시했다.

이러한 미학적 창조와 풀뿌리 창조자 과정이 대학의 일시적 문화 실험실을 야심 찬 문화 실험실로 바꿈으로써 제도적 경계를 넘나드는 실험에 적합한 모형일까 궁금해하기 시작했을 때, 전체 프로젝트는 이미 우리의 현실이 되었고 대학 내에서 뜨거운 논의를 촉발했다.

미학적 경험을
공유하기

내가 대학을 다닐 적에 이러한 형태의 학습이 있었다면 나는 더욱 열정적으로 공부했을 것이다. 일반적으로 학교에서 가르치는 내용은 내 관심 밖의 것이었다. 나는 선생님이 이미 알고 있는 것을 배우는 데 별 흥미를 느끼지 못했고, 교실 창밖으로 지나가는 사람들을 구경하곤 했다.

나는 훌륭한 학생은 아니었지만, 다행스럽게도 집에서 일시적 문화 실험실은 물론, 살아 있는 스승, 즉 아버지와 함께할 수 있었다.

아버지는 내가 이 책을 쓰는 동안에 돌아가셨다. 아버지가 없었다면 절대 보지 못했을 많은 것들이 떠올랐다. 많은 창조자와 마찬가지로, 나는 지금 이 순간에 많은 관심을 기울이고, 더 많은 내일의 꿈을 꾼다. 과거의 기억은 대부분 직관과 믿음의 들판 아래에 묻혀 있다. 아버지가 돌아가시면서 이러한 기억이 예전보다 더 선명하게 자라났다.

아버지는 죽음을 담담하게 받아들였다. 그 발단은 2012년 겨울에 내가 파리에서 돌아왔을 무렵이다. 아버지가 패혈성 쇼크로 쓰러지셨을 때, 나는 아버지의 곁을 지켰다. 그게 끝인 줄 알았다. 나와 누이들은 어머니도 이제는 자유롭게 여행을 다니면서 사시기를 바랐다. 사실 우리에겐 멋진 아버지였지만 함께하기에 쉬운 사람은 아니었다. 그러나 어머니는 아버지가 이대로 떠나길 원치 않았고, 어떻게든 다시 의식을 회복하길 간절히 바라셨다. 아버지 없는 내일을 상상하기를 두려워하는 어머니의 모습에서 우리는 그렇게 느낄 수 있었다. 아버지가 5년을 더 이 세상에 머무를 수 있었던 것은 아마도 사랑에서 우러나온 아버지의 마지막 안간힘 때문이었을 것이다.

나는 아버지가 돌아가시기 전 몇 주 동안 종종 찾아뵈었다. 마치 내가 병상에 누워 죽음을 앞두고 날마다 여위어가는 것처럼 육체적으로 많이 힘들었다.

나는 이러한 경험, 그리고 아버지와 함께했던 다양한 경험을 아버지 장례식에서 사람들에게 들려주었다. 우리 아이들은 맨 앞줄에 앉아 있었다. 나는 아이들의 표정에서 내가 아버지에 대해 했던 이야기가 그들의 아버지, 즉 나에 대한 새로운 경험을 가져다주었다는 사실을 확인할 수 있었다. 그날 늦게 가족과 함께 잭슨빌 공항 출발 게이트로 막 들어설 때, 막내아들이 내게 우리 모두 같은 생각을 하고 있다는 듯 이렇게 말했다. "아빠, 아빠가 돌아가시면 나도 아빠처럼 용기를 내서 이야기할 수 있을지 모르겠어요."

아마도 막내 티에리는 내 할아버지가 돌아가셨을 때 내가 지금의 자신과 비슷한 느낌을 가졌었는지 궁금해하는 것 같았다. 나는 아들의 말에서 강한 인상을 받았다. 아들의 이야기는 내 복잡한 감정을 들여다보도록 해주었고, 세대는 그렇게 흘러간다는 진리를, 그리고 이제 세상에서 내가 예전과는 다른 위치에 서게 되었다는 사실을 말해주었다.

우리는 미학적 경험을 함께 나눔으로써 더 가까워지며, 어떤 측면에서 함께 미래를 만들어간다. 오늘날 우리 모두는 바로 이러한 형태의 생생하고 놀랍고 미학적인 경험을 함께 나눠야 한다.

미래에 관한 한 우리는 운명 공동체다. 30년 후 사람들은 지금과는 완전히 다른 방식으로 먹고, 치료받고, 통근하고, 여행을 다니고, 공부하고, 일을 할 것이다. 우리는 그러한 일을 지속 가능하게 하거나, 아니면 아예 하지 못할 것이다.

우아한 변화를 위해서는 전례 없는 협력이 필요하다. 생물학, 에너지, 교통, 의료 서비스, 디자인, 공학 등 다양한 분야의 개척자들이 발견에 나서도록 동기를 부여하지 못한다면, 우리는 지속 가능한 새로운 식습관을 절대 알아내지 못할 것이다.

이를 넘어서, 이러한 공동체적 미래에 관한 가장 중요한 진실은 우리 모두가 그것을 원해야만 한다는 것이다. 몇몇 사람이 아니라 우리 모두가 지구상에서 먹는 방식을 바꿔야 한다. 미래는 개발과 발견에 관한 문제일 뿐만 아니라, 가장 운 좋은 사람부터 가장 불운한 사람에 이르기까지 모든 이의 갈망에 관한 문제이기도 하다.

이를 위해서는 문화적 논의가 필요하다. 우리는 서로를 알아야 한다.

남들이 기대하는 이야기가 아니라, 우리 자신이 생각하고 느끼는 바를 드러내야 한다. 그리고 주변 사람들의 이야기를 판단 없이 직관적으로 듣고, 그 결과로 변화를 만들어내야 한다. 우리는 다른 사람의 생각에 관심을 기울여야 한다. 홀로 살아갈 수는 없기 때문이다.

이러한 열정적이고 표현적인 논의는 물건을 파는 것과는 다른 문제다. 오락이나 정치에 관한 문제도 아니다. 이는 최고의 과학자들이 과학의 최전선에서, 그리고 최고의 예술가들이 예술의 최전선에서 하는 일이다.

케이디 콜먼Cady Coleman은 NASA의 은퇴한 우주비행사이자 공군 장교다. 그녀는 세 차례나 우주 정거장을 다녀왔다(1995년, 1999년, 2011년). 마지막 여정은 159일 동안이나 지속되었다. 콜먼은 우주비행을 하는 동안 혁신적인 과학 실험을 했으며, 찬드라 엑스선 관측소(허블 망원경과 함께 대형 관측소 중 하나)에서 활동을 지휘했다. 첫 번째 세계 개척자 포럼이 끝날 무렵, 콜먼은 우주 공간에서 찍은 이미지와 영상을 공유하면서 자신의 경험에 대한 이야기를 들려주었다. 그녀는 우주에서 살아가는 것이 그 자체로 놀라운 일이면서, 동시에 우주여행은 인류가 자원과 새로운 삶의 환경을 모색하는 과정에서 대단히 중요한 과제라고 말했다. 거기서는 하나의 장소에서 다음 장소로 이동하는 것조차 모험이다! 우주정거장 안에서 이동할 때, 사람들은 어느 쪽이 '위'인지 구분하지 못한다. 사실 '위'와 '아래'의 기준이 없기 때문에, 복도에서 거꾸로 서서 만나지 않으려면 상호 협의가 필요하다. 그녀는 팀원들과 함께 게임을 개발했다. 그들은 안무를 짜서 정거장 내부를 날아다니며 어떻게 보이고, 어떤 느낌이 드는지 살펴보았다. 그리고 한 번도 해본 적이 없는 방식으로 먹고, 자고, 쉬었다. 콜먼은 플루트를 가져가 우주에서 연주했다. 한번은 지구에 있는, 제스로툴이라는 록밴드의 뮤지션 이언 앤더슨과 함께 실시간으로 합주를 한 적도 있었다. 그녀는 또한 우주에서 기타를 치며 데이비드 보위의 〈스페이스 오디티〉를 불렀던 캐나다 우주비행사 크리스 해드필드Chris Hadfield를 비롯한 다른 우주비행사들과 함께 밴드를 꾸려 연주를 하기도 했다. 우주비행사 동료와 함께 음악을 했던 경험 덕분에, 콜먼은 개척자로서 자신의 경험을 다른 사람과 공유하고, 자신의 이야기를 더욱 생생하게 전달할 수 있었다. 그녀는 창밖으로 지구를 하나의 유한한 물체로 바라본 이후로, 우리가 사는 지구를 더 이상 똑같은 시선으로 바라볼 수 없게 되었다고 말했다. 콜먼은 이야기를 마무리하면서 우주에서 마지막 임무를 끝내고 매사추세츠주 서쪽에 있는 숲을 통해 집으로 돌아와 유리 공예가인 남편 조시 심슨과 재회했던 경험을 들려주었다. 콜먼은 마치 자신의 삶이 완전히 새롭게 시작되는 것처럼 남편의 작품을 우주로 가지고 갔었다.

탐험하는 콜먼의 삶은 다른 이들이 갈망하면서도 지금까지 아무도 만들어내지 못했던 것을 창조하는 정신을 담고 있다. 의식적이고 직관적이고 표현적인, 다시 말해 미학적 경험은 최고의 예술가, 그리고 모든 개척자의 삶의 특징이다. 이는 또한 미래의 가능성이 열려 있는 모든 유능한 이들의 특징이기도 하다.

인류는 미학적 여정을 통해 살아남았으며, 단지 몇몇이 아닌 많은
사람들에게 도움을 주는 방식으로 끊임없이 그 미래를 새롭게 개척했
다. 우리 자신을 넘어 관심 범위를 확장해나가려는 노력은 위기의 순
간을 맞이할 때마다 우리가 주목했던 것이었다.

모두가 원하는 미래를 창조하는 과정에서 이러한 여정을 따라야 할
모든 동기와 기회는 우리에게 주어져 있다.

| 감사의 말 |

많은 분들 덕분에 이 책이 나올 수 있었다. 그 프로젝트는 내가《와이어드》2014년 10월호에 기고했던 칼럼,〈미국 학교는 존재하지 않는 세상을 위해 아이들을 가르친다〉로부터 시작되었다. 문화 경영 분야의 선구자인 아서 코언은 내가 그 칼럼을 쓰는 과정에서 많은 도움을 주었다. 덕분에 내 칼럼은 로스앤젤레스에서 활동하는 출판 에이전트인 제프 실버먼의 관심을 끌 수 있었다. 그로부터 1년 뒤 나는 제프와 함께 비벌리힐스에서 점심을 먹었고, 그 책은 처음에 제안서로서 꼴을 갖춰가기 시작했다. 그리고 시애틀에 있는 폴 앨런 재단의 대표 톰 스칼락의 조언을 받았고, 결국에는 헨리 홀트의 뛰어난 편집자 길리언 블레이크를 만나게 되었다. 길리언의 지도, 그리고 보조 편집자와 소설가 라이언 스머노프의 사려 깊은 검토 덕분에 이 책은 세상에 나오게 되었다. 항상 그렇듯, 이 책 역시 많은 사람으로부터 도움을 받았다.

하버드대학의 동료 테레사 애머빌은 남편과 교정 단계에 있던 내 원고를 읽어주었다. 스티븐 크래머는 내가 방향을 분명하게 잡을 수 있도록 힘을 실어주었다. 예술가 더그 에이킨은 UCLA 신경과학자이자 창조성 전문가인 로버트 빌더를 내게 소개해주었고, 로스앤젤레스에서 나눈 빌더와의 대화는 큰 도움이 되었다. 마지막으로, 밥은 이 책에 나온 신경과학과 관련된 모든 내용에 대해 소중한 조언을 해주었다. 유능한 신경과학자인 안드레 펜튼 역시 같은 도움을 주었다. 그는 보스턴에서 노바를 위한 다큐멘터리 작품을 찍고 있을 때, 나를 찾아와주었다.

이 책에서 소개하는 혁신적인 창조자 대부분이 내가 그들의 생각과 삶을 그리는 과정에서 많은 도움을 주었다. 이와 같은 책은 실험적인 삶에 뿌리를 내리고 있다. 그리고 내 삶에는 믿음을 넘어 관대함을 베풀어준 많은 이들이 있다. 브리짓 에번스, 신디와 존 리드, 밥 카슨이 바로 그런 이들이다. 이들의 도움이 없었더라면 나는 시작도 하지 못했을 것이다. 그들 모두에게, 그리고 변함없는 인내와 지지를 보내준 가족에게 특별한 감사를 표한다.

창조성에 관한 7가지 감각

초판 1쇄 발행 2020년 1월 22일

지은이 | 데이비드 에드워즈
옮긴이 | 박세연
발행인 | 김형보
편집 | 최윤경, 박민지, 강태영, 이환희, 김지희
마케팅 | 이연실, 김사룡, 이하영
경영지원 | 최윤영

발행처 | 어크로스출판그룹(주)
출판신고 | 2018년 12월 20일 제 2018-000339호
주소 | 서울시 마포구 양화로10길 50 마이빌딩 3층
전화 | 070-5080-4037(편집) 070-8724-3871(영업) 팩스 | 02-6085-7676
e-mail | across@acrossbook.com

한국어판 출판권 ⓒ 어크로스출판그룹(주) 2020

ISBN 979-11-90030-29-8 03000

이 도서의 국립중앙도서관 출판예정도서목록(CIP)은 서지정보유통지원시스템 홈페이지
(http://seoji.nl.go.kr)와 국가자료공동목록시스템(http://www.nl.go.kr/kolisnet)에서 이용
하실 수 있습니다.(CIP제어번호 : CIP2019052119)

만든 사람들
편집 | 최윤경
교정교열 | 오효순
디자인 | 양진규
본문 조판 | 성인기획